本书系国家社会科学基金项目“纬书思想研究”（10CZX024）最终成果

中国社会科学院创新工程学术出版资助项目

汉代『秘经』
纬书思想分论

任蜜林 ◎ 著

中国社会科学出版社

图书在版编目(CIP)数据

汉代“秘经”：纬书思想分论／任蜜林著．—北京：中国社会科学出版社，2015.6

ISBN 978－7－5161－6282－8

Ⅰ.①汉…　Ⅱ.①任…　Ⅲ.①纬书—研究—中国—西汉时代　Ⅳ.①B222.05

中国版本图书馆CIP数据核字(2015)第129615号

出 版 人　赵剑英
责任编辑　赵　丽
责任校对　闫　萃
责任印制　王　超

出　　版　中国社会科学出版社
社　　址　北京鼓楼西大街甲158号
邮　　编　100720
网　　址　http://www.csspw.cn
发 行 部　010－84083685
门 市 部　010－84029450
经　　销　新华书店及其他书店

印　　刷　北京君升印刷有限公司
装　　订　廊坊市广阳区广增装订厂
版　　次　2015年6月第1版
印　　次　2015年6月第1次印刷

开　　本　710×1000　1/16
印　　张　20.25
插　　页　2
字　　数　339千字
定　　价　65.00元

目　　录

导论

经学视野下的纬书思想

在中国传统文化中，经学无疑居于核心地位。自从汉武帝罢黜百家，独尊儒术，设立五经博士以后，经学就成了古代中国的正统意识形态。从那以后，中国历史虽然经历了数十次的朝代变更，经学形态虽然发生了多次变化，但经学的地位却基本上没有被动摇过。

纬书可以说是经学发展的一个变种。因为其思想受到谶的影响，因此，其诞生之时，就与谶有着纠缠不清的关系。大致看来，历史上对于谶与纬的关系有两种看法：一种认为谶与纬异名同实。顾颉刚说："谶，是预言。纬，是对经而立的：经是直的丝，纬是横的丝，所以纬是解经的书，是演经义的书，自《六经》以及《孝经》都有纬。这两种在名称上好像不同，其实内容并没有什么大分别，不过谶是先起之名，纬是后起的罢了。……又因为有图、有书、有谶、有纬，所以这些书的总称，或是图书，或是'图谶'，或是'谶纬'，或是'谶记'，或是'纬书'。又因《尚书纬》中有十数种为《中候》，亦总称为'纬候'。"① 其弟子陈槃对此作了更为系统的论述，其说："谶纬之称，不一而足。统而言之则曰'谶纬'。'谶'出在先，'纬'实后起，'谶'书之别名也"；"所谓谶也，符也，录也，图也，书也，候也，纬也，汉人通用，互文，未始以为嫌也。盖从其验言之则曰'谶'，从其征信言之则曰'符'，从所谓《河图》文字之颜色言之则曰'绿'。从其有图有字言之则曰'图'，曰'书'，从候望星气与灾祥之征候言之则曰'候'，从其托《经》言之则曰'纬'。同实异名，何拘之有"；"所谓'谶'、'符'以至'候'、'纬'之属，无不自邹衍书变化而出。邹衍之书，以验为第一义，故由此而依托之书如'符'、'录'、'图'、'书'、'候'之属，亦曰'验'书，旋又转为

① 顾颉刚：《汉代学术史略》，东方出版社1996年版，第116—117页。

‘谶’书。谶亦验也。时君尊经，始有‘纬’书，用是为阿谀苟合之工具。由‘谶’至‘纬’，不过形式上一转变，从而标新名目。其实质则‘谶’、‘纬’一也”。[①] 陈槃的这种看法在学界影响甚大，现在几乎已成定论。后来钟肇鹏也说：“汉代的谶纬是儒学宗教神学化的产物。在汉人的著述中所谓‘经谶’、‘图谶’实际上都包括纬书，而‘谶’、‘纬’也往往互称，并无区别。”[②]

另一种看法则认为谶、纬有别，谶是一种预言性的东西，而纬则是用来解释经书的。胡应麟说：“世率以谶纬并论，二书虽相表里而实不同。纬之名，所以配经，故自《六经》、《语》、《孝》而外，无复别出。《河图》、《洛书》等纬，皆《易》也。谶之依附《六经》者，但《论语》有谶八卷，余不概见，以为仅此一种。偶阅《隋经籍志》，注附见十余家，乃知凡谶皆讬古圣贤以名其书，与纬体制迥别。盖其说尤诞妄，故隋禁之后永绝，类书亦无从援引，而唐、宋诸藏家绝口不谈。”[③]《四库全书总目提要》也说：“儒者多称谶纬，其实谶自谶，纬自纬。谶者，诡为隐语，预决吉凶。纬者，经之支流，衍及旁义。盖秦、汉以来，去圣日远，儒者推阐论说，各自成书，与经原不相比附，如伏生《尚书大传》、董仲舒《春秋阴阳》，核其文体，即是纬书，特以显有主名，故不能讬诸孔子。其他私相譔述，渐杂以术数之言，既不知作者为谁，因附会以神其说。迨弥传弥失，又益以妖妄之词，遂与谶合而为一。”二者均认为谶、纬有别。《四库提要》作者还把《尚书大传》、《春秋繁露》当成纬书，这显然是不对的。不过其指出谶、纬一开始并非就合在一起还是很正确的。

这两种说法各有所据，皆有道理。不过从词义和历史来看，第二种说法更为合理。从词义来看，谶是应验的意思。《说文·言部》说：“谶，验也。有征验之书。河、洛所出书曰谶。”《释名》说：“谶，纤也。其义纤微而有效验也。”而纬则是与经相对应的意思。《说文·糸部》说：“经，织从丝也”、“纬，织横丝也。”段玉裁注曰：“‘织横丝’者，对上文‘织从丝’而言，故言丝以见缕，经在轴，纬在杼。《木部》曰：‘杼，机之持纬者也。’引申为凡交会之称。汉人左右六经之书谓之秘纬。”可以看

---

① 陈槃：《谶纬释名》，《中央研究院历史语言研究所集刊》1944 年第 11 本。

② 钟肇鹏：《谶纬论略》，辽宁教育出版社 1991 年版，第 9 页。

③ 胡应麟：《四部正讹》，商务印书馆 1935 年版，第 36 页。

出，谶与纬在含义上是完全不同的。陈槃等人虽然认为谶纬异名同实，但他们在谶的形成早于纬的看法上却是一致的。从这种历史的角度来看，谶的形成要早，而纬则在汉武帝设立五经博士之后才逐渐形成，正如《四库提要》作者所说，二者初不相涉，后来才混在一起。其实，从内容来看，各个纬书都与其相对应的经书有着密切关系，这也是诸纬以其相应经书命名的原因。

以往对纬书的研究大都比较注重把其作为一个整体来看待，除了《易纬》之外，很少关注各个纬书的独特思想。这里或许有很多方面的原因，如《易纬》保存得相对完整，其他诸纬则佚失较多，很难把握它们的整体思想。但从现存资料来看，除了一些共同性的内容外，各个纬书之间的差别性也是很大的，其主要表现在它们对相应经书的解释和阐发上。这说明纬书的差别主要是由经书决定的。因此，我们打算从经学的角度来对纬书分别作一研究，以期展现出各个纬书的独特思想。

总的来看，本书可以分为两个部分：一是对各个纬书形成的研究，一是对各个纬书思想的研究。

在纬书形成方面，主要侧重从西汉经学传承的情况方面来分析各个纬书的形成。西汉经学发展到中期以后，都发生了一种歧变。这种歧变就是经学的发展受到阴阳五行思想的重大影响。在儒家的五经中，本来就包含阴阳五行思想，如“阴阳”出自《周易》、《诗经》，“五行”源于《尚书》，但它们并不是经学的核心内容。这种思想转变首先表现在《春秋》上。《春秋》是今、古文经学争论的最核心的经典。今文《春秋》在当时以公羊学为主。董仲舒是当时的公羊学大师，他的思想中就有大量的阴阳五行成分。《汉书·五行志》说：“董仲舒治公羊《春秋》，始推阴阳，为儒者宗。”这说明阴阳思想在董仲舒那里占有非常重要的地位。而且他的思想在当时有着重要的影响，所以“为儒者宗”。我们从《春秋繁露》的篇目中就可以看出阴阳五行对董仲舒的影响。以阴阳命名的篇目有：《阳尊阴卑》、《阴阳位》、《阴阳终始》、《阴阳义》、《阴阳出入》、《天地阴阳》；以五行命名的有：《五行对》、《五行之义》、《五行相生》、《五行相胜》、《五行顺逆》、《治水五行》、《治乱五行》、《五行变救》、《五行五事》。其他篇目中涉及阴阳五行思想更是数不胜数。从篇名上可以看出，其涉及的内容和范围相当广泛，如社会尊卑秩序、天地自然、治理水灾、救治祸乱等。《汉书·董仲舒传》也说：“仲舒治国以春秋灾异之变，推阴阳所以错行，故求雨闭诸阳，纵诸阴；其止雨反是。”此后，西汉的公羊学传承都来自董仲舒。因此，《春秋纬》的形成必然与董仲舒的后学有关，因为当时传春秋学的只有董仲舒一系。如果我们承认《春秋纬》是解释《春秋》的，那么我们就不能否认其形成与董仲舒学派的关系。实际上，从内容来看，《春秋纬》确实与《春秋》有着密切的关系。

在西汉经学中，春秋公羊学本来就有阴阳灾异思想，自不待言。然而这种思想的影响在西汉中期以后开始逐渐扩展到其他经典中，其中最明显的例子莫过于易学了。我们知道，西汉易学本于田何，田何传丁宽、王同、周王孙等人，丁宽又传田王孙，田王孙传施雠、孟喜、梁丘贺，由是《易》有施、孟、梁丘之学。可见，西汉易学传到施雠、孟喜、梁丘贺始有分派，在此之前，各家虽有不同，但并未明显分派。其中孟喜诈造了一部“《易》家候阴阳灾变书”，从而改变了易学的性质，使易学变成了以阴阳灾异为主的象数之学。我们虽然不知道“《易》家候阴阳灾变书”是一部什么样的书，但孟喜之父是当时的春秋学和礼学大家，因此，可以推断，孟喜的思想应当受到其父的影响。这样看来，易学的阴阳灾异学说与春秋学有着密切的关系。这说明西汉易学的阴阳灾异思想是孟喜最先引入的，而《易纬》明显有这种特征，因此，《易纬》的形成与孟喜的易学革命有着密切的关系。

不只易学有此转向，其余的经学传承也有着几乎相同的经历。西汉尚书学始于伏生，其传到汉武帝时出现了一个叫夏侯始昌的人，其学亦以阴阳灾异为主。《汉书·夏侯始昌传》说：“夏侯始昌，鲁人也。通五经，以《齐诗》、《尚书》教授。自董仲舒、韩婴死后，武帝得始昌，甚重之。始昌明于阴阳。先言柏梁台灾日，至期日果灾。”夏侯始昌之前，阴阳灾异思想并非尚书学的重点。夏侯始昌则发扬了《尚书》及《洪范五行传》的灾异思想，而后又传于夏侯胜，从而形成大夏侯学。这种以灾异为主的尚书学可能直接影响到《尚书纬》的形成。从上面可以看出，夏侯始昌不但传《尚书》，而且还传《齐诗》。其对诗学的传承也有着重大的影响。夏侯始昌的老师即是齐诗始祖辕固。西汉齐诗自辕固之后，基本上属于夏侯始昌的系统。夏侯始昌授后苍，后苍授翼奉、萧望之、匡衡等人。从现存材料来看，《诗纬》的内容与翼奉思想的关系最为密切。

对于经学传承中以上的变化，史书都有明确的记载。对于礼学等传承，史书虽未明言，但通过分析我们也能得出比较一致的结论。在礼学传承中有一个非常重要的人物就是孟卿。他是孟喜的父亲，也是当时的春秋公羊学大师。因此，他的公羊学思想不可避免地要对其礼学产生影响。这说明经学发展到西汉中期以后，基本上都变成了以阴阳灾异为主的思想。正如皮锡瑞所说："汉有一种天人之学，而齐学尤盛。《伏传》五行，《齐诗》五际，《公羊春秋》多言灾异，皆齐学也。《易》有象数占验，《礼》有明堂阴阳，不尽齐学，而其旨略同。"① 皮氏指出了汉代经学的特点，但没有说明这一变化过程的原因。从历史来看，导致这一变化最重要的原因与统治阶级的重视有关。在经学中，春秋公羊学对于当时的统治阶级影响最大。其受到统治阶级重视的原因之一就是其中的阴阳灾异思想。孟喜之所以要对易学进行变革，其原因可能即在于此。其他经书重视阴阳灾异思想，原因也在于此。这些为纬书的形成提供了思想上的资源。西汉中期以后政治动荡，社会混乱，民不聊生，人们对于改朝换代的呼声越来越大，这是促使纬书形成和发展的社会背景和政治因素。正是这两种因素的促进才使纬书在西汉中期以后迅速地发展起来。

在纬书思想方面，我们着重分析各个纬书的独特内容，尤其注重其中的经学思想。以前学者之所以认为谶纬异名同实，一个很重要的原因就在于不注意分析各个纬书中的经学思想。而我们在这里的主要目的即在于发掘它们中的经学思想。在现存纬书中，《易纬》保存得相对完整，因此，我们对《易纬》思想分析占的篇幅较大。从思想性质上看，《易纬》与孟喜、京房一系的易学相近，但由于各篇在形成时间上并非同时，所以我们主要以篇章为单位来对《易纬》思想进行分析。其他诸纬散佚较多，难以窥其思想体系，因此，只能以问题为中心对各个纬书进行分析，尤其注重各个纬书相对应的经学思想。如在《春秋纬》中，着重探讨其中的春秋学思想及其对《春秋公羊传》、《春秋繁露》的解释，从而展现出其对春秋公羊学发展的贡献。在《尚书纬》中，则分析其中的尚书学思想。由于《尚书纬》比较特殊，与其他诸纬不同，其中有一类称作《尚书中候》的文献，因此，我们单独对其进行研究。其他纬书也是如此，主要探讨它们与经学相关的思想。

由于我们以分析纬书的经学思想为主，所以主体内容以七纬为主。此外，《论语谶》虽然以"谶"为名，但其中也有很多与《论语》相关的内

① 皮锡瑞：《经学历史》，中华书局2004年版，第68页。

容，因此，也把它与七纬放在一起研究。《河图》、《洛书》虽然不在七纬之内，但其对七纬形成有着重要的影响，因此，我们把它们作为附论来加以研究。我们的目的是通过比较分析来看出《河图》、《洛书》与七纬思想的不同之处。

总的来看，本书的目的主要在于从经学的角度对纬书思想进行研究，从而展现纬书在经学发展中的地位和意义。诚然，纬书与谶有着密不可分的关系，但我们不能因为其受到谶的影响，就否定其与经学的关系。从思想内容和社会影响来看，纬书都是经学发展的不可忽视的一个环节。

分论一

《易纬》

第一章

《易纬》的源流与形成

对于《易纬》，前人多认为其与孟、京之学有着密切关系。然至于二者关系具体如何，则有不同的看法。冯友兰认为二者先后关系不易断定，其说："孟喜、焦赣、京房，皆以所谓阴阳灾变讲《易》。详细内容，或有不同，今书缺无可考证。然其大指，则皆以阴阳家言释《易》也。至关于卦气之各种理论，果系《易》纬取孟京，或孟京取《易》纬，或《易》纬即孟京一派讲《易》学者所作，不易断定。"[①] 有人认为《易》纬的形成受到孟、京易学的影响，如清代吴翊寅说："《易纬·乾凿度》为孟喜所述，《稽览图》、《通卦验》皆京房所述者也。"（《易汉学考·易纬考上》）朱伯崑说："《易纬》乃孟京易学的发展，出于孟京之后，或刘歆《三统历》之后。"[②] 与此种观点不同，李学勤认为《易纬》有的早于孟喜，有的与京房相先后。其说："孟喜的《易》学，一部分应来自《乾凿度》卷上或类似著作。因此，《乾凿度》卷上的种种因素体现于孟氏学说，而后者更为丰富一些。……《乾凿度》卷下的时代约当京氏一系之学，保存阐述了卷上的部分内容，后来遂有人把两卷合在一道。"[③] 这几种说法都有一定的根据，然哪种说法更为合理，则需我们作进一步的探讨。既然《易纬》与西汉孟、京易学有着密切关系，那么我们必先对西汉易学的发展作一了解，然后才能知道《易纬》的形成。

一　汉代易学传承及思想特点

对于汉代易学传承，《史记·儒林列传》说：

---

① 冯友兰：《中国哲学史》（下册），华东师范大学出版社2000年版，第49页。

② 朱伯崑：《易学哲学史》（第一卷），昆仑出版社2005年版，第177页。

③ 李学勤：《周易溯源》，巴蜀书社2006年版，第419页。

> 自鲁商瞿受《易》孔子，孔子卒，商瞿传《易》，六世至齐人田何，字子庄，而汉兴。田何传东武人王同子仲，子仲传菑川人杨何。何以《易》，元光元年征，官至中大夫。齐人即墨成以《易》至城阳相。广川人孟但以《易》为太子门大夫。鲁人周霸，莒人衡胡，临菑人主父偃，皆以《易》至二千石。然要言《易》者本于杨何之家。

汉代易学传自孔子弟子商瞿，六世而至田何。到了田何，已经到了西汉初年。对于田何以前的传人，《史记·仲尼弟子列传》说：“商瞿，鲁人，字子木。少孔子二十九岁。孔子传《易》于瞿，瞿传楚人馯臂子弘，弘传江东人矫子庸疵，疵传燕人周子家竖，竖传淳于人光子乘羽，羽传齐人田子庄何，何传东武人王子中同，同传菑川人杨何。何元朔中以治《易》为汉中大夫。”从孔子授《易》，商瞿为第一代，馯臂为第二代，矫疵为第三代，周竖为第四代，光羽为第五代，田何为第六代，所以《儒林列传》说“六世而至田何”。田何又传东武王同，是为第七代。王同又传菑川杨何，是为第八代。《汉书·儒林传》记载的易学传承，基本上与《史记》相同。其说：

> 自鲁商瞿子木受《易》孔子，以授鲁桥庇子庸。子庸授江东馯臂子弓。子弓授燕周丑子家。子家授东武孙虞子乘。子乘授齐田何子装。及秦禁学，《易》为筮卜之书，独不禁，故传受者不绝也。汉兴，田何以齐田徙杜陵，号杜田生，授东武王同子中、洛阳周王孙、丁宽、齐服生，皆著《易传》数篇。同授淄川杨何，字叔元，元光中征为太中大夫。齐即墨城至城阳相。广川孟但为太子门大夫。鲁周霸、莒衡胡、临淄主父偃，皆以《易》至大官。要言《易》者本之田何。

可以看出，除了个别名称因形似、假借等不同外，如馯臂子弓与馯臂子弘、孙虞子乘与光羽子乘等，《汉书》与《史记》的主要区别在第二代和第三代上，二者的次序刚好相反。而且《史记》中田何弟子只记载了王同，而《汉书》则又有周王孙、丁宽、服生等人。

对于上面的传承，前人多有怀疑，如清代崔适说：“瞿少孔子二十九岁，是生于鲁昭公十九年，至汉高九年，徙齐田氏关中，计三百二十六年，是师弟之年，皆相去五十四五，师必年逾七十而传经，弟子皆十余岁而受业，乃能几及，其可信耶?”[1] 徐复观也指出这一传承很难成立。他提出两点理由：一是孔门四科中文学的子游、子夏尚没有留下传经的明显记载，何独有商瞿传《易》的记载？而且商瞿之名，除《孔子家语》外，在先秦略无所考；二是在先秦援引《易》的一切文献及长沙帛书《易》中，未发现与此一传承有丝毫关联的痕迹。据此，他认为《易》为筮卜之书，卖卜之事战国时已流行于市井，汉初屡见不鲜，田何为了尊其术，故伪造此传承统绪。[2] 其实《史记》记载的易学传承还是可信的。因为司马迁的父亲司马谈曾“受《易》于杨何”（《史记·太史公自序》），又因《易》为筮卜之书而未遭秦禁，所以传授不绝。因此，司马迁对于易学传承的记载还是比较真实的。

可以看出，与《汉书》相比，《史记》对于易学的传承，仅记载了司马谈受《易》的一系，即王同一系，对于周王孙、丁宽、服生等人则没有记载。而对汉易产生影响的恰是丁宽一系的易学。《汉书·儒林传》说：

> 丁宽，字子襄，梁人也。初，梁项生从田何受《易》，时宽为项生从者，读《易》精敏，材过项生，遂事何。学成，何谢宽。宽东归，何谓门人曰：“《易》以东矣。”宽至洛阳，复从周王孙受古义，号“周氏传”。景帝时，宽为梁孝王将军距吴、楚，号丁将军，作《易说》三万言，训故举大谊而已，今小章句是也。宽授同郡砀田王孙。王孙授施雠、孟喜、梁丘贺。由是《易》有施、孟、梁丘之学。

丁宽学《易》于田何，而且受到田何的器重，因此，丁宽东归，田何有“《易》以东矣”之叹。丁宽到了洛阳，又从周王孙受“古义”。可见，作为田何早年弟子的周王孙，其学除了来自田何外，尚有其他来源。不然丁宽在田何那学成之后，不会再去他那里受“古义”。因此，汉代易学至丁宽而发生变化，其学融合了田何易学和周王孙“古义”，其特点是“训故举大谊”。从《汉书·艺文志》中，我们也能看出丁宽与周王孙、服生等人易学的不同。田何弟子周王孙、服生、王同等人所作《易传》皆二

---

① 崔适：《史记探源》，中华书局 1986 年版，第 217 页。

② 徐复观：《徐复观论经学史二种》，上海书店出版社 2005 年版，第 64 页。

篇，独丁宽为八篇。这说明田何所传《易传》亦二篇，其弟子所作《易传》，内容虽有不同，然篇数则不能无异。周王孙虽传有“古义”，然亦未敢违背师说。丁宽则不同，其才智聪明，又“读《易》精敏”，所以不满于田何易学，又从周王孙受“古义”，从而对易学作了创新。正如清代学者唐晏所说：“田何之学本无章句，至王同、周王孙、丁宽始有《易传》。然周生独号古义，岂周氏别有所得乎？商瞿之传至周王孙、丁将军，盖又一变矣。”① 大概因为周王孙、王同、服生等人向田何学《易》较早，而丁宽则属田何晚年弟子。因此，周王孙、王同等人皆作《易传》二篇。后来周王孙回到洛阳，又得到“古义”，从而自立门户。因此，《艺文志》所记“《易传·周氏》二篇”属于周王孙早年作品，而“周氏传”则是丁宽对其“古义”的称号。丁宽所作《易说》，可能既有田何的易学，又有周王孙的“古义”，因此较周王孙、王同等人《易传》二篇为多，有八篇三万言。

丁宽又传《易》于田王孙，王孙传施雠、孟喜、梁丘贺，由是《易》有施、孟、梁丘之学。可见，西汉易学传到施雠、孟喜、梁丘贺始有分派。在此之前，各家虽有不同，但并未明显分派。自施、孟、梁丘之后，各家独自授学，始有门户之分。我们先来看施雠的易学，《汉书·儒林传》说：

> 施雠，字长卿，沛人也。沛与砀相近，雠为童子，从田王孙受《易》。后雠徙长陵，田王孙为博士，复从卒业，与孟喜、梁丘贺并为门人。谦让，常称学废，不教授。及梁丘贺为少府，事多，乃遣子临分将门人张禹等从雠问。雠自匿不肯见，贺固请，不得已乃授临等。于是贺荐雠：“结发事师数十年，贺不能及。”诏拜雠为博士。

可以看出，施雠学于田王孙最早，时间也最久。与梁丘贺、孟喜相比，施雠最守师法，故于田王孙易学最醇。故唐晏说：“《周易》施氏之学，乃田何之正传。孔子受《易》商瞿，自瞿传至田何，未杂异说。而何诸弟子亦恪守其说，未敢变乱。”② 其实，施雠易学传自田王孙，而田王孙

---

① 唐晏：《两汉三国学案》，中华书局1986年版，第6页。

② 同上书，第8页。

又传自丁宽。丁宽在田何易学中已融入了周王孙“古义”。因此，只能说施雠易学为丁宽之正传。

对于梁丘贺易学，《汉书·儒林传》说：

> 梁丘贺，字长翁，琅邪诸人也。以能心计，为武骑。从太中大夫京房受《易》。房者，淄川杨何弟子也。房出为齐郡太守，贺更事田王孙。宣帝时，闻京房为《易》明，求其门人，得贺。贺时为都司空令。坐事，论免为庶人。待诏黄门数入说教侍中，以召贺。贺入说，上善之，以贺为郎。会八月饮酎，行祠孝昭庙，先驱旄头剑挺堕坠，首垂泥中，刃乡乘舆车，马惊。于是召贺筮之，有兵谋，不吉。上还，使有司侍祠。是时，霍氏外孙代郡太守任宣坐谋反诛，宣子章为公车丞，亡在渭城界中，夜玄服入庙，居郎间，执戟立庙门，待上至，欲为逆。发觉，伏诛。故事，上常夜入庙，其后待明而入，自此始也。贺以筮有应，由是近幸，为太中大夫，给事中，至少府。为人小心周密，上信重之。年老终官。传子临，亦入说，为黄门郎。甘露中，奉使问诸儒于石渠。临学精孰，专行京房法。琅邪王吉通《五经》，闻临说，善之。时宣帝选高材郎十人从临讲，吉乃使其子郎中骏上疏从临受《易》。

可以看出，梁丘贺最先跟着杨何弟子京房学《易》，后来才转到田王孙门下。杨何易学属于田何易学，而田王孙易学则包含着“古义”。后来宣帝听说京房在易学方面有名，求其弟子得梁丘贺。后来梁丘贺因为占筮有应，得到宣帝的信任，而升为太中大夫。而梁丘贺的儿子梁丘临也精通易学，“专行京房法”。可以看出，京房一系的易学是很重视卜筮的，梁丘贺父子也以此而得到皇帝的重任。

对于孟喜易学，《汉书·儒林传》说：

> 孟喜，字长卿，东海兰陵人也。父号孟卿，善为《礼》、《春秋》，授后苍、疏广。世所传《后氏礼》、《疏氏春秋》，皆出孟卿。孟卿以《礼经》多、《春秋》烦杂，及使喜从田王孙受《易》。喜好自称誉，得《易》家候阴阳灾变书，诈言师田生且死时枕喜膝，独传喜，诸儒以此耀之。同门梁丘贺疏通证明之，曰：“田生绝于施雠手中，时喜

> 归东海，安得此事?”又蜀人赵宾好小数书，后为《易》，饰《易》文，以为“箕子明夷，阴阳气亡箕子；箕子者，万物方荄兹也”。宾持论巧慧，《易》家不能难，皆曰“非古法也”。云受孟喜，喜为名之。后宾死，莫能持其说。喜因不肯仞，以此不见信。喜举孝廉为郎，曲台署长，病免，为丞相掾。博士缺，众人荐喜。上闻喜改师法，遂不用喜。喜授同郡白光少子、沛翟牧子兄，皆为博士。由是有翟、孟、白之学。

孟喜的父亲孟卿是礼学和春秋学大师，他在“《礼经》多、《春秋》烦杂”的情况下，让孟喜从田王孙学《易》。但孟喜并不满足田王孙的易学，因此，诈言从田王孙那里得到一部“《易》家候阴阳灾变书”，而得到诸儒的称誉。孟喜的举动遭到同门梁丘贺的不满，其证明田王孙死时，只有施雠在身边，而孟喜在东海，所以不可能从田王孙那得到“《易》家候阴阳灾变书”。后来因为改师法，孟喜没有被选为博士。

可以看出，西汉易学至孟喜而发生了根本性的变化。孟喜之前，易学未有“阴阳灾变”之说。田何易学至丁宽而发生变化，然丁宽所受周王孙“古义”，具体内容虽不易断定，但从其“作《易说》三万言，训故举大谊而已”来看，必定不是“阴阳灾变”之说。[①] 因此，易学融入阴阳灾异说，自孟喜始。皮锡瑞说：“孔子说《易》见于《论语》者二条，一勉无过，一戒无恒，皆切人事而言。战国诸子及汉初诸儒言《易》，亦皆切人事而不主阴阳灾变。至孟、京出而说始异。”[②] 吴承仕也说：“汉初言《易》者本之田何，何授丁将军，作《小章句》，训故举大义而已。以阴阳灾变说《易》则始于孟喜，其授受本暗昧不可质。而汉世《易》家终不出阴阳灾变之域，固由博士曲学阿世，亦因齐学大行，多与巫道相糅。故田、杨、丁宽之学，再传而遂失其真矣。”[③]《易》本卜筮之书，亦因此而未遭秦禁。儒家传《易》，虽注重德义，但不废卜筮。如马王堆帛书

---

① 刘大钧《〈周易〉古义考》(《中国社会科学》2002年第5期)认为，汉初易学已有“今义”、“古义”之分，“《易》之‘今义’凸现的是一种德性优先的浓郁人文关怀，而《易》之‘古义’，则更多地关涉明阴阳、和四时、顺五行、辨灾祥等卜筮之旨”。此以“阴阳灾祥”释《周易》“古义”，似与丁宽《易说》“训故举大谊”不合，因此对此解释予以保留。

② 皮锡瑞：《经学通论一·易经》，中华书局1954年版，第19页。

③ 吴承仕：《经典释文序录疏证》，中华书局1984年版，第29页。

《要》说："子曰：《易》，我后其祝卜矣，我观其德义耳也。幽赞而达乎数，明数而达乎德，又仁（守）者而义行之耳。赞而不达于数，则其为之巫；明数而不达于德，则其为之史。史巫之筮，乡之而未也，好之而非也。后世之士疑丘者，或以《易》乎？吾求其德而已，吾与史、巫同途而殊归者也。"孔子在卜筮上与史、巫目的虽然不同，但在"幽赞"、"明数"上则有相同之处。"幽赞"、"明数"为同途，而"达乎德"则为殊归。不知道的人看到孔子卜筮以为其好之、乡之，所以孔子说"后世之士疑丘者，或以《易》乎？"因此，田何易学亦有卜筮的内容，梁丘贺即是一例。而卜筮极易与阴阳灾异相结合，所以孟喜借《易》而篡改师法。

西汉易学至孟喜而大变，至京房又有一变。《汉书·儒林传》说：

> 京房受《易》梁人焦延寿。延寿云，尝从孟喜问《易》。会喜死，房以为延寿《易》即孟氏学，翟牧、白生不肯，皆曰非也。至成帝时，刘向校书，考《易》说，以为诸《易》家说皆祖田何、杨叔、丁将军，大谊略同，唯京氏为异，党焦延寿，独得隐士之说，托之孟氏，不相与同。房以明灾异得幸，为石显所谮诛，自有传。房授东海殷嘉、河东姚平、河南乘弘，皆为郎、博士。由是《易》有京氏之学。

京房是焦延寿的弟子，而焦延寿曾问《易》于孟喜。当孟喜去世的时候，京房以为焦延寿易学即是孟喜《易》，而遭到孟喜嫡传弟子翟牧、白生的反对。京房易学得自焦延寿，而焦延寿又得隐士之说，所以其与孟喜易学又不尽相同。可以看出，焦延寿实际上并未向孟喜学过《易》，一是孟喜传授弟子中并未提及焦延寿，二是《汉书·京房传》中也没有提到焦延寿向孟喜问《易》的情况。后来刘向校书，诸《易》皆同，唯京房、焦延寿为异，得自隐士之说，而托之孟喜，不相与同。这说明焦延寿只是假托孟喜而已，实际上其所传并非孟喜《易》，因此，遭到孟喜弟子的反对。焦延寿假托孟喜，而没假托施雠、梁丘贺等人，说明其与孟喜《易》有相近的地方。《京房传》说："延寿字赣。赣贫贱，以好学得幸梁王。梁王共其资用，令极意学。既成，为郡史，察举补小黄令。以候司先知奸邪，盗贼不得发。……其说长于灾变，分六十四卦，更直日用事，以风雨寒温为候，各有占验。"可见，焦延寿易学也以"灾变"为主，这与孟喜所得"《易》

家候阴阳灾变书"是相同的。

孟喜、京房虽改师法，开始遭到同门的反对，但最终都得到上层的承认。这说明阴阳灾异思想是受到统治者青睐的。其实，当时不独《易》如此，其他《春秋》、《尚书》、《诗》、《礼》等莫不如此。皮锡瑞说："汉有一种天人之学，而齐学尤盛。《伏传》五行，《齐诗》五际，《公羊春秋》多言灾异，皆齐学也。《易》有象数占验，《礼》有明堂阴阳，不尽齐学，而其旨略同。"① 孟喜、京房等人改师法，或许正是这种大环境下的产物。

以上的易学传承是西汉的官方系统，除此之外，西汉易学在民间还有一支伏流，即费、高之学。《汉书·儒林传》说：

> 费直，字长翁，东莱人也。治《易》为郎，至单父令。长于卦筮，亡章句，徒以《彖》、《象》、《系辞》十篇文言解说上下经。
>
> 高相，沛人也。治《易》与费公同时，其学亦亡章句，专说阴阳灾异，自言出于丁将军。传至相，相授子康及兰陵毋将永。康以明《易》为郎，永至豫章都尉。及王莽居摄，东郡太守翟谊谋举兵诛莽，事未发，康候知东郡有兵，私语门人，门人上书言之。后数月，翟谊兵起，莽召问，对"受师高康"。莽恶之，以为惑众，斩康。由是《易》有高氏学。高、费皆未尝立于学官。

与西汉官方易学不同，费直《易》的特点是长于卜筮，无章句，并以《彖》、《象》、《系辞》等解说上下经。《汉书·艺文志》说："讫于宣、元，有施、孟、梁丘、京氏列于学官，而民间有费、高二家之说，刘向以中古文《易经》校施、孟、梁丘经，或脱去'无咎'、'悔亡'，唯费氏经与古文同。"这说明诸家《易》中只有费直《易经》与天子秘府所藏古文《易经》相同。可以推断，秘府所藏《易经》与田何所传来源不同，可能也重视卦筮，因为施、孟、梁丘《易经》脱去的"无咎"、"悔亡"等正是卜筮的爻辞断语。因此，费直《易》应该源于古文《易经》，其独特之处或在于以《彖》、《象》、《系辞》等十篇解说上下经。

在民间流行的还有高相《易》，其与费直同时，大概在宣、元时就已

① 皮锡瑞：《经学历史》，中华书局2004年版，第68页。

经流行了。与费直《易》相同的是，其也没有章句。但二者亦非同源，因为刘向校诸家《易》时，并没有提出高相《易》也与古文《易经》相同。高相《易》的特点是专说阴阳灾异，而且自言出于丁宽。在前面我们曾提到，丁宽是田何弟子，而且向周王孙受“古义”，未曾听说其治《易》言阴阳灾异。可见，高相所说出于自己编造。高相之所以这么做，大概也是为了抬高自己的身价。我们知道，丁宽对西汉易学有重大影响，施雠、梁丘贺、孟喜都是他的再传弟子，而且皆立于学官。奇怪的是，高相不直接托名与自己思想相近的孟喜，而托于丁宽。大概因为孟喜立奇说曾遭到众人反对的缘故，因此，高相托名孟喜的祖师爷丁宽。从其子高康“候知东郡有兵”来看，其学大概与焦延寿相似，以占验为主。

可以看出，西汉易学自田何以来，在流传过程中发生了很大变化。丁宽首先融合了田何易学和周王孙“古义”，这种创新可能还没有触及正统易学的根本。后来孟喜又把“《易》家候阴阳灾变书”融进了易学，从而使西汉易学发生了根本性的变化。焦延寿、京房又进一步加入了“隐士之说”，彻底改变了田何易学的性质，使易学内容变得以“阴阳灾变”为主。皮锡瑞称他们为“《易》之别传”，他说：“据班氏说，则《易》家以阴阳灾变为说，首改师法，不出于田何、杨叔、丁将军者，始于孟而成于京。班氏既谓二家不同，而《艺文志》又有《孟氏京房》十一篇，《灾异孟氏京房》六十六篇，似二家实合为一者。盖又京氏讬之孟氏，而非孟氏之本然也。孟氏得《易》家书，焦延寿得隐士说，则当时实有此种学，而非其所自创。《汉志》《易》家有《杂灾异》三十五篇，是《易》家本有专言灾异一说，而其传此说者，仍是别传而非正传。”① 可见西汉易学言“阴阳灾变”自孟喜始，其前正统易学未有此说。从现存《易纬》来看，其思想以“阴阳灾异”为主，因此，《易纬》的形成与孟喜、京房的易学革命有着密切的关系。

二 “《易》家候阴阳灾变书”与《易纬》形成

西汉易学至孟喜发生根本性变化，而发生这一变化的动因是一部所谓的“《易》家候阴阳灾变书”。那么这是一部什么样的书呢？由于书缺有

---

① 皮锡瑞：《经学通论一·易经》，中华书局1954年版，第19页。

间、史料不详，其内容也不易断定。但我们可以从孟喜的学术背景来对此做一番考察。

孟喜出身于一个家学渊源很深的家庭，其父孟卿是著名的经学家。孟卿精通礼学和春秋学，在当时有很大的影响。《汉书·儒林传》说：

> 孟卿，东海人也。事萧奋，以授后仓、鲁闾丘卿。仓说《礼》数万言，号曰《后氏曲台记》，授沛闻人通汉子方、梁戴德延君、戴圣次君、沛庆普孝公。孝公为东平太傅。德号大戴，为信都太傅。圣号小戴，以博士论石渠，至九江太守。由是《礼》有大戴、小戴、庆氏之学。通汉以太子舍人论石渠，至中山中尉。普授鲁夏侯敬，又传族子咸，为豫章太守。大戴授琅邪徐良斿卿，为博士、州牧、郡守，家世传业。小戴授梁人桥仁季卿、杨荣子孙。仁为大鸿胪，家世传业，荣琅邪太守。由是大戴有徐氏，小戴有桥、杨氏之学。

孟卿学《礼》于瑕丘萧奋，萧奋学于鲁徐生。孟卿又授《礼》于后仓、闾丘卿，后仓又传《礼》于闻人通汉、戴德、戴圣和庆普，因此，《礼》有大戴、小戴和庆氏之学。戴德、戴圣即著名的大戴、小戴，现在流传下来的《礼记》也就是由此二人编订的。可见，西汉中期以后的礼学大家都是孟卿的再传弟子。

除了精通礼学外，孟卿还是西汉春秋公羊学的重要传人。据《汉书·儒林传》，孟卿学于东平嬴公，而嬴公学于公羊学大师董仲舒。在董仲舒的弟子中，只有嬴公“守学不失师法”。与孟卿同学的还有著名的眭孟，其在昭帝时因说灾异被诛。

孟卿虽然精通礼学和春秋学，但奇怪的是他并没有把这两门学问传给他的儿子孟喜，而让孟喜从田王孙去学易学。《儒林传》说：“孟卿以《礼经》多、《春秋》烦杂，及使喜从田王孙受《易》。”但孟喜并没有老老实实地从田王孙学《易》，而是编造了一部“《易》家候阴阳灾变书”，从而改变了西汉易学的性质。

孟喜虽然没有跟其父学习礼学和春秋学，但因其生活的环境，不可避免地要受其父的影响。因此，孟喜的易学革命与春秋学和礼学有着密切的关系。从“《易》家候阴阳灾变书”的名称上来看，其与春秋学的关系更为密切。因为自董仲舒以来，《春秋》公羊学就以善说“阴阳灾异”著称。《汉书·五行志》说：

> 汉兴，承秦灭学之后，景、武之世，董仲舒治《公羊春秋》，始推阴阳，为儒者宗。宣、元之后，刘向治《穀梁春秋》，数其祸福，传以《洪范》，与仲舒错。至向子歆治《左氏传》，其《春秋》意亦已乖矣，言《五行传》，又颇不同。

《五行志》是专门记述天人灾异的，因此，上面的论述说明汉代的灾异学说至少出于两个不同的系统：一是出于《春秋》的阴阳系统，一是出于《尚书·洪范》的五行系统。前者以董仲舒为代表，后者以刘向父子为代表。

董仲舒的灾异思想源于春秋学。《汉书·董仲舒传》说：

> 臣谨案《春秋》之文，求王道之端，得之于正。正次王，王次春。春者，天之所为也；正者，王之所为也。其意曰，上承天之所为，而下以正其所为，正王道之端云尔。然则王者欲有所为，宜求其端于天。天道之大者在阴阳。阳为德，阴为刑，刑主杀而德主生。是故阳常居大夏，而以生育养长为事；阴常居大冬，而积于空虚不用之处。以此见天之任德不任刑也。天使阳出布施于上而主岁功，使阴入伏于下而时出佐阳；阳不得阴之助，亦不能独成岁。终阳以成岁为名，此天意也。王者承天意以从事，故任德教而不任刑。

董仲舒认为，王道之端在于得正，正次王，王次春，春即天之所为。因此，王道之端在天。不难看出，其思想逻辑是以《春秋》“元年春王正月”为依据的。在董仲舒看来，王道之端宜求之于天，而天道之大则在于阴阳。天道以阳为主，以阴为辅，阳为德，阴为刑，因此，君主施政亦应任德而不任刑。如果阴阳失序，则会出现灾异。《春秋繁露·精华》说：

> 大旱者，阳灭阴也，阳灭阴者，尊厌卑也，固其义也，虽大甚，拜请之而已，敢有加也。大水者，阴灭阳也，阴灭阳者，卑胜尊也，日食亦然，皆下犯上，以贱伤贵者，逆节也，故鸣鼓而攻之，朱丝而胁之，为其不义也，此亦《春秋》之不畏强御也。故变天地之位，正

阴阳之序，直行其道而不忘其难，义之至也。

在董仲舒看来，大旱是因为阳气压灭阴气，大水和日食则由于阴气压灭阳气。因为阳尊阴卑，所以大旱的出现是合乎道理的，只要通过拜请就可以消除。而大水和日食则是以下犯上，以贱伤贵，违反阴阳之序，因此要"鸣鼓而攻之，朱丝而胁之"。[①] 董仲舒对于灾异是非常重视的，其还著有"灾异之记"。《史记·儒林列传》说："（董仲舒）以春秋灾异之变推阴阳所以错行，故求雨闭诸阳，纵诸阴，其止雨反是。行之一国，未尝不得所欲。中废为中大夫，居舍，著灾异之记。"因为董子灾异思想以阴阳为基础，所以他可以通过春秋灾异之变来推阴阳运行的规律。

孟卿是董仲舒的再传弟子，其老师是东平嬴公。嬴公在董仲舒弟子中是最守师法的，因此，孟卿属于董仲舒春秋学的正宗。孟卿著作已经亡佚，其灾异思想不可而知。但眭孟是其同学，孟以讲灾异而被诛，因此，我们可以从眭孟来略窥孟卿的灾异思想。《汉书·眭弘传》说：

眭弘，字孟，鲁国蕃人也。少时好侠，斗鸡走马，长乃变节，从嬴公受《春秋》。以明经为议郎，至符节令。孝昭元凤三年正月，泰山、莱芜山南匈匈有数千人声，民视之，有大石自立，高丈五尺，大四十八围，入地深八尺，三石为足。石立后有白乌数千下集其旁。是时，昌邑有枯社木卧复生，又上林苑中大柳树断枯卧地，亦自立生，有虫食树叶成文字，曰"公孙病已立"。孟推《春秋》之意，以为"石、柳，皆阴类，下民之象；泰山者，岱宗之岳，王者易姓告代之处。今大石自立，僵柳复起，非人力所为，此当有从匹夫为天子者。枯社木复生，故废之家公孙氏当复兴者也"。孟意亦不知其所在，即说曰：先师董仲舒有言，虽有继体守文之君，不害圣人之受命。汉家尧后，有传国之运。汉帝宜谁差天下，求索贤人，禅以帝位，而退自封百里，如殷、周二王后，以承顺天命。孟使友人内官长赐上此书。时，昭帝幼，大将军霍光秉政，恶之，下其书廷尉。奏赐孟妄设祆言惑众，大逆不道，皆伏诛。后五年，孝宣帝兴于民间，即位，征孟子

① 《白虎通·灾变》说："日食必救之何？阴侵阳也。鼓用牲于社。社者，众阴之主，以朱丝萦之，鸣鼓攻之，以阳责阴也。"

为郎。

汉昭帝元凤三年（公元前78年）正月，泰山、莱芜山南有大石自立，并有数千只白乌鸦集在其旁。同时在昌邑、上林等地又有枯社木复生、卧柳自立、虫食树叶成文等灾异。眭孟根据《春秋》之意推断石头、柳树皆属阴类，为下民之象，而泰山是王者易代之处。因此，大石自立、僵柳复起预示着匹夫当为天子。眭孟让朋友把此书奏给皇帝，霍光以为妖言惑众，眭孟和其友皆被诛杀。后来眭孟之言果然应验，宣帝兴于民间。可以看出，眭孟的灾异思想完全是根据《春秋》而来的。他这种以阴阳为基础来分析灾异的思想，与董仲舒是一脉相承的。由此我们可以推断，孟卿的思想也应属于阴阳灾异系统。

为了区分阴阳与五行不同的灾异系统，我们现在来看一下刘向的灾异思想。《汉书·楚元王传》说：

> 成帝即位，显等伏辜，更生乃复进用，更名向。向以故九卿召拜为中郎，使领护三辅都水。数奏封事，迁光禄大夫。是时，帝元舅阳平侯王凤为大将军，秉政，倚太后，专国权，兄弟七人皆封为列侯。时数有大异，向以为外戚贵盛，凤兄弟用事之咎。而上方精于《诗》、《书》，观古文，诏向领校中《五经》秘书。向见《尚书·洪范》箕子为武王陈五行阴阳休咎之应。向乃集合上古以来历春秋六国至秦、汉符瑞灾异之记，推迹行事，连传祸福，著其占验，比类相从，各有条目，凡十一篇，号曰《洪范五行传论》，奏之。

刘向是刘邦之弟楚元王刘交的后裔。成帝时，外戚王凤等干预国政。当时灾异屡发，刘向以为是外戚太盛之故。后来刘向校秘府《五经》，看到《尚书·洪范》中箕子为武王陈述五行阴阳休咎之应，受到启发，收集上古至秦汉以来的灾异记录，著成《洪范五行传论》。可以看出，刘向的《洪范五行传论》主要是以五行为基础来讲灾异的。[①]《洪范五行传论》已经佚失，其详不得而知。其思想的一部分反映在《汉书·五行志》中，我

① 赵翼认为刘向以五行讲《洪范》灾异受到夏侯始昌的影响。参见王树民《廿二史札记校证》(上)，中华书局1984年版，第40页。

们现在以此为基础来看一下刘向的思想。《五行志》说：

> 经曰：初一曰五行。五行一曰水，二曰火，三曰木，四曰金，五曰土。水曰润下，火曰炎上，木曰曲直，金曰从革，土爰稼穑。传曰：田猎不宿，饮食不享，出入不节，夺民农时，及有奸谋，则木不曲直。说曰：木，东方也，于《易》地上之木为观，其于王事，威仪容貌，亦可观者也，故行步有佩玉之度，登车有和鸾之节，田狩有三驱之制，饮食有享献之礼，出入有名，使民以时，务在劝农桑，谋在安百姓，如此则木得其性矣。若乃田猎驰骋，不反宫室，饮食沉湎，不顾法度，妄兴徭役，以夺民时，作为奸诈，以伤民财，则木失其性矣。盖工匠之为轮矢者多伤败，乃木为变怪，是为木不曲直……

这里的“经”指《尚书》，“传”和“说”则是对“经”的解释和发挥。“初一曰五行”是《洪范》“九畴”中的第一项。《洪范传》认为，如果出现天子狩猎不按时令，饮食没有享献之礼，夺民农时等情况，则会出现“木不曲直”的灾异。按照《洪范》的看法，木的性质是能曲能直，如果出现上述情况，则木会失去这种性质。《洪范说》则对《传》作了进一步的解释，认为“地上之木”于《周易》为观卦，在王事上对应君主的威仪容貌。因此，君主的行为要得当有体，如使民以时，出入有名等，如此则木得其性；否则，木就会失去其性质。因为上面所据多与木有关，所以其怪变应在木上，这就是“木不曲直”。在此条下，《五行志》还举了很多相关的例子。如《春秋》说“成公十六年正月，雨水冰”。刘向以为：“冰者，阴之盛而水滞者也。水者，少阳贵臣卿大夫之象也。此人将有害，则阴气协木，木先寒，故得雨而冰也。”这里以五行之木的思想对“雨水冰”作了解释。不独木是这样，其余火、水、金、土皆是如此。

可以看出，董仲舒和刘向讲灾异的理论基础是不同的，前者以阴阳为主，后者以五行为主。但这并不是说董仲舒不讲五行，刘向不讲阴阳。其实在董仲舒思想中，五行思想占有很重的分量。而刘向也以学春秋穀梁学而出名，其谈阴阳也是不可避免的。这里只是从二人思想立论基础上区分的。我们可以以《春秋》“（襄公）三十年五月甲午宋灾”为例来比较二人思想的不同，《五行志》说：

董仲舒以为，伯姬如宋五年，宋恭公卒。伯姬幽居守节三十余年，又忧伤国家之患祸，积阴生阳，故火生灾也。

刘向以为，先是宋公听谗而杀公子痤，应“火不炎上”之罚也。

可以看出，董仲舒对于“火生灾”的解释主要立足于阴阳，“积阴生阳，故火生灾也”，而刘向则主要以《洪范》五行中的“火不炎上”来解释火灾。此外，在《五行志》中，我们可以发现，董仲舒在解释灾异的时候几乎很少用到《洪范》的五行思想，而刘向则兼用《春秋》阴阳和《洪范》五行两种理论。这说明刘向的灾异思想一方面来自《春秋》的阴阳系统，另一方面则源于《洪范》的五行系统。而且按照班固的看法，其灾异思想更多的源于《洪范》五行系统，因此，他把其记载灾异的著作称为《洪范五行传论》。

从上面的分析，我们知道西汉的灾异思想分为阴阳和五行两个不同的系统。孟卿是董仲舒的再传弟子，其灾异思想显然属于阴阳系统，而孟喜所得“《易》家候阴阳灾变书”亦当与此有关。阴阳本来就是《周易》的核心思想。《庄子·天下》曾说“《易》以道阴阳”，这个说法是很准确的。而五行思想则在《周易》中没有体现，其出于《洪范》是没有疑问的。有了阴阳这个基础，孟喜把灾异思想融入易学就顺理成章了。孟喜之所以要在易学中融入阴阳灾异思想，大概因为《周易》为卜筮之书，只能占卜一些小的事情。如果预测国家大事，则此种小术就未免显得不够了。而且当时春秋公羊学处于兴盛的地位，其以谈阴阳灾异而著名，也受到统治者的重视。易学要产生大的影响，变革就显得十分必要。大概正是出于这种考虑，孟喜才对易学进行变革的。

春秋学诚然是孟喜易学革命的重要来源，但礼学对于孟喜的影响也不容忽视。我们知道，孟喜在西汉首先提出系统的卦气说理论。前辈学者已经指出，卦气说形成与《礼记·月令》、《吕氏春秋·十二纪》、《淮南子》的《天文训》和《时则训》有关。这几篇都讲一年气候的变化，其中关于二十四节气的区分、七十二候的说法大体具备。[①] 这一看法大体上是正确的，但孟喜的卦气说与《礼记·月令》的关系最为密切。孟喜之父孟卿是礼学大师，因此，其创立卦气说受《月令》的直接影响是不言而喻的。

① 朱伯崑：《易学哲学史》（第一卷），昆仑出版社2005年版，第133页。

《月令》是《礼记》的一篇。郑玄说：“名曰《月令》者，以其记十二月政之所行也。”《月令》认为，在一年十二月中，每月的气候是不同的，因此，天子所行的政令也是不同的。如果政令失序，就会出现灾害。如其说：

> 孟春之月，日在营室，昏参中，旦尾中。其日甲乙……东风解冻，蛰虫始振，鱼上冰，獭祭鱼，鸿雁来。天子居青阳左个，乘鸾路，驾仓龙，载青旂，衣青衣，服仓玉，食麦与羊，其器疏以达。是月也，以立春。……是月也，天气下降，地气上腾，天地和同，草木萌动。王命布农事，命田舍东郊，皆修封疆，审端径术。……是月也，命乐正人学习舞。乃修祭典。命祀山林川泽，牺牲毋用牝。禁止伐木。毋覆巢，毋杀孩虫、胎、夭、飞鸟，毋麛毋卵。毋聚大众，毋置城郭。……孟春行夏令，则雨水不时，草木蚤落，国时有恐。行秋令，则其民大疫，猋风暴雨总至，藜莠蓬蒿并兴。行冬令，则水潦为败，雪霜大挚，首种不入。

孟春之月为立春，天子居明堂的青阳左个。此时大地复苏，草木萌动。天子开始布置农事，修习祭典，祭祀山林川泽。在这个月中，砍伐树木、捕杀动物胎卵、聚集大众等都是不允许的。如果天子不按孟春时令行事，则会出现雨水不时、飙风暴雨等灾害。其他时令也是如此。

孟喜在礼学和春秋学的影响下，对易学进行了革命。其以《月令》的十二月时令为基本构架，融合了春秋学的阴阳灾异思想，以六十四卦来解说一年节气的变化，提出了一套系统的卦气说。

在西汉前期，经学多是分别传授，罕有兼通数经者。皮锡瑞说：“前汉多专一经，罕能兼通。经学初兴，藏书始出；且有或为雅，或为颂，不能尽一经者。若申公兼通《诗》、《春秋》，韩婴兼通《诗》、《易》，孟卿兼通《礼》、《春秋》，已为难能可贵。夏侯始昌通五经，更绝无仅有矣。”[①] 即使兼通数经者，也严守师法，各经之间绝不混同，如孟卿授《礼》、《春秋》皆分别传授。董仲舒虽然引用《诗》、《易》、《尚书》等，但仅是引证而已，并没有改变诗学、易学等性质的想法。孟喜则不同，其一开始从田王孙学《易》，就变改师法，从而对礼学、春秋学和易学进行

① 皮锡瑞：《经学历史》，中华书局2004年版，第84页。

了融合。《易纬》就是在这种大融合下诞生的。

在《易纬》中，我们能够看到孟喜的卦气说和灾异说的影响，如《乾凿度》卷上说："升者，十二月之卦也"、"益者，正月之卦也"、"随者，二月之卦"等。灾异思想在《易纬》中则比比皆是，我们在以后章节中再详细分析。此外，我们还能看到《易纬》受春秋学影响的痕迹。《乾凿度》卷下说：

> 孔子曰：丘按录谶，论国定符，以春秋西狩，题剑表命，予亦握嬉，帝之十二，当兴平嗣，出妃妾，妾得乱。不勤竭承，维表循符，当至者塞。

不难看出，《易纬》在这里融入了《春秋》"西狩获麟"的思想。这应该受到孟喜的影响。

三 《说卦》出现与《易纬》形成

在《易传》诸篇中，《说卦》与西汉易学卦气说的关系最为密切，而此篇的形成在易学史上也倍受争议。

在西汉宣帝本始元年（公元前 73 年），河内女子拆毁老屋，得到逸《易》、《礼》、《尚书》各一篇。此事最早见于王充的《论衡》，《正说篇》说："至孝宣皇帝之时，河内女子发老屋，得逸《易》、《礼》、《尚书》各一篇，奏之。宣帝下示博士，然后《易》、《礼》、《尚书》各益一篇，而《尚书》二十九篇始定矣。"《谢短篇》也说："宣帝之时，河内女子坏老屋，得《易》一篇，名为何《易》？此时《易》具足未？"一般认为，所得逸《易》是《说卦》，逸《尚书》是《泰誓》，而逸《礼》不详。《尚书序疏》引王充《论衡》和房宏等人的说法认为"宣帝本始元年，河内女子坏老屋，得古文《泰誓》三篇"。徐养原《经义丛抄》说："充言益一篇，不知所益何篇。以他书考之，《易》则《说卦》，《书》即《太誓》。唯《礼》无闻。而《史》、《汉》皆言高堂生传《士礼》十七篇，初未尝有所缺。"[①] 徐养原的看法本于《隋书·经籍志》，其说："孔子为《彖》、

① 黄晖：《论衡校释》，中华书局 1990 年版，第 1124 页。

《象》、《系辞》、《文言》、《序卦》、《说卦》、《杂卦》，而子夏为之传。及秦焚书，《周易》独以卜筮得存，唯失《说卦》三篇。后河内女子得之。”王充所说逸《易》一篇，而此为三篇，后人认为《说卦》合《序卦》、《杂卦》为三篇。刘盼遂说：

> 《隋书·经籍志》云：“及秦焚书，《周易》独以卜筮得存，唯失《说卦》三篇。”知《论》所云逸《易》者，即今《说卦》三篇也。唯《论衡》云“一篇”，《隋志》作“三篇”。不同者，盖《说卦》本合《序卦》、《杂卦》而为一篇，故韩康伯注本及唐石经仍以《说卦》、《序卦》、《杂卦》为一卷。后人猥称为三篇，实不足究。[①]

刘氏所说有一定道理。但《说卦》、《序卦》、《杂卦》在《史记·孔子世家》、《汉书·艺文志》及《隋书·经籍志》中均无此三篇合为一篇的记载。且刘氏所引韩康伯注本及唐石经以此三篇为一卷，并未为一篇。因此，《隋志》的说法盖以为河内女子所得逸书三篇皆为逸《易》。凑巧的是，《尚书序疏》所引房宏的说法也以为逸《尚书》是《泰誓》三篇。大概当时河内女子所得逸书三篇，传闻不同，或传为《易》，或传为《书》，因此，房宏和《隋志》有此误记。

不论河内女子所得逸《易》是一篇，还是三篇，可以肯定的是，此逸《易》都与《说卦》有关。而在《易传》诸篇中，《说卦》的形成最为复杂，也最令人怀疑。宋欧阳修说：“……《文言》、《说卦》而下，皆非圣人之作；而众说淆乱，亦非一人之言也。……《说卦》、《杂卦》者，筮人之书也，此又不待辨而可以知者。”（《易童子问》卷下）康有为也说：

> 至《说卦》、《序卦》、《杂卦》三篇，《隋志》以为后得，盖本《论衡·正说篇》“河内后得《逸易》”之事，《法言·问神篇》：“《易》损其一也，虽惷知阙焉”，则西汉《易》无《说卦》可知。杨雄、王充尝见西汉博士旧本，故知之。《说卦》与孟、京《卦气图》合，其出汉时伪托无疑。《序卦》肤浅，《杂卦》则言训诂，此则歆所

---

① 黄晖：《论衡校释》，中华书局1990年版，第1124页。

伪窜，并非河内所出，宋叶适尝攻《序卦》、《杂卦》为后人伪作矣。①

康氏出于疑经的目的，认为《说卦》为汉人伪托，《序卦》、《杂卦》出于刘歆伪窜。其说显然不确，因为《序卦》在《淮南子》中已被引用，《缪称训》说："动而有益，则损随之，故《易》曰：剥之不可遂尽也，故受之以复。"《说卦》在马王堆帛书中已经部分存在。唯《杂卦》形成较晚，但也非刘歆伪造。李镜池对康有为的看法作了进一步的发挥，认为《说卦》中的八卦方位图有两种：一种是宋儒所说的"文王后天图"，一种是宋儒所说的"包羲先天图"。据此，他指出：

两说不同，而并见于《说卦》，盖《说卦》也是编集而成。焦赣、京房的《卦气图》，又和这两说不一样，《卦气图》以六十四卦分直一年的节气。这是以卦和历法配合而作出的新《易》说。其来源则以《吕氏春秋·十二纪》为根据。《大戴礼记·夏小正》、《礼记·月令》、《淮南子·时则训》以及《春秋繁露》言阴阳五行各篇，都是一个来源。……京房是以《易》谈历法的一个著名人物。《说卦》的八卦方位两说，虽不一定出于京房，其说也未必和《卦气图》相同，但和京房这一派《易》学家一定有关，其时代也相近。……《论衡》记河内女子发老屋得逸《易》一篇，当出于京房这一派《易》学家要加进《说卦》而造出来的鬼话。至于《史记·孔子世家》的"说卦"二字，或者不是后人窜入，原文不是指《说卦传》，应读作："序《彖》，系《象》，说卦，文言。"意为序系《彖》、《象》二传，用以解说卦爻，而文其言。②

可以看出，这不过是对康有为说法的进一步阐发而已。其看到两种八卦方位图的不同，确属卓见。不过把河内女子发老屋说成京房一派的伪造，则属臆断。其实在晋代汲郡墓中出土的竹书就已有类似《说卦》的"易传"。《晋书·束皙传》说："太康二年，汲郡人不准盗发魏襄王墓，

① 康有为：《新学伪经考》，中华书局1956年版，第51—52页。
② 李镜池：《周易探源》，中华书局1978年版，第363—364页。

或言安釐王冢，得竹书数十车。……其《易经》二篇，与《周易》上下经同。《易繇阴阳卦》二篇，与《周易》略同，繇辞则异。《卦下易经》一篇，似《说卦》而异。”杜预《春秋经传集解后序》也提及此事，说汲冢“《周易》上下篇与今正同，别有《阴阳说》而无《彖》、《象》、《文言》、《系辞》”。魏襄王卒于公元前296年，魏安釐王卒于公元前243年。因此，汲冢魏墓在公元前3世纪左右。其中有《卦下易经》一篇，与《说卦》相似，此即杜预所说的《阴阳说》。李学勤认为，《易经》是大题，《卦下》是小题。有《卦下》就有《卦上》，《卦上》、《卦下》可能是《说卦》等的一种祖本，只是汲冢没有上篇而已。[①] 在马王堆帛书《易传》中，仅在《易之义》中存有《说卦》的前三章。因此，《说卦》有一个形成的过程，至少在西汉初年还没有完整的《说卦》。

在《说卦》中，与汉代卦气说最为密切的是第四章。我们先来看看其基本思想：

> 帝出乎震，齐乎巽，相见乎离，致役乎坤，说言乎兑，战乎乾，劳乎坎，成言乎艮。
>
> 万物出乎震，震东方也。齐乎巽，巽东南也，齐也者，言万物之絜齐也。离也者，明也，万物皆相见，南方之卦也。圣人南面而听天下，向明而治，盖取诸此也。坤也者，地也，万物皆致养焉，故曰致役乎坤。兑，正秋也，万物之所说也，故曰说言乎兑。战乎乾，乾西北之卦也，言阴阳相薄也。坎者水也，正北方之卦也，劳卦也，万物之所归也，故曰劳乎坎。艮，东北之卦也，万物之所终，而所成始也，故曰成言乎艮。

可以看出，《说卦》第四章有“经”有“传”。上面一段为经，下面一段为传。经是总纲，传是解释。经主要言“帝”游八卦，由震出发，经巽、离、坤、兑、乾、坎，至艮结束。“帝”，崔觐曰：“帝者，天之王气也。”朱熹曰：“帝者，天之主宰。”李道平曰：“帝，天皇大帝，阳之主，即太乙也。”尚秉和曰：“帝，神也，即主宰万物者也。”除崔觐外，诸人皆以帝为主宰万物之神。崔觐则以帝为“天之王气”，即主宰大自然的元

① 李学勤：《周易溯源》，巴蜀书社2006年版，第258页。

气。传则主要按照经的纲领，把八卦与四时、八方联系起来。以图示之如下：

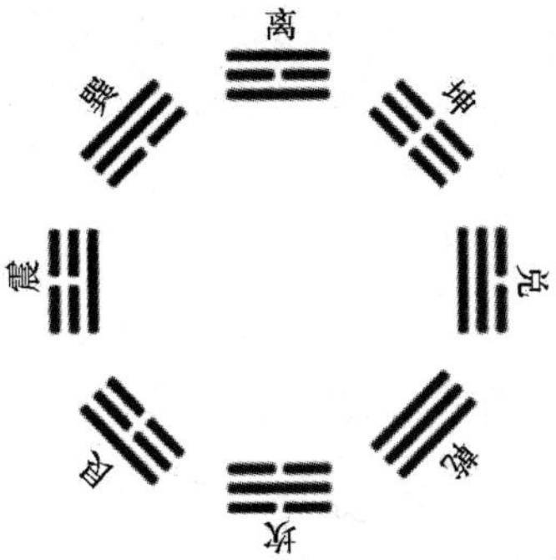

图 1－1 后天卦位图

按照宋儒的说法，此图是后天卦位。可以看出，与经相比，万物主宰之神“帝”在传中被淡化了，其把“帝”看成万物。这里以震、离、兑、坎为四正卦，分别与东、南、西、北相对。其余四卦则与四隅相对。与四时相分配，则震春、离夏、兑秋、坎冬。这就是孟喜卦气说的基本来源。

我们在上面说过，帛书《易传》中仅在《易之义》中存有《说卦》前三章，而没有现在的第四、五、六章。关于第四章的来源，李学勤推断有两条线索可寻：一是魏相所奏的《易阴阳》，一是干宝所称的《连山》之易。① 干宝时是否存有《连山》尚难断定。那么与此相关最可能的就是魏相所奏的《易阴阳》了。《汉书·魏相传》说：

> 魏相，字弱翁，济阴定陶人也，徙平陵。少学《易》，为郡卒史，举贤良，以对策高第，为茂陵令。……相明《易经》，有师法。……又数表采《易阴阳》及《明堂月令》奏之，曰：臣相幸得备员，奉职不修，不能宣广教化。阴阳未和，灾害未息，咎在臣等。臣闻《易》曰：“天地以顺动，故日月不过，四时不忒；圣王以顺动，故刑罚清而民服。”天地变化，必繇阴阳，阴阳之分，以日为纪。日冬夏至，则八风之序立，万物之性成，各有常职，不得相干。东方之神太昊，

① 李学勤：《周易溯源》，巴蜀书社 2006 年版，第 314 页。

乘震执规司春；南方之神炎帝，乘离执衡司夏；西方之神少昊，乘兑执矩司秋；北方之神颛顼，乘坎执权司冬；中央之神黄帝，乘坤、艮执绳司下土。兹五帝所司，各有时也。东方之卦不可以治西方，南方之卦不可以治北方。春兴兑治则饥，秋兴震治则华，冬兴离治则泄，夏兴坎治则雹。明王谨于尊天，慎于养人，故立羲和之官以乘四时，节授民事。君动静以道，奉顺阴阳，则日月光明，风雨时节，寒暑调和。三者得叙，则灾害不生，五谷熟，丝麻遂，草木茂，鸟兽蕃，民不夭疾，衣食有余。若是，则君尊民说，上下亡怨，政教不违，礼让可兴。夫风雨不时，则伤农桑；农桑伤，则民饥寒；饥寒在身，则亡廉耻，寇贼奸宄所繇生也。臣愚以为阴阳者，王事之本，群生之命，自古贤圣未有不繇者也。

魏相少时便学《易》，而且有师法。后来其又数采《易阴阳》和《明堂月令》以规劝皇帝。《明堂月令》即《礼记·月令》。《易阴阳》则未知其内容，可能即汲冢魏墓的《阴阳说》，也就是与《说卦》相似的《卦下易经》。从魏相所说内容来看，其也与《说卦》第四章最为接近。其五方之神源于《月令》，四方之卦则与《说卦》相同。魏相奏书时间大概在汉宣帝元康年间（公元前65—前62年），这与河内女子发现逸《易》（公元前73年）相差不过数年。魏相所奏《易阴阳》可能即是河内女子发现的与《说卦》有关的逸《易》。魏相还把震、离等卦与《月令》及阴阳灾异学说结合起来，以达到规劝统治者的目的。从魏相所说来看，《说卦》第四章至少在当时就已经存在了。

孟喜的卦气说应与河内女子发现逸《易》有直接关系，同时还应受到魏相的启发。孟喜卦气说已佚，其遗说保存在唐僧一行的《卦议》中。其说：

自冬至初，中孚用事，一月之策，九六七八，是为三十。而卦以地六，候以天五，五六相乘，消息一变，十有二变而岁复初。坎、震、离、兑，二十四气，次主一爻，其初则二至二分也。……故阳七之静始于坎，阳九之动始于震，阴八之静始于离，阴六之动始于兑。故四象之变，皆兼六爻，而中节之应备矣。（《新唐书》卷二十七上）

这是说，从冬至初候开始，以中孚卦配之。一月的天数，刚好与筮法中九六七八之数的总和相等。“卦以地六”是说每月配五卦，每卦主六日余；“候以天五”则指七十二候的两候之间五日有余。五乘以六为三十日，代表一月的节气。而一年有十二个月，所以其节气的变化有十二阶段。这十二阶段往复循环，所以称“十有二变而岁复初”。然后又以坎、震、离、兑四正卦分别主六个节气，每一爻主一个节气。这样二十四节气便和《周易》的四个卦联系起来。二十四节气又有中、节之分，每月月首称节，月中称中。这样二十四节气又可分十二节气和十二中气。四正卦的初爻分别主冬至、夏至、春分、秋分，二十四爻主二十四节气，所以说“四象之变，皆兼六爻，而中节之应备矣”。按照《新唐书·历志》四正卦之外的六十卦又配以七十二候，这样《周易》的六十四卦便与四时、二十四节气、七十二候有机地联系起来。

从上面分析来看，孟喜卦气说的特点是，以坎、离、震、兑四正卦主四时，然后余六十卦每卦主六日七分，配以七十二候。其以坎、离、震、兑为四正卦，显然受到《说卦》第四章的影响。

我们在《易纬》中也能发现类似的思想。《稽览图》说：

> 卦气起中孚，故离、坎、震、兑各主其一方，其余六十卦，卦有六爻，爻别主一日，凡主三百六十日，余有五日四分日之一者，每日分为八十分，五日分为四百分日之一，又为二十分，是四百二十分，六十卦分之，六七四十二，卦别各得七分，是每卦得六日七分也。

不难看出，《易纬》同孟喜一样，也认为卦气从中孚卦开始。又以离、坎、震、兑四正卦主四时，余六十卦每卦各主六日七分。这与孟喜卦气说相同，可能受到孟喜的影响。

在《易纬》中，我们还能看到其思想直接受到《说卦》的影响。《乾凿度》卷上说：

> 孔子曰：易始于太极，太极分而为二，故生天地；天地有春秋冬夏之节，故生四时；四时各有阴阳、刚柔之分，故生八卦，八卦成列，天地之道立，雷风水火山泽之象定矣。其布散用事也，震生物于东方，位在二月；巽散之于东南，位在四月；离长之于南方，位在五

月；坤养之于西南方，位在六月；兑收之于西方，位在八月；乾制之于西北方，位在十月；坎藏之于北方，位在十一月；艮终始之于东北方，位在十二月。八卦之气终，则四正四维之分明，生长收藏之道备，阴阳之体定，神明之德通而万物各以其类成矣，皆易之所包也。至矣哉！易之德也。

这是以《说卦》对《系辞》“易有太极，是生两仪，两仪生四象，四象生八卦”的解释，其八卦方位显然受到《说卦》第四章的影响。我们还可以看到其在八卦方位中融入了卦气说。

《乾凿度》还把五常的思想融入《说卦》第四章中，其说：

孔子曰：八卦之序成立，则五气变形，故人生而应八卦之体，得五气以为五常，仁、义、礼、智、信是也。夫万物始出于震，震，东方之卦也，阳气始生，受形之道也，故东方为仁；成于离，离，南方之卦也，阳得正于上，阴得正于下，尊卑之象定，礼之序也，故南方为礼；入于兑，兑，西方之卦也，阴用事而万物得其宜，义之理也，故西方为义；渐于坎，坎，北方之卦也，阴气形盛，（阴）阳气含闭，信之类也，故北方为信；夫四方之义皆统于中央，故乾坤艮巽位在四维，中央所以绳四方行也，智之决也，故中央为智，故道兴于仁，立于礼，理于义，定于信，成于智。

这是按照《说卦》的方位，把仁、礼、义、信等分别与震、离、兑、坎四卦相对，然后把智与中央相对。这样就把五常与八卦联系起来。我们还可以看出，与《说卦》相比，其在解释各卦时融入了阴阳学说，如震是阳气始生，兑为阴气用事等，这可能受到魏相的影响。魏相说：“天地变化，必繇阴阳，阴阳之分，以日为纪。日冬夏至，则八风之序立，万物之性成，各有常职，不得相干。”在魏相看来，天地变化的关键在于阴阳，而阴阳的表现则在节气。因此，四正卦各有所司，震主春、离主夏、兑主秋、坎主冬。震卦不能治秋，离卦不能治冬，其余各卦亦同。如果违其所司，则会产生灾祸。因此，四方之卦应按阴阳节气的变化来发挥其作用。

从上面分析来看，《说卦》对孟喜易学的卦气说有着重要影响。西汉易学至孟喜而发生根本性变化，《易纬》的形成无疑与此有着密切关系。

因此，《说卦》的重新出现对《易纬》思想的形成也有着至关重要的影响。

四 《易纬》各篇形成考

《易纬》在《后汉书·樊英传》李贤注中有六种，即《稽览图》、《乾凿度》、《坤灵图》、《通卦验》、《是类谋》、《辨终备》。后来《四库全书》所收《永乐大典》中的《易纬》有八种，比李贤注多出两种，即《乾坤凿度》、《乾元序制记》。在前面几节中，我们谈了《易纬》形成的思想背景。在这一节中，我们将具体分析《易纬》各篇的形成时代。

1. 《乾凿度》

对于《乾凿度》，前人或以为其是伪书。明胡应麟说：

> 《周易乾凿度》二卷，又《乾坤凿度》二卷，今合为一，实二书也。《乾坤凿度》称黄帝撰，而《乾凿度》皆假孔子为言，其伪固无容辩说，然亦匪《凿度》本书也。……《乾凿度》曰："求卦主岁术，常以太岁为岁纪，岁七十六为一纪，二十纪为一蔀首，即至积蔀首岁数，加所入纪岁数，以三千二除之，不足除者，以乾坤始数二卦而得一岁，末算即主岁之卦也。"案此条见《后汉书·黄琬传》注中，盖非宋人伪撰者，要之亦魏晋之文也。又《乾凿度》云："有太易，有太初，有太始，有太素也。太易者，未见气也。太初者，气之始也。太始者，形之始也。太素者，质之始也。气、形、质具而未离，故曰浑沦。浑沦者，言万物相浑成而未相离。视之不见，听之不闻，循之不得，故曰易也。易无形畔，易变而为一，一变而为七，七变而为九。九者，气变之究也，乃复变而为一。一者，形变之始。清轻者上为天，浊重者下为地。"右俱《凿度》中孔子所云，实全写《列子·天瑞》一节，稍增损数字，遂不成语言。又《列子》"重浊者下为地"之后，有"冲和气者为人，故天地含精，万物化生"三语，意乃完足。今划去后三语，而以"物有始有壮有究，故三画成乾"接之，文义顿断缺可笑。①

① 胡应麟：《四部正讹》，商务印书馆1935年版，第32—33页。

可以看出，在明以前《乾凿度》与《乾坤凿度》合为一书，同时流传。此点胡应麟已经指出。胡氏还根据《后汉书·黄琬传》注和《列子·天瑞》推断《乾凿度》为伪书。胡氏所论，证据显然不足。其一，"求卦主岁术"现存于《乾凿度》卷下，《黄琬传》注引之，并不能断定其为魏晋人所撰。其二，《乾凿度》"有太易，有太初，有太始，有太素"一节，与《列子·天瑞》相同，胡氏认为《列子》此节下有"冲和气者为人"等语，断定《乾凿度》为伪。然《列子》真伪，至今未有定论。且《乾凿度》此节意在说明乾坤二卦形成，《列子》下接"冲和气者为人"等语，显得不类，适证其伪。

《四库全书总目提要》对《易纬》八种都作了考证和说明。对于《乾凿度》，其说：

> 案《周易乾凿度》，郑康成注，与《乾坤凿度》本二书。晁公武并指为仓颉修古籀文，误并为一。《永乐大典》遂合加标目。今考《宋志》有郑康成注《易乾凿度》三卷，而不及《乾坤凿度》，则知宋时固自单行也。说者称其书出于先秦，自《后汉书》、南北朝诸史及唐人撰《五经正义》，李鼎祚作《周易集解》，征引最多，皆于《易》旨有所发明，较他纬独为醇正。至于太乙九宫四正四维，皆本于十五之说，乃宋儒戴九履一之图所由出。朱子取之，列于《本义》图说，故程大昌谓汉魏以降言易学者皆宗而用之，非后世所讬为，诚稽古者所不可废矣。原本文字断阙，多有讹舛。谨依经史所引各文及旁采明钱叔宝旧本互相校正，增损若干字，其定为上下二卷，则从郑樵《通志》之目也。

《提要》作者认为，《乾凿度》在《易纬》中最为醇正，《后汉书》、南北朝史、《五经正义》及《周易集解》等书中引用最多，显非后世伪作。其思想对后世影响也最大，如太乙九宫之说为宋儒所取。

清代吴翊寅在《易汉学考》中认为《乾凿度》为孟喜所述，并举六证，如其曰：

> 班固称孟喜得"《易》家候阴阳灾变书"，唐一行谓孟氏说《易》以气为主，而后以人事明之。《乾凿度》言："易者，易也，变易也，

> 不易也。变易者，其气也；不易者，其位也。”又云：“八卦以建，五气以立，五常以行。”又云：“岁三百六十日而天气周，八卦用事各四十五日，方备岁焉。”又云“易气由下生”，又论升卦曰“阳气升上”、益卦曰“天气下施”、临卦曰“阳气在内”、泰卦曰“阳气始通”、归妹卦曰“阳气归下”。其说《易》皆本于气，即皆本于阴阳，与一行述孟《易》合。至以历法立世轨推运期长短及厄忌所遭，亦皆据阴阳、观消息、定吉凶，水旱兵饥可算而测，即所谓孟喜得《易》家候阴阳灾变术也。其证一。(《易纬考上》)

此以唐一行所说孟喜《易》“以气为主”为基础，然后举《乾凿度》言“气”之语以证二者相合。其余各证大概亦不出此法，如《乾凿度》“君人五号”与孟喜同，《乾凿度》以“泰为正月、益亦为正月、随为二月、夬为三月、归妹为八月、剥为九月、既济为十月、升为十二月与孟氏卦气合”等。应该说，吴氏所说虽不能确证，但其指出《乾凿度》与孟喜易学的关系却是值得肯定的。

现存的《乾凿度》分为上下两卷。从内容来看，卷下的形成显然晚于卷上，因为卷下开始几节基本上抄自卷上。李学勤指出，《乾凿度》上下两卷并非出自一源，且在郑玄时已经合并为一。就体裁而言，两卷都冠以“孔子曰”，似乎通为一体。但卷上各段各自论一问题，无多少内在联系，形式上类似于帛书《易传》的《二三子问》；卷下除去重复，则是一篇有有机结构的象数论文。《乾凿度》卷上的年代应上推至先秦，为孟喜易学的部分来源，卷下的时代则约当京房一系易学。① 李氏认为《乾凿度》上下两卷并非同源，时代和体裁也不相同。这种看法是正确的。但其把卷上推至先秦，与帛书《易传》大概同时，则证据不足。

从内容来看，《乾凿度》的形成应在《淮南子·天文训》之后。理由如下：

其一，《乾凿度》在解释“大衍之数”的时候受到《天文训》的影响。《乾凿度》卷上说：

> 五音、六律、七变，由此作焉。故“大衍之数五十，所以成变化

① 李学勤：《周易溯源》，巴蜀书社2006年版，第401—422页。

而行鬼神也”。日十干者，五音也。辰十二者，六律也。星二十八者，七宿也。凡五十所以大阂物而出之者也。

这里用“五音”、“六律”、“七宿”来解释“大衍之数五十”。其中“五音”、“六律”出自《天文训》。《天文训》说：“二阴一阳成气二，二阳一阴成气三，合气而为音，合阴而为阳，合阳而为律，故曰五音六律。音自倍而为日，律自倍而为辰，故日十而辰十二。”《天文训》在这里只是解释五音、六律及十日、十二辰的生成，并未与“大衍之数五十”发生关系。《乾凿度》用其解释“大衍之数”，说明《乾凿度》形成于《天文训》之后。

其二，《乾凿度》的“求卦主岁术”也是在《天文训》的影响下形成的。《乾凿度下》说：

元历无名，推先纪曰甲寅。求卦主岁术曰：常以太岁纪岁，七十六为一纪，二十纪为一部首，即积置部首岁数加所入纪岁数，以三十二除之，余不足者，以乾坤始数二卦而得一岁，末算即主岁之卦。

这里的“甲寅”、“七十六为一纪”、“二十纪”等说法都应该本于《天文训》。《天文训》说：“天一以始建七十六岁，日月复以正月入营室五度无余分，名曰一纪。凡二十纪，一千五百二十岁大终，日月星辰复始甲寅元。”《天文训》是一篇探讨日月星辰运行规律的文章，其用“七十六岁一纪”、“二十纪”等来解释日月星辰运行的循环。而《乾凿度》用其作为“求卦主岁术”的内容，并用“一部首”来命名“二十纪”，其前后承继关系显然可见。

从上面两点我们可以断定《乾凿度》应该形成于《淮南子·天文训》之后，这说明把《乾凿度》卷上推至先秦的说法是站不住脚的。

在上面推断的基础上，我们可以进一步把《乾凿度》卷下的形成推到刘歆之后。原因有二：

其一，《乾凿度》在解释朝代更替上采用了五行相生说。《乾凿度》卷下说：

孔子曰：至德之数，先立木、金、水、火、土德，合三百四岁。

五德备，凡一千五百二十岁，大终复初。……六日名甲子，木德，主春春生，三百四岁；庚子，金德，主秋成收，三百四岁；丙子，火德，主夏长，三百四岁；壬子，水德，主冬藏，三百四岁；戊子，土德，主季夏至养，三百四岁。

这里把五行与四时相配，显然属于五行相生的系统。我们知道，用五行相生来解释历史始于刘向父子。《汉书·天文志》说："刘向父子以为，帝出乎震，故包羲氏始受木德，其后以母传子，终而复始，自神农、黄帝下历唐、虞三代而汉得火焉。"由此可推断《乾凿度》卷下形成于刘向父子之后。

此外，《乾凿度》卷下在解释商、周替代上也采用了五行相生说。其说：

孔子曰：《洛书·摘六辟》曰：建纪者，岁也。成姬仓有命在河圣，孔表雄德，庶人受命，握麟征。易历曰：阳纪天心，别序圣人，题录兴亡，州土名号，姓辅叐符，亡殷者纣，黑期火代，仓精受命，女正昌，効纪承余以著当。

这里提到"亡殷者纣，黑期火代，仓精受命"，黑为水，苍为木，据此我们可以推断商为水德，周为木德。我们知道，最早提出五德终始说的是邹衍，不过其是按照五行相胜的次序来说明朝代更替的。按照邹衍的理论，商应为金德，周应为火德。到了西汉中后期，刘向父子开始用五行相生说来说明朝代的更替。按照五行相生说，商为水德，周为木德。"黑期火代"，孔颖达《毛诗正义》作"黑期火戊"，其引郑注曰："火戊，戊午蔀也。午为火。必言火戊者，木精将王，火为之相。戊，土也，又为火子。又火使其子为己塞水，是明仓精绝殷之象也。"孔颖达解释说："是言文王受命在戊午蔀之意。"（卷十六之一）根据上面所说，我们可以断定《乾凿度》卷下形成于刘向父子之后。

其二，《乾凿度》卷下还受到三统历的影响。其说：

帝王始起，河洛龙马，皆察其首。蚰亦然。其首黑者人正，其首白者地正，其首赤者天正。

可以看出，这里把天、地、人三正与黑、白、赤三统结合在一起。黑、白、赤三统说是董仲舒明确提出来的。其说：

三正以黑统初。正日月朔于营室，斗建寅。天统气始通化物，物见萌达，其色黑。……正白统奈何？曰：正白统者，历正日月朔于虚，斗建丑，天统气始蜕化物，物始芽，其色白。……正赤统奈何？曰：正赤统者，历正日月朔于牵牛，斗建子，天统气始施化物，物始动，其色赤……（《春秋繁露·三代改制质文》）

这里虽然提出黑、白、赤三统，但三统皆属于“天统”，而未与天、地、人相对。把二者联系在一起的是刘歆，《汉书·律历志》说：

三统者，天施，地化，人事之纪。十一月，乾之初九，阳气伏于地下，始著为一，万物萌动，钟于太阴，故黄钟为天统，律长九寸。……六月，坤之初六，阴气受任于太阳，继养化柔，万物生长，茂之于未，令种刚强大，故林钟为地统，律长六寸。……正月，乾之九三，万物棣通，族出于寅，人奉而成之，仁以养之，义以行之，令事物各得其理。……故太族为人统，律长八寸。……其于三正也，黄钟，子，为天正；林钟，未之冲丑，为地正；太族，寅，为人正。

三代各据一统，明三统常合而迭为首，登降三统之首，周还五行之道也。故三五相包而生。天统之正，始施于子半，日萌色赤。地统受之于丑初，日肇化而黄，至丑半，日牙化而白。人统受之于寅初，日孽成而黑，至寅半，日生成而青。

可以看出，刘歆把黑、白、赤的旧三统说结合其所作的三统历变成了天、地、人的新三统说。《乾凿度》卷下采用了此种说法，说明其形成于刘歆三统历之后。根据《律历志》，三统历奏于平帝元始年间（1—5 年），这是《乾凿度》卷下上限形成的大致时间。

我们现在来看一下《乾凿度》卷下形成的下限，其说：

孔子曰：丘按录谶，论国定符，以春秋西狩，题剑表命，予亦握嬉，帝之十二，当兴平嗣，出妃妾，妾得乱。不勤竭承，维表循符，当至者塞。

“剑”当是“劉”之坏写。“帝之十二”，郑注曰：“十世，孝明字也。”据此，可知“帝之十二”当作“帝之十世”，指东汉明帝。按从高祖刘邦算起，光武帝刘秀为第九代，明帝为第十代。《后汉书·章帝纪》，李贤注也说：“《河图》曰：‘图出代九，天开明，受用嗣兴，十代以光，又《括地象》曰：‘十代，礼乐文雅并出’，谓明帝也。”因此，我们可以断定《乾凿度》卷下形成的下限应该在东汉明帝之时。

根据上面所说，我们可以推断《乾凿度》卷下应该形成于刘歆三统历之后，汉明帝之前。《乾凿度》卷上的形成要早于《乾凿度》卷下，那么《乾凿度》卷上形成应在刘歆三统历之前。

从内容上来看，《乾凿度》卷上不但形成在《淮南子·天文训》之后，而且形成于孟喜、京房之后。吴翊寅说：“《乾凿度》以泰为正月，益亦为正月，随为二月，夬为三月，归妹为八月，剥为九月，既济为十月，升为十二月，与孟氏卦气说合。”（《易汉学考·易纬考上》）这说明《乾凿度》卷上受到孟喜卦气说的影响。此外，《乾凿度》卷上还提到八卦卦气说。这一点我们在上一节中已经指出。具体来说，震在二月，巽在四月，离在五月，坤在六月，兑在八月，乾在十月，坎在十一月，艮在十二月。我们在前面说过，孟喜卦气说以坎、离、震、兑四正卦主四时，然后余六十卦每卦主六日七分，配以七十二候。这种卦气说并没有把坎、离、震、兑四正卦纳入一年日数之中。到了京房始把四正卦纳入一年月份之中，即坎当十一月，离当五月，震当二月，兑当八月，乾当十月，坤当七月，巽当四月，艮当正月。[①] 可以看出，《乾凿度》的八卦卦气说与京房不尽相同，但在道理上二者则是一致的。

此外，《乾凿度》在内容上也有很多与孟喜、京房思想相似的内容。如《京氏易传》说：“《易》有君人五号：帝天称一也，王美称二也，天子爵号三也，大君兴盛行异四也，大人者圣人德备五也。”《乾凿度》卷上说：“《易》有君人五号也：帝者，天称也。王者，美行也。天子者，爵号也。大君者，与上行异也。大人者，圣明德备也。”二者相比，表述略有不同，但内容并无大异。又如《京氏易传》说：“八卦建五气，立五常，法象乾坤，顺于阴阳，以正君臣父子之义，故《易》曰：‘元亨利贞’。”

---

① 朱伯崑：《易学哲学史》（第一卷），昆仑出版社 2005 年版，第 155 页。

《乾凿度》卷上则说："是故八卦以建，五气以立，五常以之行。象法乾坤，顺阴阳，以正君臣父子夫妇之义。"又说："八卦之序成立，则五气变形。故人生而应八卦之体，得五气，以为五常，仁、义、礼、智、信是也。"两相比较，《乾凿度》内容更为详细，是对京房思想的进一步阐发。其余如在"大衍之数"、爻有六位等方面，《乾凿度》与孟、京易学也有很多相似之处，对此前人多有论述，此不赘述。①

通过上面分析，我们可以推断《乾凿度》应该形成于京房之后，汉明帝之前。如果保守来看，其形成应该在《淮南子·天文训》之后，汉明帝之前。具体来说，《乾凿度》卷上形成于《天文训》之后，刘歆三统历之前；《乾凿度》卷下则形成于刘歆三统历之后，汉明帝之前。

2.《乾坤凿度》

在现存《易纬》八种中，《乾坤凿度》的成书备受人们怀疑。自宋以来，多数学者认为其为伪书，几乎已成定论。宋晁公武在《郡斋读书志》中说：

> 《易乾凿度》二卷。右旧题苍颉修古籀文，郑氏注。按唐《四库书目》有郑玄注《书》、《诗纬》及有宋均注《易纬》而无此书，其中多有不可晓者，独九宫之法颇明。
>
> 《坤凿度》二卷。右题曰，包羲氏先文，轩辕氏演古籀文，苍颉修。按隋唐《志》及《崇文总目》皆无之，至元祐《田氏书目》始载焉，当是国朝人依讬为之。

不难看出，晁氏在此所说的《乾凿度》和《坤凿度》即是现存的《乾坤凿度》上下卷，而非上面所说的《乾凿度》上下卷。不过在当时《乾坤凿度》和《乾凿度》是合在一起流传的，因此，晁氏所说的"九宫之法"不见于现在的《乾坤凿度》，而见于《乾凿度》。晁氏以为唐《四库书目》及隋唐《经籍志》、《崇文总目》中皆无此书，至宋元祐《田氏书目》始载，因此，其推断此书是宋人伪作。按《田氏书目》，《四库阙书目》作"《荆南田氏书目》二卷"，《宋史·艺文志》作"《荆州田氏书总目》三卷。田镐编"。晁氏此说对后世影响甚大，后来马端临《文献通

---

① 关于《乾凿度》与孟喜、京房易学的关系，可参考吴翊寅《易汉学考》、朱伯崑《易学哲学史》、钟肇鹏《谶纬论略》等书。

考》、陈振孙《直斋书录解题》、胡应麟《四部正讹》、姚际恒《古今伪书考》等皆沿袭此说。

《四库全书总目提要》说：

> 案《乾坤凿度》，隋唐《志》、《崇文总目》皆未著录，至宋元祐间始出。《绍兴续书目》有仓颉注《凿度》二卷，后以郑氏所注《乾凿度》有别本单行，故亦称此本为《巛凿度》。程龙谓隋焚谶纬，无复全书，今行于世，惟乾坤二《凿度》者是也。其书分上下二篇：上篇论四门、四正、取象取物，以至卦爻蓍策之数；下篇谓坤有十性，而推及于荡配陵配，又杂引《万形经》、《地形经》、《制灵经》、《蓍成经》、《含灵孕》诸纬文，词多聱牙不易晓。故晁公武疑为宋人依托，胡应麟亦以为《元包》、《洞极》之流，而胡一桂则谓汉去古未远，尚有祖述，有裨易教，评骘纷然，真伪莫辨。伏读御制题《乾坤凿度诗》，定作者为后于庄子，而举《应帝王》篇所云"儵忽混沌分"配"乾坤太始"，以推求"凿"字所以命名之义。援据审核，折中至当。臣等因考《列子》、《白虎通》博雅诸书，皆以太易、太初、太始、太素为气、形、质之始，与《凿度》所言相合。独《庄子》于外篇《天地》略及"泰初有无"之语，而其它名目概未之见，则儵忽混沌，实即南华氏之变文，作《凿度》者，复本其义而缘饰之耳。仰蒙圣明剖示，精确不刊，洵永为是书定论矣。案七经纬皆佚于唐，存者独《易》。逮宋末而尽失其传。今《永乐大典》所载《易纬》具存，多宋以后诸儒所未见，而此书实为其一。谨校定讹阙，厘勘审正，冠诸《易纬》之首，而恭疏其大旨于简端。

《提要》作者受乾隆的影响，认为《乾坤凿度》成书于《庄子》之后。乾隆曾作《御制题乾坤凿度》五言诗，其文曰："乾坤两《凿度》，撰不知谁氏。矫称黄帝言，苍颉为修饰。以余观作者，盖后于庄子。《南华》第七篇，率已揭其旨。儵忽凿七窍，窍通混沌死。乾坤即儵忽，混沌实太始。乾坤既凿开，混沌斯沦矣。"[①] 乾隆所言，颇显牵强，不足为信。《提要》作者出于君臣等级关系，同意乾隆之说，实有奉承之意。

---

① 《纬书集成》，上海古籍出版社 1994 年版，第 1 页。

清代学者胡渭认为《乾坤凿度》出于宋代刘牧之徒伪造。他说：

图纬兴于哀、平之际，《乾凿度》（按：指《乾坤凿度》中的“乾凿度”）纵出其先，亦当在汉世，而题曰苍颉修，将谁欺乎？“太一取其数以行九宫”，章怀所引郑注尽之矣，无七八九六、进退消息、象易象变之说也，是必苍颉二卷中语。盖其时《洞极经》出，十图九书早已萌芽，故刘牧之徒伪造《乾凿度》二卷，以《参同契》七八九六之文窜入于其中，以见此《河图》之象出自西汉，远有端绪，使人不敢动摇。陈氏所云残阙不完，于伪之中又有伪焉者也，而昧者更题云苍颉修。若此书为黄帝继伏羲而作，适以自献其伪，可不谓大愚乎！①

胡氏认为《乾坤凿度》乃北宋刘牧之徒参照《洞极经》、《参同契》等书伪造而成，以证明其所说“河图”出自西汉，远有端绪。

李学勤也认为《乾坤凿度》是伪书，其说：“《乾坤凿度》托称‘包牺氏先文，公孙轩辕氏演古籀文，仓颉修为上下二篇’，荒诞谬妄，内涵和风格都有别于汉世纬书，无疑是后人伪造。”② 李氏所论，实不公允。因为纬书并非成于一时，作者亦非一人，其内涵和风格不同亦属必然。至于内容“荒诞谬妄”，则纯属臆断。

徐兴无则认为《乾坤凿度》出自道教徒之手，理由如下：

其一，文中所列“太古百皇”多为道教神谱中的人物，没有孔子的地位，且在文末附上一段孔子学《易》于商瞿氏的荒诞文字。其二，纬书以儒经为经，而此文中所列《太古文目》中有《考灵经》、《万名经》、《炉灰经》、《蓍成经》、《轩辕本纪》等，皆有道经明目的色彩。其三，文中“阴阳”二字写作“隂陽”，颇似符录。又云：“公孙轩辕氏益之法、神器、车、符，文左武右，三器备御。”当为道教仪式中法器之叙述。其四，其纬托为苍颉注，又曰：“纬者，古本经，已后不知纬字，何也？经之与纬，是纵横之字。”则此纬出于谶纬不

① 胡渭：《易图明辨》，中华书局2008年版，第107页。

② 李学勤：《周易溯源》，巴蜀书社2006年版，第423页。

行之世。末注又云："唐虞世南曰：'不读《易》，不可为宰相。'"故此纬当出唐代以后。[1]

徐氏所说似乎有理，但细加分析则并不能成立。其一，"太古百皇"的人物有的虽然为道教人物，但并不能推断二者先后关系；其二，《太古文目》中所列诸经未必有道经名目的色彩；其三，阴阳二字的写法似符录、公孙所用为道教仪式法器，皆有以道教衡量《乾坤凿度》的味道；其四，注中的"唐虞世南曰"，并不能作为推断《乾坤凿度》年代的根据。

从上可以看出，断定《乾坤凿度》为伪书，证据颇显不足。实际上《乾坤凿度》并非宋人伪作，其在宋以前就已经存在。理由有三：

其一，孔颖达在《周易正义》中已经引用《乾坤凿度》。《文言》曰："元者善之长也，亨者嘉之会也，利者义之和也，贞者事之干也。君子体仁足以长人，嘉会足以合礼，利物足以和义，贞固足以干事。君子行此四德者，故曰：'乾，元、亨、利、贞。'"孔氏疏曰：

施于王事言之，元则仁也，亨则礼也，利则义也，贞则信也。不论智者，行此四事，并须资于知。且《乾凿度》云："水土二行，兼信与知也。"故略而不言也。(《周易正义》卷一)

这是对元、亨、利、贞与仁、礼、义、信相配的解释。在此孔颖达引用《乾凿度》来解释四德中为什么不论智的理由。其所引"水土二行，兼信与知也"并不见于现存的《乾凿度》上下两卷，而见于《乾坤凿度》中的《乾凿度》。其说："木仁，火礼，土信，水智，金义。又《万形经》曰：'水土兼智信，木火兼仁惠'，五事天性，训成人伦。"不难看出，孔颖达所引并非原文，而是据意引用。此外，孔颖达还引用《乾凿度》说："垂皇策者牺"。稍后张守节《史记正义》的引用则较此完备，其说："垂皇策者羲，益卦演德者文，成命者孔也。"(《周本纪》)二人所引皆出自《乾凿度》，然现存《易纬》不见此文，盖为《乾凿度》佚文。《乾凿度》现存两种，其究竟出于《乾凿度》还是《乾坤凿度》，二人皆未明言。不过从内容推断，此佚文应出于《乾坤凿度》。因为《乾坤凿度》中明确提

① 徐兴无：《谶纬文献与汉代文化构建》，中华书局2003年版，第145页。

及“垂皇策”，其卷上《乾凿度》说：“太古文目：先《元皇介》而后有《垂皇策》……帝用《垂皇策》，与《乾文纬》、乾坤二《凿度》，此三文说《易》者也。”据此可以推断，《乾坤凿度》在唐代就已经存在了。

其二，郑玄在注《乾凿度》卷上时也受到《乾坤凿度》思想的影响。《乾凿度》卷上曰：

> 孔子曰：易有六位三才，天、地、人道之分际也。三才之道，天、地、人也。天有阴阳，地有柔刚，人有仁义，法此三者，故生六位，六位之变，阳爻者制于天也，阴爻者系于地也。天动而施曰仁，地静而理曰义，仁成而上，义成而下，上者专制，下者顺从，正形于人则道德立而尊卑定矣。

郑玄注曰：

> 震主施生，卯为日出，象人道之阳也。兑主入悦，酉为月门，象人道之柔也。夫人者，通之也，德之经也，故曰“道德立”者也。

郑注中“震主施生，卯为日出”、“兑主入悦，酉为月门”受到《乾坤凿度》“四正”思想的影响。《乾坤凿度》把八卦分为乾、坤、巽、艮四门和坎、离、震、兑四正。在四正中，震为日月出入门，兑为日月往来门。《乾坤凿度》卷上说：

> 雷木震，日月出入门。日出震，月入于震，震为四正德，形鼓万物不息。圣人画之，二阴一阳，不见其体，假自然之气，顺风而行，成势作烈，尽时而息。天气不和，震能飖息，万物不长，震能鼓养……
>
> 泽金水兑，日月往来门，月出泽，日入于泽。四正之体，气正元体，圣人画之，二阳一阴，重上虚下实，万物燥。泽可及天地怒，泽能悦万形恶，泽能美应天顺人……

郑玄注显然受到上面思想的影响。震有鼓养万物的作用，故“主施生”；震为日月出入门，日出震，月入震，故“卯为日出”；震卦卦象为二阴一阳，故“象人道之阳也”。兑能“悦万形恶”，故“主入悦”；兑为日月往来门，月出泽，日入泽，故“酉为月门”；兑卦卦象为二阳一阴，故“象人道之柔也”。

其三，许慎《说文解字》对《乾坤凿度》也有引用。《说文·易部》说：

> 秘书说：日月为易，象阴阳也。

许慎生活在纬书盛行的时代，他不但精通经学，而且深明纬学。《后汉书·南蛮西南夷列传》说：“桓帝时，郡人尹珍自以生于荒裔，不知礼仪，乃从汝南许慎，应奉受经书图纬。”因此许慎在作《说文》的时候不可避免地要受到纬书的影响。上面所引“秘书”即纬书，其所引“日月为易”不见于其他《易纬》，仅见于《乾坤凿度》。其卷上说：“易名有四，义本日月相衔。”这说明许慎所引出于《乾坤凿度》是无疑问的。上面两点说明《乾坤凿度》在郑玄、许慎时已经存在了。

以上三点足证《乾坤凿度》非宋人伪作，而是原本就存在的《易纬》之一。可以看出，历代书目志并不能作为我们判定伪书的唯一标准。此外，我们从内容上也能看到《乾坤凿度》与其他《易纬》的关联性，从而证明其并非伪书。《乾坤凿度》对《乾凿度》有明显的继承性，如其卷上说：“太易变，教民不倦，太初而后有太始，太始而后有太素，有形始于弗形，有法始于弗法。”此显然受《乾凿度》“四太”之说影响。又说：“易名有四，义本日月相衔，又易者，又易，易定。”此显然取自《乾凿度》“易之三义”而增“日月相衔”义。《乾坤凿度》对《通卦验》也有引用，其卷上说：“苍牙灵，昌有成，孔演明经。”《通卦验》亦有此言，其说：“遂皇始出，握机矩，表计宜，其刻曰：苍牙通灵，昌之成，孔演命，明道经。”《通卦验》文意完整，而在《乾坤凿度》中则显突兀，故《乾坤凿度》受到《通卦验》的影响。

《乾坤凿度》既然并非伪书，那么它形成于何时呢？从其内容来看，我们可以断定其成书于刘歆之后，因为《乾坤凿度》提到炎帝神农氏。其卷上说：

> 太易变，教民不倦，太初而后有太始，太始而后有太素，有形始

于弗形，有法始于弗法。极先元见，轨辙像偎，章流立文，以诂息孙，而后传授天老氏，而后传授于混沌氏，而后授天英氏，而后传无怀氏，而后传授中孙炎帝神农氏。中圣古法淳物，元造不足，益之器用，农谷衣蕴。高以饰乘，卑以饰足。而后传烈山氏，而后授三孙帝鳌氏，次授老孙氏，公孙轩辕氏益之法，神器车符，文左武右，三器备御。

这俨然是一个“太易”的传承谱系。其中提到中孙炎帝神农氏，然炎帝与神农开始并没发生关系，二者时代也不相同。自西汉刘歆始把二者合成一人，称为“炎帝神农氏”。这一点前人早已指出。清代学者崔述说：

《史记·五帝本纪》曰：“轩辕氏之时，神农氏世衰；诸侯相侵伐，暴虐百姓，而神农氏弗能征。”又曰：“炎帝欲侵陵诸侯；轩辕乃修德振兵，以与炎帝战于阪泉之野。三战，然后得其志。”夫神农氏既不能征诸侯矣，又安能侵陵诸侯？既云世衰矣，又何待三战然后得志乎？且前文言衰弱，凡两称神农氏，皆不言炎帝。后文言征战，凡两称炎帝，皆不言神农氏。然则与黄帝战者自炎帝，与神农氏无涉也。其后又云“诸侯咸尊轩辕为天子，代神农氏”，又不言炎帝。然则帝于黄帝之前者自神农氏，与炎帝无涉也。

《封禅书》云：“古者封泰山、禅梁父者七十二家，而夷吾所记者十有二焉。……神农封泰山，禅云云。炎帝封泰山，禅云云。……”夫十有二家之中既有神农，复有炎帝，其为二人明甚，乌得以炎帝为神农氏也哉！……

要之，自司马迁以前未有言炎帝之为神农者，而自刘歆以后始有之。[①]

崔氏所言证据确凿，炎帝神农氏出于刘歆无疑。刘歆为什么要把此二者结合起来呢？崔述指出这是五行相生说影响的结果。他说：

自战国以后，阴阳之术兴，始以五行分配五帝，而《吕氏春秋》

① 崔述：《崔东壁遗书》，顾颉刚编订，上海古籍出版社1983年版，第38—40页。

采之，《月令》又述之，遂以太皞为木，为春，炎帝为火，为夏，少皞为金，为秋，颛顼为水，为冬，黄帝为土，为中央；然亦但言其德各有所主，不谓太皞先于炎帝，炎帝先于黄帝也。宣、元以后，谶纬之学日盛，刘歆不考其详，遂以五行相生之序为五帝先后之序，而太皞遂反前于炎帝，炎帝遂反前于黄帝矣！然考之《易传》，前乎黄帝者为庖羲、神农，其名不符；考之《春秋传》，炎帝、太皞皆在黄帝之后，其世次又不合。于是不得已，谓太皞即庖羲氏，炎帝即神农氏，而《春秋传》文为逆数：谓少皞受黄帝，黄帝受炎帝，炎帝受共工，共工受太皞，故先言黄帝，上及太皞也。呜呼，有是文理也哉！①

可以看出，刘歆之前绝无炎帝神农氏之称。《乾坤凿度》出现“炎帝神农氏”，说明其形成于刘歆之后。因为王莽曾对谶纬做过一次编订，因此，这是《乾坤凿度》形成的下限。

3.《稽览图》

《四库全书总目提要》说：

案《后汉书·樊英传》注，举七纬之名，以《稽览图》冠《易纬》之首。《隋志》郑康成注《易纬》八卷，《唐志》宋均注《易纬》九卷，皆不详其篇目，《宋志》有郑康成注《稽览图》一卷，《通志》七卷，而马氏《经籍考》载《易纬》七种，亦首列郑注《稽览图》二卷。独陈振孙《书录解题》别出《稽览图》三卷，称与上《易纬》相出入，而详略不同，似后人掇拾纬文，依托为之者，非即康成原注之本。自宋以后，其书亦久佚弗传。今《永乐大典》载有《稽览图》一卷，谨以《后汉书·郎顗、杨赐传》、《隋书·王劭传》所见纬文及注参校，无不符合，其为郑注原书无疑。惟陆德明《释文》引“无以教之曰蒙”，《太平御览》引“五纬各在其方”之文，此本皆阙如，则意者书亡仅存，已不免于脱佚矣。其书首言“卦气起中孚”，而以坎、离、震、兑为四正卦，六十卦卦主六日七分。又以自复至坤十二卦为消息，余杂卦主公卿侯大夫，候风雨寒温以为征应，盖即孟喜、京房之学所自出。汉世大儒言《易》者悉本于此，最为近古。至所称

① 崔述：《崔东壁遗书》，上海古籍出版社1983年版，第39页。

> 轨荞之数，以及世应游归，乃兼通于日家推步之法。考唐一行推大衍之策，以算术本于《易》，故其本议言代轨德运，及六卦议言一月之策九六七八，发敛术言中节候卦，皆与《稽览图》相同。独所云“天元甲寅以来至周宣帝宣政元年”则似甄鸾所推甲寅元历之术，而又有云“太初癸巳”，则古无以此为元者，其它杂引宋永初、元嘉，魏始光，唐上元、先天、贞元、元和年号，纷错不伦。盖皆六朝迄唐术士先后所附益，非《稽览图》本文。今审核词义，退文附书以为区别，并援经注史文，是正讹舛。依马氏旧录，析为上下二卷，庶言易学者或有所考见焉。

《提要》作者认为，以《后汉书·郎顗、杨赐传》、《隋书·王劭传》等所见纬文及注参校现存《稽览图》，内容无不符合，证明其为原书无疑。因此，《稽览图》最为近古，汉儒言《易》者皆本于此，孟喜、京房之学亦从此出。《提要》作者还指出，现存《稽览图》有所脱佚，并有后人附益的地方。这些看法基本正确，但其说孟、京之学本于《稽览图》则似乎弄错了二者的关系。我们在前面曾指出，西汉易学至孟喜始发生根本性变化，因此，应是《稽览图》受到孟喜、京房易学的影响，而不是相反。

吴翊寅则认为《稽览图》为京房所述，其说：

> 至《稽览图》则论消息四正，立太阳、少阳、太阴、少阴杂卦之名，及风雨寒温之候，消息胜杂卦为吉，杂卦乘消息为凶，有貌无实为佞人，有实无貌为道人，与《京房传》及所上封事说合。又言“阳感天不旋日，诸侯不旋时，大夫不过期”，又言“凡灾异所生，各以其政，变之则除，消之亦除”，又言“当雷不雷，太阳弱”，皆与朗顗所引《易内传》合。顗治京《易》，此盖称其师说与《孟氏京房灾异》六十六篇相表里者也。顗引《易天人应》、《雌雄秘历》及《诗泛历枢》、《孝经钩命决》皆著篇名，而此独言《易传》，则《稽览图》为京所述，当时本无纬名。其上篇推卦气法及风雨寒温，即京所述之中孚传；下篇推轨册法及六日七分，即京所述之积算传。京《易》师法，略具此篇，后世以谶纬目之。（《易汉学考·易纬考上》）

吴氏从《京房传》、《朗顗传》的内容推断《稽览图》为京房所述，并指出此篇本无纬名，后世以谶纬目之。我们现在尚无证据断定《稽览图》为京房所述，但《稽览图》与京房有关却是无疑问的。

那么《稽览图》形成于何时呢？从《稽览图》卷下在“候六甲子日中寒暑风雨”中提到益州、凉州来看，我们可以推断其形成于汉武帝设立益州、凉州之后，因为此二州是在汉武帝时才设立的。《汉书·地理志》说：“至武帝攘却胡、越，开地斥境，南置交址，北置朔方之州，兼徐、梁、幽、并夏、周之制，改雍曰凉，改梁曰益，凡十三部。”不过令人疑惑的是，《稽览图》卷下同时提到凉州和雍州，不知出于何因。

我们再从思想内容来看一下《稽览图》的形成时间。从内容上看，《稽览图》上下两卷的思想倾向并不相同，因此，上下两卷并非成于一时，也非一人所作。《稽览图》卷上的卦气说与京房相近，可能出于京房后学。其说：

> 甲子卦气起中孚。……六日八十分之七而从，四时卦十一辰余而从，坎常以冬至日始效，复生坎七日。消息及杂卦传相去，各如中孚。

“四时卦十一辰余而从”，郑玄注曰：“‘四时卦’者，谓四正卦，坎、离、震、兑四时方伯之卦也。‘十一辰余’者，七十三分。‘而从’者，得一之卦也。”“消息及杂卦传相去，各如中孚。”郑注曰：“消息六日七分，四时卦七十三分。”这是说坎、离、震、兑四卦各主七十三分，消息卦各主六日七分。这种卦气说源于京房。唐一行在其《卦议》中说：“京氏又以卦爻配期之日，坎、离、震、兑，其用事自分、至之首，皆得八十分日之七十三。颐、晋、井、大畜，皆五日十四分，余皆六日七分。”（《新唐书》卷二十七上）朱伯崑说：“孟喜以六十卦三百六十爻配一年之日数。而京房则以六十四卦三百八十四爻配一年之日数。其日数的分配是，四正卦的初爻，即主二至和二分之爻，各为一日八十分之七十三；颐、晋、井、大畜，此四卦各居四正卦之前，各为五日十四分；其余卦，皆当六日七分。”① 孟喜卦气说四正卦主四时，未主日数。而京房四正卦各

① 朱伯崑：《易学哲学史》（第一卷），昆仑出版社2005年版，第155页。

主七十三分，从而把六十四卦和一年的日数相配。《稽览图》卷上的卦气说与此相同，说明其出于京房之后。此外，吴翊寅还指出，《稽览图》卷上中的太阳、少阳、太阴、少阴杂卦之名、风雨寒温之候及灾异等思想，与《京房传》及所上封事说合。这些都说明《稽览图》卷上出于京房之后。

《稽览图》卷下的卦气说则与孟喜相似，其作者可能出于孟喜后学。其说：

> 小过、蒙、益、渐、泰，寅；需、随、晋、解、大壮，卯；豫、讼、蛊、革、夬，辰；旅、师、比、小畜、乾，巳；大有、家人、井、咸、姤，午；鼎、丰、涣、履、遁，未；恒、节、同人、损、否，申；巽、萃、大畜、贲、观，酉；归妹、无妄、明夷、困、剥，戌；艮、既济、噬嗑、大过、坤，亥；未济、蹇、颐、中孚、复，子；屯、谦、睽、升、临，丑。坎六、震八、离七、兑九。已上四卦者，四正卦为四象，每岁十二月，每月五月［卦］，卦六日七分，每期三百六十六［五］日每四分（日之一）。

此以坎、离、震、兑为四正卦，主四时。其余六十卦，每卦主六日七分。这与孟喜的卦气说是一致的。

从上面分析来看，《稽览图》既保存了孟喜的卦气说，又体现了京房的卦气说，这说明其形成应在京房之后。考虑到《稽览图》卷下与《乾凿度》卷下都讲到世轨、爻辰、推厄法等思想，而且文风也极相似，因此，可以推断《稽览图》的形成大概与《乾凿度》卷下同时。

4.《通卦验》

《四库全书总目提要》说：

> 案《易纬·通卦验》，马端临《经籍考》及《宋史·艺文志》俱载其名，黄震《日抄》谓其书大率为卦气发。朱彝尊《经义考》则以为久佚。今载于《说郛》者，皆从类书中凑合而成，不逮十之二三。盖是书之失传久矣。《经籍考》、《艺文志》旧分二卷，此本卷帙不分。核其文义，似于“人主动而得天地之道则万物之蕴尽矣”以上为上卷，“曰凡易八卦之气，验应各如其法度”以下为下卷。上明稽应之

理，下言卦气之征验也。至其中讹脱颇多，注与正文，往往相混。其字句与诸经注疏、《续汉书》刘昭补注、欧阳询《艺文类聚》、徐坚《初学记》、宋白《太平御览》、孙毂《古微书》等书所征引，亦互有异同。第此书久已失传，当世并无善本可校。类书所载，亦辗转讹舛，不尽可据。仅于各条下拟列案语，其文与注相混者，悉为厘正。脱漏异同者，则详加参校，与本文两存之。盖通其所可知，阙其所不可知，亦阙疑仍旧之义也。

据此，则知现存《通卦验》并非全本，乃后人从类书中凑合而成。且其中讹脱颇多，注与正文相混之处亦复不少。

吴翊寅则认为《通卦验》为京房所述。其说：

《通卦验》上篇言二至晷度赢缩由于主德，人主动而天地之应随之，其言二至之日度晷景调钟律，京房律术即本乎此；下篇言八卦变象皆在人君，与晷度之说同，又言二十四气、七十二候，皆四正卦为之主，其以卦气之当至不至、未当至而至占岁丰歉，验人疾病，则皆孟氏候灾变遗法，京得焦赣之传，而用之尤精者也。（《易汉学考·易纬考上》）

吴氏言《通卦验》为京房所述，证据固然不足。但从内容来看，《通卦验》却应受到京房的影响。《通卦验》以八卦为主，讲卦气灾异之法，此当受到京房八宫卦思想的影响。我们说过，《乾坤凿度》对《通卦验》的内容有所引用，故《通卦验》成书应在《乾坤凿度》之前。

《通卦验》中还讲到汉火德说，其说：

坎其表执纪，其精信，其行道，权合宝。坎失命，乱在土地之长。兴月感，亡则地裂山沦，鬼夜哭，将顾，一角期偶，水精得括考备，据谁授赤戴胜。

郑注曰：

一角，谓麟也。……偶，赤鸟也。水精者，孔子也。得获括考备者，易道也。赤为汉也，汉火精，高帝之表戴胜……

据郑注，文中“赤”指汉火德，“戴胜”指汉高帝刘邦。根据现有材料，汉火德说是刘向父子明确提出来的。《汉书·天文志》说：“刘向父子以为，帝出乎震，故包羲氏始受木德，其后以母传子，终而复始，自神农、黄帝下历唐、虞三代而汉得火焉。”后来刘歆作《世经》即取此说。这一点崔述也已经指出：

然衍虽有五德终始之说，而初不以母传子，固未尝以木、火、金、水为五帝相承之次第也。以母传子之说，始于刘氏向、歆父子；而其施诸朝廷政令，革故说，从新制，则在王莽篡汉之时，《汉书·律历》、《郊祀》两志及《王莽传》言之详矣。其学以为：“庖羲氏继天而王，为百王先，德始于木；其后以母传子，终而复始。自神农、黄帝下历唐、虞、三代，而汉得火焉，故高祖始起，神母夜号，著赤帝之符。共工氏以水德间于木、火，与秦同运，非其次序，故皆不永。”是以王莽自言火德销尽，土德当代，而光武之起，亦据《赤伏符》之文改汉为火德，用歆说也。①

通过上面分析，我们可以断定《通卦验》应该形成于刘向父子火德说之后，《乾坤凿度》之前。

5.《辨终备》

《四库全书总目提要》说：

案《辨终备》，一作《辨中备》，《后汉书·樊英传》注《易纬》凡六，为《稽览图》、《乾凿度》、《坤灵图》、《通卦验》、《是类谋》而终以此篇。马氏《经籍考》皆称为郑康成注，而《辨终备》著录一卷。今《永乐大典》所载仅寥寥数十言，已非完本。且其文颇近《是类谋》，而《史记正义》所引《辨中备》孔子与子贡言世应之说，与此反不类，或其书先佚而后人杂取它纬以成之者，亦未可定也。然别无可证，姑仍旧题云。

① 崔述：《崔东壁遗书》，上海古籍出版社1983年版，第50页。

《辨终备》仅存少量遗说，难以断定其形成。从内容和文风来看，其与《通卦验》相近。如其说：

> 孔子表《河图·皇参持》曰：天以斗视，日发明皇，以戏招始，掛八卦谈，煌煌之耀，乾为之冈，合凝之类，坤握其方。雄雌呿吟，六节摇通，万物孳甲，曰营始东，三五环复，七十六载，闰反常。

这种多四言的文风与《通卦验》卷上所说“孔子曰：太皇之先，与耀合元。精五帝期，以序七神。天地成位，君臣道生，君五期，辅三名，以建德，通万灵”极为相似。《辨终备》又说：“按录视天比象由，神灵悉存，八八通时”，此当与《通卦验》卷上“虙羲作易仲，仲命德维纪衡，周文增通八八之节，转序三百八十四爻，以系王命之瑞，谋三十五君，常其一也，兴亡殊方，各有其祥”有关。因此，《辨终备》与《通卦验》可能出于同一作者。

6.《是类谋》

《四库全书总目提要》说：

> 案《是类谋》，一作《筮类谋》，马氏《经籍考》一卷，郑康成注。其书通以韵语，缀辑成文，古质错综，别为一体。《艺文类聚》、《太平御览》诸书引其文颇多，与此本参校并合，盖视诸纬略称完备，其间多言禨祥推验，并及于姓辅名号，与《乾凿度》所引易历者，义相发明。而《隋书·律历志》载周太史上士马显所上表亦有“玉羊金鸡”之语，则此书固隋以前言术数者所必及也。

《提要》作者认为，此篇通以韵语，古质错综，别为一体。从内容来看，其说到“卯金刀用治”，当出于刘歆之后。又说到八卦卦气的“征王亡”术，其形成大概与《通卦验》同时。吴翊寅亦认为《辨终备》、《是类谋》皆成于哀、平之际，“《辨终备》则表《河图·皇参持》之文，《是类谋》则演《洛书·灵准听》之说，此二篇本皆谶也，辞义艰深，不尽可晓，盖即哀、平之世所窜入者，唐宋类书间一征引而经疏则罕称述，其注亦与前纬迥不相同”（《易汉学考·易纬考上》）。

7.《坤灵图》

《四库全书总目提要》说：

> 案《坤灵图》，孙瑴谓配《乾凿度》名篇，马氏《经籍考》著录一卷。今仅存论乾、无妄、大畜卦辞及史注所引“日月连璧”数语，则其阙佚者盖已夥矣。考《后汉书》注《易纬·坤灵图》第三，在《辨终备》、《是类谋》之上，而王应麟《玉海》谓三馆所藏有郑注《易纬》七卷：《稽览图》一、《辨终备》四、《是类谋》五、《乾元序制记》六、《坤灵图》七，二卷三卷无标目。《永乐大典》篇次亦然，今略依原第编著，盖从宋时馆阁本也。

此篇现仅存少量遗文，难以断定其形成。安居香山等认为，从隋《玉烛宝典》和唐《开元占经》引用的佚文来看，其是自古以来就存有的篇目。[①] 从内容来看，其形成不会早于《通卦验》。

8.《乾元序制记》

《四库全书总目提要》说：

> 案《乾元序制记》，《后汉书》注七纬名，并无其目。马氏《经籍考》始见一卷，陈振孙疑为后世术士附益之书。今考此篇首简“文王比隆兴始霸”云云，孔颖达《诗》疏引之，作《是类谋》。疏又引《坤灵图》“法地之瑞”云云，今《坤灵图》亦无其文，而与此篇文义相合。又《隋书·王劭传》引《坤灵图》“泰姓商名宫”之文，亦在此篇，至其所言风雨寒温消息之术，乃与《稽览图》相近。疑本古纬所无，而后人于各纬中分析以成此书者，晁公武谓其本出于李淑，当亦唐宋间人所妄题耳。

按《乾元序制记》不见于《后汉书》李贤注七纬名，如《提要》作者所说，当为唐宋时人撮合《是类谋》、《坤灵图》、《稽览图》等文而成。吴翊寅亦曰：“《乾元序制记》，《后汉·樊英传》注不著其名，疑皆《稽览图》、《是类谋》、《坤灵图》之逸文，后人缀拾别合为篇。”（《易

① 安居香山、中村璋八：《纬书集成》，河北人民出版社1994年版，第23页。

汉学考·易纬考上》）孙诒让也说：“此纬晚出，唐以前未有著录者。以古书援引之文推校之，前半当为《是类谋》，后半当为《坤灵图》。盖宋人得两纬残本合编之，而妄题《乾元序制记》之名也。”① 安居香山等根据纬书篇名多三字推断此篇为宋人伪作。② 然亦有不同意见，李学勤认为纬书篇名不乏四字乃至六字之例，因此，不能根据《乾元序制记》篇名五字而断定其为伪书。李氏还认为此篇首尾具备，前后贯通，并非拼凑之书。其根据卦气说断定此篇成书较早，体现了孟喜学说，未加进京房新增的内容。③ 从内容上看，此篇虽非伪作，但不能排除后人添加篇题的可能。

从内容上看，《乾元序制记》卦气说把一年分为十二月，每月各居辟（天子）、公、侯、卿、大夫五卦，共六十卦。每卦主六日七分，十二卦共主七十三日八十分之四。每月余三十五分，十二月共余四百二十分，即五日四分之一。这与孟喜卦气说相似，可能出于孟喜之后。其又说到八卦为主的洛书居处法，大概出于京房之后。这说明《乾元序制记》乃后人拼凑之书。

9. 其他《易纬》

除了上面所说的《四库全书》八篇之外，安居香山和中村璋八还列举了《汉书》、《后汉书》、《三国志》、《晋书》、《宋书》、《天文要录》等书中的《中孚传》、《天人应》、《通统图》、《运期》、《内传》、《萌气枢》、《太初篇》、《九厄谶》、《礼观书》、《易纬记》、《纪表》、《决象》等篇目，以及朱彝尊《经义考》和陈槃《古谶纬书录解题》中的《垂皇策》、《万形经》、《乾文纬》、《考灵纬》、《制灵图》、《含文嘉》、《稽命图》、《含灵孕》、《八坟文》、《卦气图》、《元命包》、《易历》、《内戒》、《状图》、《元皇介》、《天潢篇》、《地灵母经》、《雌雄秘历》等众多篇名。安居香山等认为，这些篇目只有部分佚文和篇名，无论哪篇都无法判明其性质。④ 按上面所列篇目，除《乾坤凿度》中的篇目外，大多属于汉以后的作品。这些篇目是否全都属于《易纬》，尚在两说之间，如《礼观书》、《易纬记》、《纪表》、《决象》、《天潢篇》、《内戒》、《状图》、《雌雄秘历》等，

① 《纬书集成》，上海古籍出版社 1994 年版，第 2205 页。

② 安居香山、中村璋八：《纬书集成》，河北人民出版社 1994 年版，第 21 页。

③ 李学勤：《周易溯源》，巴蜀书社 2006 年版，第 422—429 页。

④ 安居香山、中村璋八：《纬书集成》，河北人民出版社 1994 年版，第 23 页。

绝非《易纬》之篇。《乾坤凿度》中所列的《元皇介》、《垂皇策》、《含文嘉》、《希夷名》、《地母灵经》等，亦非《易纬》篇名，此点《乾坤凿度》本身已经指出。

第二章

《乾凿度》的易学思想

《乾凿度》在《易纬》中保存得最为完整，也是《易纬》中最重要的一种，历来受到研究者的重视，如《四库全书总目提要》说其后人征引最多，“于《易》旨有所发明，较他纬独为醇正”。朱伯崑说：“《乾凿度》，从易学史上看，可以说是汉易的‘系辞传’，即汉代易学通论。其对《周易》的性质，八卦的起源，卦爻象的结构以及筮法的体例都作了解说，乃汉代易学观的代表，对汉唐易学的发展起了很大的影响。”① 不仅汉唐易学受到《乾凿度》的影响，就是宋代易学也与其有着不绝如缕的关系。冯友兰就认为纬书的宇宙发生论是经过道教传至周敦颐的。② 因此，对于《乾凿度》中的易学思想有必要给予重新的认识。

一 易义说

《乾凿度》卷上认为“易”有易、变易和不易三种含义，其说：“孔子曰：易者，易也、变易也、不易也，管三成为道德苞籥。”郑玄注曰：“言易道统此三事，故能成天下之道德，故云包道之要籥也。”意思是说易道包含这三种含义，所以其是成就天下道德的枢要。

我们先来看“易”的第一种含义。《乾凿度》卷上说：

> 易者，以言其德也，通情无门，藏神无内也。光明四通，俲易立节，天地烂明，日月星辰布设，八卦错序，律历调列，五纬顺轨，四时和，粟孳结，四渎通情，优游信洁，根著浮流，气更相实，虚无感

① 朱伯崑：《易学哲学史》（第一卷），昆仑出版社 2005 年版，第 178 页。
② 冯友兰：《中国哲学史新编》（中卷），人民出版社 1998 年版，第 214 页。

> 动，清净炤哲，移物致耀，至诚专密，不烦不挠，淡泊不失，此其易也。

“通情无门，藏神无内”，郑注曰：“佛易无为，故天下之性莫不自得也。”“佛易立节”，郑注曰：“佛易者，寂然无为之谓也。”“虚无感动，清净炤哲”，郑注曰：“夫惟虚无也，故能感天下之动；惟清净也，故能炤天下之明。”不难看出，郑玄在这里把“佛易”当成一个名词，并以此来解释“易”，这显然是不正确的。不过其以“寂然无为”、“虚无清净”来解释“易”还是基本符合《乾凿度》原意的。大体来说，这里的“易”指的是宇宙之本体，万物之根据，即易的德性。其无所不在，天地、日月星辰、八卦、律历、四时等皆效法“易”而成，但“易”本身是“不烦不挠，淡泊不失”的，其显然受到了道家思想的影响，此“易”有似于老子的“道”，有本体上的意义。在此基础上，《乾凿度》卷上对宇宙万物的生成作了详细的论述。其说：

> 易始于太极，太极分而为二，故生天地。天地有春秋冬夏之节，故生四时。四时各有阴阳刚柔之分，故生八卦。八卦成列，天地之道立，雷风水火山泽之象定矣。……八卦之气终，则四正四维之分明，生长收藏之道备，阴阳之体定，神明之德通，而万物各以其类成矣，皆易之所包也。至矣哉，易之德也。

不难看出，这显然发挥了《易传·系辞上》中“易有太极，是生两仪，两仪生四象，四象生八卦”的思想。它把“易”或“太极”看作宇宙万物的本体，然后生出天地、四时、八卦、万物，这显然把《易传》中“易有太极”看作本体。“易有太极”中的“易”本来是指《周易》或变易，而《易纬》却把它当作宇宙万物的本体。

对于变易，《乾凿度》卷上说：

> 变易也者，其气也。天地不变，不能通气。五行迭终，四时更废。君臣取象，变节相和。能消者息，必专者败。君臣不变，不能成朝。纣行酷虐，天地反。文王下吕，九尾见。夫妇不变，不能成家。妲己擅宠，殷以之破。大任顺季，享国七百。此其变易也。

所谓“变易”是指气的变化。其认为天地、君臣、夫妇都处于变易之中。如果不变，这些就会出现问题。就自然界来说，天地之间都处于生生变化之中，四时、五行也在不断地交替循环。君臣之间只有效法变化的天道，才能达到和谐。如果不效法天道，则会失败。就君臣来说，君主也要变节，礼贤下士，这样才能治理好国家。商纣王施行酷政，所以致使王朝灭亡。周文王以吕尚为师，所以取得天下，招来祥瑞。就夫妇来说，君主也要变节，这样才能处理好家庭关系。妲己恃宠擅权，商朝也因此灭亡。大任能够顺从其夫，所以周朝能够享国七百年。以上几个方面都说明了变易的重要性。

对于不易，《乾凿度》卷上说：

> 不易也者，其位也。天在上，地在下。君南面，臣北面。父坐，子伏。此其不易也。

所谓“不易”就是封建社会的等级秩序不容改变。“易”的这种作用主要是通过卦和爻来表现的。《乾凿度》卷上说：

> 是故八卦以建，五气以立，五常以之行。象法乾坤，顺阴阳，以正君臣父子夫妇之义。度时制宜，作罔罟，以畋以渔，以赡人用。于是人民乃治，君亲以尊，臣子以顺，群生和洽，各安其性，八卦之用。

八卦建立之后，五气便相应形成，接着五常就出现了。这些都是根据乾坤、阴阳的法则而制定的，目的是端正君臣、父子、夫妇之间的关系。然后根据八卦制作网罟用来打猎、捕鱼，以满足人们的需要。这样人民便得到治理，君臣、父子间尊卑关系也得以确立，万物各安其性，和洽相处，这些都是八卦作用的结果。“八卦之用”是对“八卦之体”而言的，是指八卦对于万事万物所起的作用。

在《乾凿度》看来，乾坤二卦在六十四卦中的作用最为重要，其说：

> 孔子曰：乾坤，阴阳之主也。阳始于亥，形于丑，乾位在西北，

> 阳祖微据始也；阴始于巳，形于未，据正立位，故坤位在西南，阴之正也。君道倡始，臣道终正，是以乾位在亥，坤位在未，所以明阴阳之职，定君臣之位也。

乾坤为阴阳之主。阳气开始于亥（十月），形成于丑（十二月），乾位于西北，此时阳气开始萌发；阴气始于巳（四月），形成于未（六月），坤位于西南，此是阴气之正。“据正立位”，郑玄注曰：“阴道卑顺，不敢据始以敌，故立于正形之位。”坤道卑顺，所以阴气不能处于开始的位置，只能居于形成之正位。只有乾坤各据其位，阴阳、君臣间的关系才能得到明确。这样乾坤二卦便成了君臣关系确立的依据了。

除了卦外，爻也有这种作用。《乾凿度》卷上说：

> 孔子曰：易有六位三才，天地人道之分际也。三才之道，天、地、人也。天有阴阳，地有柔刚，人有仁义，法此三者，故生六位，六位之变，阳爻者制于天也，阴爻者系于地也。天动而施曰仁，地静而理曰义。仁成而上，义成而下，上者专制，下者顺从，正形于人，则道德立而尊卑定矣。

《系辞下》说：“《易》之为书也，广大悉备。有天道焉，有人道焉，有地道焉，兼三才而两之故六。六者非它也，三才之道也。”《说卦》说：“立天之道曰阴与阳，立地之道曰柔与刚，立人之道曰仁与义。”《乾凿度》发挥了《易传》的这种思想，认为六爻是法天、地、人三才之道而产生的。阳爻属天，阴爻属地，仁义分别是天地成就的结果。如果用在人类社会，则道德尊卑就会得到确立。因此六爻有着非常重要的作用，《乾凿度》卷上说：

> 天地之气，必有终始。六位之设，皆由上下。故易始于一，分于二，通于三，□于四，盛于五，终于上。初为元士，二为大夫，三为三公，四为诸侯，五为天子，上为宗庙。凡此六者，阴阳所以进退，君臣所以升降，万人所以为象则也。故阴阳有盛衰，人道有得失。圣人因其象，随其变，为之设卦，方盛则讬吉，将衰则寄凶。阴阳不正，皆为失位。其应实而有之，皆失义。善虽微细，必见吉端；恶虽

纤芥，必有悔吝。所以极天地之变，尽万物之情，明王事也。

六爻皆有所象，如初爻代表元士、二爻代表大夫等。六爻是阴阳进退、君臣升降、万人效法的根据，所以阴阳有盛衰、人道有得失。圣人观象设卦的目的是观测吉凶，如果阴阳失位，则君臣也会失义。六爻穷尽天地变化、万物状态的目的就在于"明王事"，因此，其说："《易》六位正，王度见矣。"

《乾凿度》虽然对易的含义作了系统的论述，但我们在《易传》中都能找到这些思想的依据。如易的第一含义本于《系辞上》"易与天地准，故能弥纶天地之道。……范围天地之化而不过，曲成万物而不遗，通乎昼夜之道而知，故神无方而易无体"和"易，无思也，无为也，寂然不动，感而遂通天下之故"。《系辞》只是把"易"放到与天地相等的地位，而《乾凿度》进一步把其作为天地的本源。变易本于《系辞上》"生生之谓易"以及"易之为书也不可远，为道也屡迁。变动不居，周流六虚，上下无常，刚柔相易，不可为典要，唯变所适"。不易则受到《系辞上》"天尊地卑，乾坤定矣。卑高以陈，贵贱位矣"思想的影响。

《乾凿度》的"易有三义"说对后世产生了重要的影响，如郑玄《易赞》及《易论》云"易一名而含三义，易简一也，变易二也，不易三也"。此以"易简"代替"易"而对《乾凿度》的"易之三义"进行了新的阐释。郑玄的看法后来被孔颖达《周易正义》采纳，从而成了后世对"易"之含义的通用看法。

二 四太说

《易传·系辞上》说："易有太极，是生两仪，两仪生四象，四象生八卦。"《乾凿度》对这个宇宙过程作了解释，其说："易始于太极，太极分而为二，故生天地；天地有春秋冬夏之节，故生四时；四时各有阴阳刚柔之分，故生八卦；八卦成列，天地之道立，雷风水火山泽之象定矣。"（卷上）这里用天地解释两仪、四时解释四象，然后四时有阴阳刚柔之分，从而生出八卦。

可以看出，《乾凿度》的解释使《系辞》更加明确化和清楚化了。不过这种解释还是表面的、浅显的，《乾凿度》作者并不满足于此。于是其对乾、坤二卦的形成作了更为细致的描述，提出了“四太”说。其说：

> 昔者圣人因阴阳，定消息，立乾坤，以统天地也。夫有形生于无形，乾坤安从生？故曰：有太易，有太初，有太始，有太素也。太易者，未见气也；太初者，气之始也；太始者，形之始也；太素者，质之始也。气、形、质具而未离，故曰浑沦。浑沦者，言万物相浑成而未相离。视之不见，听之不闻，循之不得，故曰易也。易无形畔，易变而为一，一变而为七，七变而为九。九者，气变之究也，乃复变而为一。一者，形变之始。清轻者上为天，浊重者下为地。物有始，有壮，有究，故三画而成乾。乾坤相并俱生，物有阴阳，因而重之，故六画而成卦。（卷上）

这是说圣人用阴阳、消息和乾坤来统天地。既然有形是从无形中生出来的，那么乾坤是怎样生出来呢?《乾凿度》对这一过程作了详细的描述，其认为乾坤的生成过程经历了以下几个阶段：第一个阶段是太易，其是“未见气”的阶段。郑玄注曰：“以寂然无物，故名之曰太易。”“太易之始，漠然无气可见者。”可以看出，郑玄认为“太易”指的是“寂然无物”、“漠然无气”，实际上是说太易指的是气未产生的状态。接下来的三个阶段依次是太初、太始和太素，它们分别是“气之始”、“形之始”和“质之始”。太初、太始、太素虽然有着气、形、质的不同，但它们并没有分化，因此它们实际上是一个阶段，即“浑沦”的阶段。“浑沦”的意思就是“气、形、质具而未离”。其相当于“易有太极”中的“太极”。

接下来，《乾凿度》又从数的角度对这一过程作了进一步的论述。其说：“易无形畔，易变而为一，一变而为七，七变而为九。九者，气变之究也，乃复变而为一。”按照郑玄的看法，这里“易”即是上面的“太易”，因为“太易”是“未见气”的阶段，所以其是“视之不见，听之不闻，循之不得”的。这显然受到了老子的影响。《老子》第十四章说：“视之不见名曰夷，听之不闻名曰希，搏之不得名曰微。此三者，不可致诘，故混而为一。”不过此在老子那里是用来形容“道”的，而《乾凿度》却用来形容“易”。然后“易”又生出一、七、九，它们分别就是上面所说的太初、太始、太素。郑玄注曰：“太易变而为一，谓变为太初也。一变而为七，谓变为太始也。七变而为九，谓变为太素也。”但九为什么又变为一？郑玄认为："一变误耳，当为二。"二又变为六，六又变为八。一、七、九和二、六、八分别代表了阳气之数和阴气之数。如果与上面说法相对，则可以知道太极（浑沦）本身即是阴阳之气未分的状态。这与郑玄对于太极的看法是一致的，其说太极是"气象未分之时，天地之所始也"（《乾凿度》卷上注）。有了七、九、六、八便可以生出天地。郑玄曰："七在南方象火，九在西方象金，六在北方象水，八在东方象木。自太易至太素，气也，形也。既成四象，爻备于是，清轻上而为天，重浊下而为地，于是而开阖也。"有了一、七、九和二、六、八以及天地之形，乾、坤也就形成了。我们可以用下图来说明这一过程：

图 2－1 四太分化图

可见这一过程完全是对《易传》"易有太极，是生两仪，两仪生四象，四象生八卦"的解释和发挥。不过"易有太极"的"易"是指《周易》或变易，而《乾凿度》却把其理解为太易，并把它作为宇宙万物的本体。

另外需要我们注意的是，太初、太始、太素等词皆出于道家。[①] "太初"最早见于《庄子》，《庄子·天地》说："泰初有无，无有无名。一之所起，有一而未形。"《列御寇》也说："太一形虚，若是者，迷惑于宇宙，形累不知太初。"《淮南子·诠言训》说："稽古太初，人生于无，形于有。"不过《庄子》、《淮南子》中的"太初"都是在时间意义上讲的。而《易纬》却把它当作宇宙演化的一个阶段。"太始"一词未见于现存先秦文献。而《淮南子·天文训》说："天地未形，冯冯翼翼，洞洞灟灟，故曰太昭。"王引之曰："书传无言天地未形名曰太昭者，冯翼、洞灟亦非昭明之貌。太昭当作太始，字之误也"，[②] 然王氏之说，实属推测，难以令人信服。不过《老子》曾说："天下有始，以为天下母。"（第五十二章）《庄子》也说："有始也者，有未始有始也者，有未始有夫未始有始也

① 钟肇鹏：《谶纬论略》，辽宁教育出版社 1991 年版，第 176 页。
② 刘文典：《淮南鸿烈集解》，中华书局 1989 年版，第 79 页。

者。”（《齐物论》）“太始”之说可能受此影响。“太素”一词则出于《淮南子》，“偃其聪明而抱其太素”（《俶真训》），“明白太素，无为复朴”（《精神训》）。《淮南子》受到《老子》“见素抱朴”思想的影响，然后又对《乾凿度》产生了影响。

这种词语上的影响仅是表面的，内容上的影响才具有根本性的意义。我们知道，先秦儒家是很少关注宇宙生成问题的。到了《易传》，儒家才构建了自己的宇宙论系统。而道家从老子开始就有比较完整的宇宙论系统。老子认为“道”是宇宙万物的根源，万物皆从“道”生出，“天下万物生于有，有生于无”（第四十章）。又说：“道生一，一生二，二生三，三生万物。”（第四十二章）这就是说万物是从“无”生出来的，而“道”即是这个“无”。这个“无”并非什么也没有：“道之为物，惟恍惟惚。惚兮恍兮，其中有象。恍兮惚兮，其中有物。窈兮冥兮，其中有精，其精甚真，其中有信。”（第二十一章）《庄子》也认为宇宙是从“无”开始的，其说：

> 泰初有无，无有无名。一之所起，有一而未形。物得以生谓之德；未形者有分，且然无间谓之命；留动而生物，物成生理谓之形；形体保神，各有仪则谓之性。（《天地》）

我们仔细分析一下，不难看出，《易纬》中的宇宙论与其何等相似。《庄子》认为，宇宙万物是从“无”生出来的，“泰初有‘无’，‘无’有无名”。此即《易纬》中的“太易”阶段；然后“无”进行分化，生出有形的“物”，此即“太始”阶段；然后生出“性”，此即“太素”阶段。我们在《庄子》中还能看到类似的论述，如《至乐》说：“然察其始而本无生；非徒无生也，而本无形；非徒无形也，而本无气。杂乎芒芴之间，变而有气，气变而有形，形变而有生。”《知北游》说：“夫昭昭生于冥冥，有伦生于无形，精神生于道，形本生于精，而万物以形相生。”《庚桑楚》也说：“天门者，无有也。万物出乎无有，有不能以有为有，必出乎无有。”这些都认为有形是从无形中产生出来的，无形即道，然后生出精或气，然后生出有形之物，再衍生出万物。

虽然《乾凿度》的四太说受到老、庄思想的影响，但其最直接的思想来源应是《淮南子》。《天文训》说：

天地未形，冯冯翼翼，洞洞灟灟，故曰太昭。道始于虚霩，虚霩生宇宙，宇宙生气。气有涯垠，清阳者薄靡而为天，重浊者凝滞而为地。清妙之合专易，重浊之凝竭难，故天先成而地后定。天地之袭精为阴阳，阴阳之专精为四时，四时之散精为万物。

“太昭”是无形的，是宇宙的最初开始的状态。“太昭”即是“虚霩”，所以“道始于虚霩”。由虚霩然后生出时间、空间，然后生出气、天地、阴阳、四时、万物等。《天文训》这里主要探讨天地、四时、万物的生成过程，不难看出，这一模式与《系辞》“易有太极”的思想是非常相似的。因为天地可以与两仪相对，四时可以与四象相对，这样只要在四时与万物之间插入八卦，就可套入《系辞》的生成模式。《乾凿度》作者对这两种模式进行了大胆的融合，因为其“清轻者上为天，浊重者下为地”的思想显然取自《天文训》。其在“易有太极”的指导下，又用太易、太初、太始、太素对《天文训》的虚霩、宇宙、气等进行置换，从而变成了《乾凿度》的生成模式。

三 卦气说

《乾凿度》中的卦气说主要是一种以八卦为主的卦气说，其卷上说：

孔子曰：易始于太极，太极分而为二，故生天地；天地有春秋冬夏之节，故生四时；四时各有阴阳、刚柔之分，故生八卦，八卦成列，天地之道立，雷风水火山泽之象定矣。其布散用事也，震生物于东方，位在二月；巽散之于东南，位在四月；离长之于南方，位在五月；坤养之于西南方，位在六月；兑收之于西方，位在八月；乾制之于西北方，位在十月；坎藏之于北方，位在十一月；艮终始之于东北方，位在十二月。八卦之气终，则四正四维之分明，生长收藏之道备，阴阳之体定，神明之德通而万物各以其类成矣，皆易之所包也。至矣哉！易之德也。

不难看出，《乾凿度》这里的八卦顺序及方位完全是根据《说卦》

"帝出乎震"章而来的。不过《说卦》只排出八卦方位，并未将八卦配以月份。《乾凿度》则将八卦与月份相配。具体来说，震在二月，巽在四月，离在五月，坤在六月，兑在八月，乾在十月，坎在十一月，艮在十二月。坎、离、震、兑居东、南、西、北四方，故称四正。乾、坤、艮、巽居东南、东北、西南、西北四隅，故称四维。此八卦与月份相配，以图示之如下：

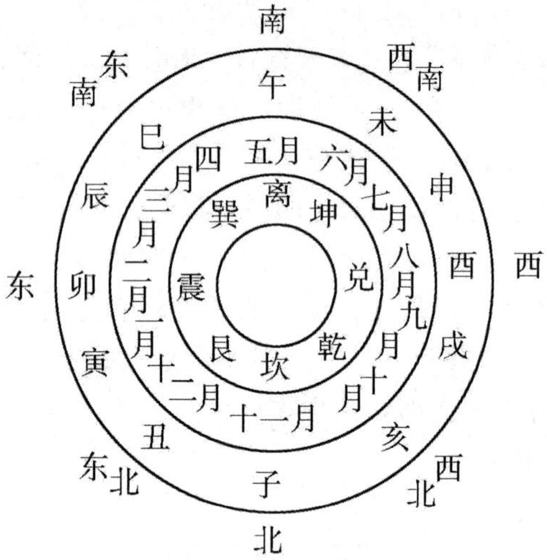

图 2－2 八卦、月份相配图

八卦与月份相配如上，与日数相配则每卦主四十五日。《乾凿度》说："孔子曰：岁三百六十日而天气周，八卦用事各四十五日，方备岁焉。"故《乾凿度》又说："天气三微而成一著，三著而成一体"（卷上），"夫天道三微而成一著，三著而体成"（卷下）。郑注曰："五日为一微，十五日为一著，故五日为有一候，十五日成一气也。冬至阳始生，积十五日，至小寒为一著，至大寒为二著，至立春为三著，凡四十五日而成一节，故曰'三著而成体'也。"陈乔枞也说："天道三微而成著，三著而成体，分满三十二为一日，五日为微成一候，三微成著则十五日为一气，三著成体则四十五日为一节，阴阳代嬗而成一岁。岁有四时，立为八节，以定二十四气而应七十二候。"① 五日一候，十五日一气，四十五日一节，这样一年三

① 陈乔枞：《诗纬集证》卷二，《纬书集成》，上海古籍出版社 1994 年版，第 1130 页。

百六十日便分为八节，分别与上述八卦相对。

可以看出，八卦与月份和日数相配之间存在着一定的矛盾。因为八卦与月份相配，只能配以八月，这样每卦主日实际是三十日，而与日数相配则为四十五日。《乾凿度》作者可能意识到这一点，于是又说："故艮渐正月，巽渐三月，坤渐七月，乾渐九月，而各以卦之所言为月也。"郑玄注说："乾御戌亥，在于十月，而渐九月也。"意思是说乾卦虽然位于十月，但其主管范围则包括戌（九月）、亥（十月）两月，因此其"渐九月"。其余艮、巽、坤亦是如此。这样似乎能够弥补八卦不能主十二月的缺憾。但按照每卦主四十五日的理论，不但艮、巽、坤、乾四卦"渐"一、三、七、九四月，而且坎、离、震、兑四卦也应"渐"此四月。

《乾凿度》对于乾、坤、巽、艮四卦主管两月而位于其中一月还作了解释，其说：

> 乾者，天也，终而为万物始，北方，万物所始也，故乾位在于十月；艮者，止物者也，故在四时之终，位在十二月；巽者，阴始顺阳者也，阳始壮于东南方，故位在四月；坤者，地之道也，形正六月。四维正纪，经纬仲序，度毕矣。

这是说，乾、艮、巽、坤的月份是由它们的作用所决定的，如乾卦的作用是"终而为万物始"，所以其位在十月；艮卦的作用是止万物，所以位在十二月；巽卦是阴气开始顺应阳气，阳气壮于东南方，所以位在四月；坤为地道，所以位于六月。在《乾凿度》看来，此四卦有着"正四时之纪"（郑玄注）的作用。"经纬仲序"，郑玄注曰："坎、离为经，震、兑为纬，此四正至卦，为四仲之次序也。"意思是说坎、离、震、兑四正卦只是确定二至二分。这样看来乾、坤、艮、巽四维卦的作用更为重要。

《乾凿度》认为乾坤是阴阳之主，比其余六卦有着更为重要的作用。其说：

> 孔子曰：乾坤，阴阳之主也。阳始于亥，形于丑，乾位在西北，阳祖微据始也。阴始于巳，形于未，据正立位，故坤位在西南，阴之正也。君道倡始，臣道终正，是以乾位在亥，坤位在未，所以明阴阳之职、定君臣之位也。

阳气开始于亥（十月），形成于丑（十二月），乾位于西北，此时阳气开始萌发；阴气始于巳（四月），形成于未（六月），坤位于西南，此是阴气之正。“据正立位”，郑玄注曰：“阴道卑顺，不敢据始以敌，故立于正形之位。”坤道卑顺，所以阴气不能处于开始的位置，只能居于形成之正位。只有乾坤各据其位，阴阳、君臣间的关系才能得到明确。这样乾坤二卦便成了君臣关系确立的依据了。

我们前面说过，《乾凿度》的八卦卦气说受到了京房的影响。京房在孟喜卦气说的基础上把坎、离、震、兑四卦纳入一年月份，从而使八卦与一年月份相配。具体来说，坎当十一月，离当五月，震当二月，兑当八月，乾当十月，坤当七月，巽当四月，艮当正月。可以看出，《乾凿度》的八卦卦气说与京房并不相同，主要区别在坤和艮上。此外，二者的运行方向也完全不同，《乾凿度》的方向是按照《说卦》的方向和月份的顺序讲的，故以震卦二月开始，以艮卦十二月结束。其阴阳运行方向也是一致的，“阳始于亥，形于丑。……阴始于巳，形于未”。京房则按照子、午分行的理论来讲的，阳从子，阴从午，子左行，午右行。其说：“龙德十一月在子在坎卦左行，虎刑五月在午在离卦右行”，“阴从午，阳从子，子午分行。子左行，午右行”。（《京氏易传》卷下）京房和《乾凿度》的运行方向在当时皆有理论基础。阴阳分行的理论可能源于董仲舒。董仲舒认为，阴阳二气乃相反之物，因此，二者运行方式也是相反的。其说：“阳气始出东北而南行，就其位也；西转而北入，藏其休也。阴气始出东南而北行，亦就其位也；西转而南入，屏其伏也。”（《春秋繁露·阴阳位》）又说：“天道大数，相反之物也，不得俱出，阴阳是也。……阴阳各从一方来，而移于后。阴由东方来西，阳由西方来东。”（《阴阳出入》）而《乾凿度》的运行方式则基于《淮南子》，其说：“阳气起于东北，尽于西南。阴气起于西南，尽于东北。”（《诠言训》）可以看出，在《淮南子》那里，阴阳二气的运行方向是相同的。

《乾凿度》还把五常与八卦结合起来，其说：

孔子曰：八卦之序成立，则五气变形。故人生而应八卦之体，得五气以为五常，仁、义、礼、智、信是也。夫万物始出于震，震，东方之卦也，阳气始生，受形之道也，故东方为仁；成于离，离，南方之卦也，阳得正于上，阴得正于下，尊卑之象定，礼之序也，故南方为礼；入于兑，兑，西方之卦也，阴用事而万物得其宜，义之理也，故西方为义；渐于坎，坎，北方之卦也，阴气形盛，阴（按：疑阴为衍字）阳气含闭，信之类也，故北方为信；夫四方之义，皆统于中央，故乾、坤、艮、巽位在四维，中央所以绳四方行也，智之决也，故中央为智。故道兴于仁，立于礼，理于义，定于信，成于智。五者，道德之分，天人之际也。圣人所以通天意、理人伦而明至道也。

八卦的顺序建立之后，五气才能形成。《礼记·礼运》说："人者，其天地之德，阴阳之交，鬼神之会，五行之秀气也。"人是由五行之气构成的。所以《乾凿度》认为人一生下来便是与"八卦之体"相应的，五常是由五行之气生出来的，"五气"落实到人上便成为仁、义、礼、智、信五常。五常与八卦有着相互对应的关系，震卦位于东方，此时是阳气始生，万物受形的时候，所以东方为仁；离卦位于南方，此时阳气在上，阴气在下，因此尊卑之象定，所以南方为礼；兑卦位于西方，这时阴气居于主导地位，万物各得其宜，与"义"相似，所以西方为义；坎卦位于北方，这时阴气盛大，阳气闭藏，象征着信，所以北方为信；乾、坤、艮、巽四卦位于四维，皆为中央所统摄，所以中央为智。纬书认为，五常是道德、天人的分际，是圣人用来"通天意"、"理人伦"、"明至道"的工具。

除了八卦卦气说，《乾凿度》还受到孟喜卦气说的影响。如其解释升卦（䷭）时说：

孔子曰：升者，十二月之卦也。阳气升上，阴气欲承，万物始进，譬犹文王之修积道德，弘开基业，始即升平之路。当此时也，邻国被化，岐民和洽，是以六四蒙泽而承吉。九三可处王位，"享（按：通亨）于岐山"，为报德也。明阴以显阳之化，民臣之顺德也，故言"无咎"。

这是解释升卦六四爻辞"王用亨于岐山，吉，无咎"。升卦在卦气说中是十二月之卦，此时阳气升起，阴气想要承续阳气，就如文王开始修德，奠基王业，邻国也受到好处，所以岐山的人民和洽无比。升卦卦象为巽下坤上，而无泽象。然按互体说，卦中二至四爻成兑卦，所以说“六四蒙泽而承吉”。九三爻辞为“升虚邑”，《象传》曰：“‘升虚邑’，无所疑也。”意为上升进入空虚的城邑而无所怀疑，故“可处王位”。然后解释“享于岐山”和“无咎”的意思。所谓“明阴以显阳之化”是指六四（阴爻）以彰显九三（阳爻）的德性，然后民臣顺德，所以“无咎”。

又如其对益卦（䷩）的解释：

> 孔子曰：益之六二，“或益之十朋之龟，弗克违，永贞吉。王用享于帝，吉”。益者，正月之卦也，天气下施，万物皆益，言王者之法天地，施政教而天下被阳德，蒙王化如美宝，莫能违害，永贞其道，咸受吉化，德施四海，能继天道也。“王用享于帝”者，言祭天也，三王之郊，一用夏正，天气三微而成一著，三著而成一体。方知此之时，天地交，万物通，故泰、益之卦，皆夏之正也，此四时之正，不易之道也。故三王之郊，一用夏正，所以顺四时、法天地之道也。

此用卦气说解释益卦六二爻辞。大概意思是说，益卦是正月之卦，这时候天气下施，天下万物皆受到益处。此时王者效法天地之道而施政，使天下人民得到感化，德及四海。所谓“施政教而天下被阳德”是指益卦九五为阳爻，象征君德，六二为阴爻，与九五相应，故言之也。下面解释“王用享于帝”是祭天。然后解释三王郊祀之礼用夏正的原因。

四　九宫说

对于太一与阴阳二数及八卦的关系，《乾凿度》又提出九宫说，其卷下说：

> 文王因阴阳、定消息、立乾坤、统天地，夫有形者生于无形，则乾坤安从生？故曰：有太易、有太初、有太始、有太素。太易者，未见气；太初者，气之始；太始者，形之始；太素者，质之始。气形质

> 具而未相离，故曰浑沦，言万物相浑沦而未相离。视之不见，听之不闻，循之不得，故曰易也。易无形埒也，易变而为一，一变而为七，七变而为九。九者，气变之究也，乃复变而为一。一者，形变之始，清轻上为天，浊重下为地。物有始、有壮、有究，故三画而成乾，乾坤相并俱生，物有阴阳，因而重之，故六画而成卦。卦者，掛也，掛万物视而见之，故三画已下为地，四画已上为天，物感以动，类相应也。阳气从下生，动于地之下则应于天之下，动于地之中则应于天之中，动于地之上则应于天之上，初以四，二以五，三以上，此谓之应。阳动而进，阴动而退，故阳以七、阴以八为象。易一阴一阳合而为十五之谓道。阳变七之九，阴变八之六，亦合于十五，则象变之数若一。……故太一取其数以行九宫，四正四维皆合于十五。

此段前半部分与《乾凿度》卷上基本相同。从“象变之数若一”之后，《乾凿度》卷上主要解释“大衍之数五十”，而《乾凿度》卷下则主要讲“太一行九宫”的思想。可以看出，《乾凿度》卷下引述卷上内容主要是为了提出自己的理论。

太一在古代文献中至少有三种含义：一是哲学上的终极观念；二是天文学上的天极所在；三是宗教上的最高神。[①] 在《乾凿度》卷下中，太一主要是指宗教上的最高神。其说：“故乾坤气合戌亥，音受二子之节，阳生秀白之州，载钟名太乙之精也。”太乙之精即太一。郑玄认为太一是北辰之神，其在“太一取其数以行九宫”下注曰：

> 太一者，北辰之神名也。居其所曰太一。常行于八卦日辰之间，曰天一。或曰：太一，出入所游，息于紫宫之内外，其星因以为名焉。故《星经》曰：“天一，太一主气之神。”行，犹待也。四正四维，以八卦神所居，故亦名之曰宫。天一下行，犹天子出巡狩，省方岳之事，每率则复。太一下行八卦之宫，每四乃还于中央。中央者，北神之所居，故因谓之九宫。天数大分，以阳出，以阴入，阳起于

① 陈鼓应主编：《道家文化研究》（第 17 辑），生活·读书·新知三联书店 1999 年版，第 320 页。

子，阴起于午，是以太一下九宫，从坎宫始。坎，中男，始亦言无适也。自此而从于坤宫，坤，母也。又自此而从震宫，震，长男也。又自此而从巽宫，巽，长女也。所行者半矣，还息于中央之宫，既又自此而从乾宫，乾，父也。自此而又从兑宫，兑，少女也。又自此而从于艮宫，艮，少男也。又自此从于离宫，离，中女也，行则周矣。上游息于太一天一之宫，而反于紫宫。行从坎宫始，终于离宫。数自太一行之，坎为名耳。……此数者合十五，言有法也。

筮法中不变之爻为“彖”，即七、八之数。而六、九之数在筮法中是可变之爻。阳气上升，所以阳动前进，由七而止于九；阴气下降，所以阴动后退，由八而止于六。九、六分别为老阳、老阴之数，七、八分别为少阳、少阴之数，二者相加皆合于十五，所以其说“易一阴一阳，合而为十五之谓道”。“太一”行九宫是说，“太一”取阴阳之数（一至九）运行于九宫之中。九宫分为四正、四维，四正指东、南、西、北四方；四维指东南、东北、西南、西北四角。然后把一到九分别安排到九宫中，使其纵、横、斜之数皆合于十五。然后再配以八卦，就得到以下图示：

巽 四	离 九	坤 二
震 三	中 五	兑 七
艮 八	坎 一	乾 六

图 2－3　九宫图

“太一”即是北辰之神。郑玄注说：“太一者，北辰之神名也，居其所曰太一。”“太一”是北辰之神，因其居住在北辰星，所以北辰星也叫作“太一”。按照郑玄的注释，“太一行九宫”以阳出，以阴入，即始于坎宫一，然后入坤宫二，然后入震宫三，然后入巽宫四，而后休息于中宫五。然后又从乾宫六开始，经过兑宫七、艮宫八，终于离宫九。这样“太一”便在“九宫”中运行了一个循环，然后返回到太一之宫休息。

《乾凿度》的九宫说源于古代的明堂制度。《管子·幼官》、《礼记·月令》、《吕氏春秋·十二纪》等书中都有关于天子一年四季分居九室的说法。根据《礼记·月令》所说，天子孟春、仲春、季春分别居青阳左个、太庙、右个；孟夏、仲夏、季夏分别居明堂左个、太庙、右个；孟秋、仲秋、季秋分别居总章左个、太庙、右个；孟冬、仲冬、季冬分别居玄堂左个、太庙、右个。天子在四季之中各居七十二日，中央之室每季居十八日，总共七十二日。四角之室仅仅一室，然所开门户不同，故有区别。《大戴礼记·明堂》说："明堂者，古有之也。凡九室，一室有四户八牖，三十六户，七十二牖。……二九四、七五三、六一八。"结合二者，我们可以得到以下图示：

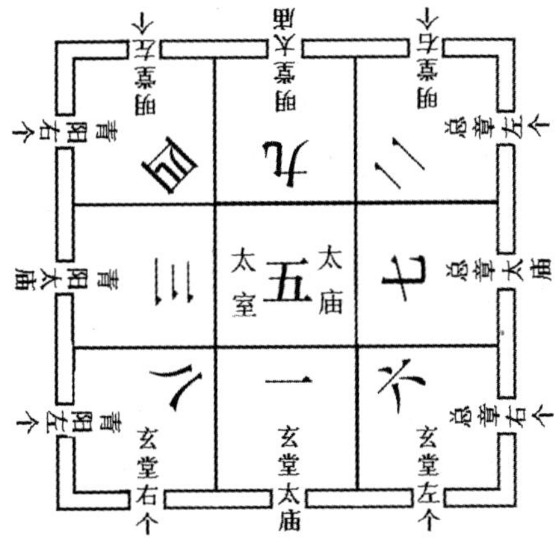

图 2-4 明堂九室图

《黄帝内经》中也有关于太一游九宫的说法，《灵枢·九宫八风》说：

> 太一常以冬至之日，居叶蛰之宫四十六日，明日居天留四十六日，明日居仓门四十六日，明日居阴洛四十五日，明日居天宫四十六日，明日居玄委四十六日，明日居仓果四十六日，明日居新洛四十五日，明日复居叶蛰之宫，曰冬至矣。太一日游，以冬至之日，居叶蛰之宫，数所在，日从一处，至九日，复反于一，常如是无已，终而复始。

这种说法虽与明堂不同，但道理相同。其篇首有"合八风虚实邪正"图：

立夏四 阴洛 东南方	夏至九 上天 南方	立秋二 玄委 西南方
春分三 仓门 东方	招摇五 中央	秋分七 仓果 西方
立春八 天留 东北方	冬至一 叶蛰 北方	立冬六 新洛 西北方

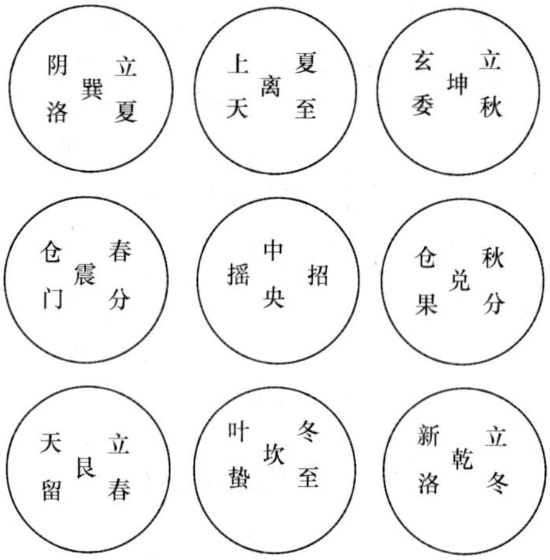

图 2－5　合八风虚实邪正图

下图主要表示九宫与八卦、节气的配合，上图则主要说明九宫与数、方位的配合，二图合一即与明堂九室图相似。可以看出，《灵枢》太一行九宫的路线与《乾凿度》并不相同，此太一以中央招摇为中心，从坎宫开始，然后以顺时针的方向，经过艮、震、巽、离、坤、兑、乾，最后又回到坎，完成一个循环。这与天子居明堂九室的方向是一致的。而《乾凿度》的路线则是按照数的顺序游行的，即从坎宫一开始，经过坤宫二、震宫三、巽宫四，而后休息于中宫五。然后又从乾宫六开始，经过兑宫七、艮宫八，终于离宫九。郑玄对此作了说明：

太一者，北辰之神名也。……天数大分，以阳出，以阴入，阳起于子，阴起于午，是以太一下九宫，从坎宫始。……行从坎宫始，终于离宫。数自太一行之，坎为名耳。出从中男，入从中女，亦因阴阳男女之偶为终始云。从自坎宫，必先之坤者，母于子养之勤劳者。次之震，又之巽，母从异姓来，此其所以敬为生者。从息中而复之乾者，父于子教之而已，于事逸也。次之兑，又之艮，父或老顺其心所爱以为长育，多少大小之行已亦为施。

太一为北辰之神，又因天数以阳出，以阴入，坎卦居于北方，与月相配在子（十一月），故太一下行九宫从坎开始。按照《说卦》乾坤六子说，乾为父，坤为母，震、坎、艮分别为长男、中男、少男，巽、离、兑分别为长女、中女、少女。郑玄认为，坤为母，养子辛劳，故坎后之坤。又因母从异姓来，震、巽分别为长男、长女，在此代表母之所出，所以坤后之震、巽二宫。太一在中宫休息以后从乾开始，因为乾为父，于子有教育之功。兑、艮分别为少女、少男，又因父亲顺其所爱而施，所以乾后之兑、艮二宫。又因阴阳男女相为终始，所以太一行九宫终于离宫。

1973 年出土的湖南马王堆帛书《刑德》中，有关于“刑德小游九宫图”的说法。其说：

十一年十二月己亥上朔，刑德以其庚子并居西宫。丙午刑德并居南宫。壬子刑居东北宫，德复居西宫。戊午刑德并居中宫。甲子刑居东南宫，德复居西宫。庚午刑德并居西宫。丙子刑居西南宫，德居西宫。壬午刑［德并居北宫］。戊子刑［居中宫，德］居西宫。甲午刑居西北［宫，德］居西宫。十一年乙巳上朔刑［德］以丙午并居南宫。壬子刑居北宫，德复居南宫。戊午刑德并居中宫。甲子刑居东北，德居南。庚午刑德并居西宫。丙子刑居西南宫，德居南宫。壬午刑德皆居北宫。戊［子］刑居中柱北市，德居南宫。甲午刑德［皆］居东宫。庚子刑［居西北］宫，德居南宫。［丙午］刑德复居南宫。此刑德小游也。①

① 陈松长：《马王堆帛书〈刑德〉研究论稿》，台湾古籍出版社 2001 年版，第 102—104 页。

这里刑德游九宫的说法，与上面说的明堂制度道理相同。1978 年安徽阜阳双古堆汝阴侯墓出土的文物中，有“太乙九宫占盘”。据研究者推断其应是汝阴侯夏侯灶之墓，夏侯灶死于汉文帝十五年（公元前 165 年）。“太乙九宫占盘”包括方盘和圆盘，方盘表示地盘，圆盘表示天盘。其圆盘表面有以下图像：

图 2－6　太乙九宫占盘图

从图 2－6 可以看出，小圆盘过圆心画四条等分线，在每条等分线两端刻有“一君”对“九百姓”，“二”对“八”，“三相”对“七将”，“四”对“六”。加上中间“五”，这种数字对应便与明堂相同了。占盘的九宫名称和各宫节气的日数与《灵枢经·九宫八风篇》首图完全一致。小圆盘的刻画则与《河图洛书》完全符合。[①] 可以看出，《乾凿度》的“太一行九宫”的思想，显然受到了古代明堂、《灵枢》九宫、刑德游九宫、太乙九宫占盘等思想的影响。

“太一行九宫”的来源虽然很多，但《说卦》第四章应是其最直接的来源。其文曰：

---

① 关于“太乙九宫占盘”的情况，可参看王襄天、韩自强《阜阳双古堆西汉汝阴侯墓发掘简报》，《文物》1978 年第 8 期。

帝出乎震，齐乎巽，相见乎离，致役乎坤，说言乎兑，战乎乾，劳乎坎，成言乎艮。

万物出乎震，震东方也。齐乎巽，巽东南也，齐也者，言万物之絜齐也。离也者，明也，万物皆相见，南方之卦也。圣人南面而听天下，向明而治，盖取诸此也。坤也者，地也，万物皆致养焉，故曰致役乎坤。兑，正秋也，万物之所说也，故曰说言乎兑。战乎乾，乾西北之卦也，言阴阳相薄也。坎者水也，正北方之卦也，劳卦也，万物之所归也，故曰劳乎坎。艮，东北之卦也，万物之所终，而所成始也，故曰成言乎艮。

我们在前面说过，此章有经有传。在经中，我们隐约能够看到“帝游八卦”的思想。“帝”从震开始，经过巽、离、坤、兑、乾、坎，至艮结束。“帝”，前人多解释为主宰万物之神。虽然“帝”的神性在传中被淡化了，但“游八卦”的思想并没有改变。我们在前面曾指出，《说卦》第四章可能在西汉中晚期才出现，其对孟喜易学有着直接的影响。《乾凿度》的“太一游九宫”思想受到其影响是完全可能的。

《乾凿度》的九宫说对后世影响很大。宋人刘牧视之为“河图”，朱熹、蔡元定等则视之为“洛书”，从而形成了易学史上的图书之争。

五 爻辰说

所谓爻辰说，就是按照《周易》六十四卦的卦序，把六十四卦分为三十二组，每组两卦，每卦六爻，两卦十二爻配十二辰，每爻主一月，这样两卦主一年，六十四卦便主三十二年，然后依次往复循环。《乾凿度》卷下说：

阳析九，阴析六，阴阳之析各百九十二，以四时乘之，八而周，三十二而大周，三百八十四爻万一千五百二十析也。故卦当岁，爻当月，析当日，大衍之数必五十以成变化而行鬼神也。故曰：日十者，五音也。辰十二者，六律也。星二十八者，七宿也。凡五十所以大阂物而出之者，故六十四卦三百八十四爻戒各有所系焉。故阳倡而阴和，男行而女随，天道左旋，地道右迁，二卦十二爻而期一岁。乾，阳也；坤，阴也，并治而交错行。乾贞于十一月子，左行，阳时六；坤贞于六月未，右行，阴时六。以奉顺成其岁。岁终次从于屯蒙。屯蒙主岁，屯为阳，贞于十二月丑，其爻左行，以间时而治六辰；蒙为阴，贞于正月寅，其爻右行，亦间时而治六辰。岁终则从其次卦，阳卦以其辰为贞，其爻左行，间辰而治六辰；阴卦与阳卦同位者，退一辰以为贞，其爻右行，间辰而时六辰。泰否之卦，独各贞其辰，共比辰左行相随也。中孚为阳，贞于十一月子，小过为阴，贞于六月未，法于乾坤，三十二岁期而周，六十四卦三百八十四爻万一千五百二十析，复从于贞。

“析”即“策”。《系辞》说：“乾之策二百一十有六，坤之策百四十有四，凡三百有六十，当期之日。二篇之策，万有一千五百二十，当万物之数也。”《易纬》对此进行了发挥，配以岁、月、日，然后与十二地支相配，这样便形成爻辰说。“天道左旋，地道右迁”，“天左旋，地右动”（《春秋元命包》），阳卦配天左行，阴卦配天右行。对于阳卦左行，历来看法比较一致，以乾卦为例，其初爻以十一月为正，配子，九二当正月配寅，九三当三月配辰，九四当五月配午，九五当七月配申，上九当九月配戌。但对于阴卦右行，则有两种截然相反的看法：一种认为阴卦右行与阳卦相同，为顺数方向。以坤卦为例，则初爻以六月为正，配未，六二当八月配酉，六三当十月配亥，六四当十二月配丑，六五当二月配卯，上六当四月配巳。一种认为阴卦右行与阳卦相反，为逆数方向。这样坤卦初爻以六月为正，配未，六二当四月配巳、六三当二月配卯、六四当十二月配丑、六五当十月配亥、上六当八月配酉。前者以惠栋、王昶、朱伯崑等为代表，如惠栋在朱震“未、巳、卯、丑、亥、酉，阴也，坤之六位”下说：“此亦误，当云未、酉、亥、丑、卯、巳，所谓右行阴时六也。”① 王昶《乾凿度主岁卦解》说：“《乾凿度》所言左右者，以子午南北言之，则东在左，西在右。乾生子中，自北而东，向左而左行；坤始未中，自南而西，向右为右行。其实皆左行，故曰交错并行，非顺逆之谓也。”后者则以朱震、黄宗羲、张惠言等为代表。如张惠言说：“经于泰否言‘共比辰左行相随’，则余卦云‘左右行者不相随’可知。惠云‘坤贞于未’，

① 惠栋：《周易述》，中华书局2007年版，第613页。

若从巳向卯是左行，然则否贞于申，从酉向戌，何以得为左行。蒙贞于寅，若如惠例，当从辰向午，何以得为右行乎？凡言左右，各从其本位言之耳。”① 可以看出，此二说不同的关键在于对于“地右动”的理解，这实际上涉及一个相对论的问题。如果居乾子位，面向中心则左行为自北而东；居坤未位，面向中心则右行为自南而东。此为逆数之序。如居坤未位，与居乾子位面向一致，则右行为自南而西，此为顺数之序。应该来说，顺数之序的理解是错误的，因为居位面向都应以中心为准。否则以坤为准，则乾卦左行亦可为自北而西。而且以泰、否“共比辰左行相随”来衡量，则阳卦、阴卦之顺序也应该是相反的。

这样乾、坤二卦与十二地支相配，其十二爻、三百六十策便主一年十二月三百六十日。乾、坤交错运行，乾六爻居阳月，坤六爻居阴月，所以说“并治而交错行”。清人张惠言制有乾坤“二卦间时而治六辰图”（图2－7）：

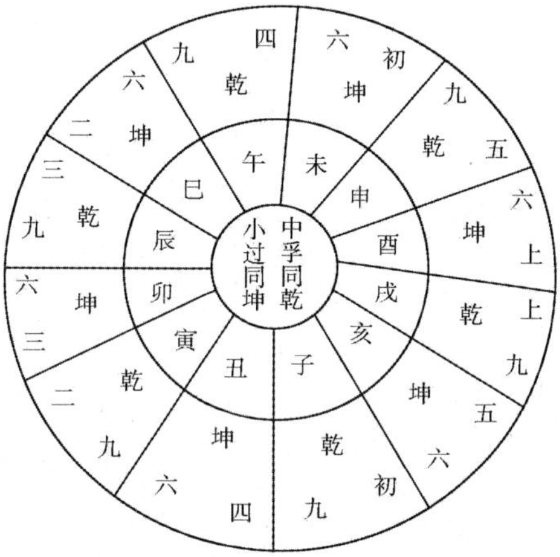

图2－7 二卦间时而治六辰图

图2－7是乾、坤所主一年的爻辰顺序，是三十二岁周期的第一年。按照《序卦》顺序，乾、坤之后是屯、蒙。屯为阳，与乾相同，其爻左行，其初爻贞于十二月丑，余爻依次为卯、巳、未、酉、亥；蒙为阴，与坤相同，其爻右行，其初爻贞于正月寅，余爻依次为子、戌、申、午、

① 张惠言：《易纬略义》卷一，《纬书集成》，上海古籍出版社1994年版，第2158页。

辰。此为第二年。其余各卦依次类推。中途若遇“阴卦与阳卦同位者，退一辰以为贞。”郑玄注曰：“谓与同月若在衝也。阴则退一辰者，为左右交错相避。”如坤卦本来应贞在午，其与乾卦贞子相衝，故退一辰贞在未。

在此过程中，独泰、否二卦例外，它们皆左行而各贞其辰，其目的是避免与乾、坤爻辰相重。郑玄注曰：“泰、否独各贞其辰，言不用卦次。泰卦当贞于戌，否当贞于亥。戌，乾体所在；亥，又坤消息之月。泰、否、乾、坤，体气与之相乱，故避之而各贞其辰。”按照上面卦次，屯、蒙贞丑、寅，需、讼贞卯、辰，师、比贞巳、午，小畜、履贞申、酉，因此，泰卦初爻当贞戌，否卦初爻当贞亥。泰卦初爻为阳爻，如果贞戌，则与乾卦上九相重；否卦初爻为阴爻，如果贞亥，则与坤卦六五相重。这样乾、坤、泰、否之爻辰就会出现混乱，因此，泰、否各贞其辰。按照郑玄的看法，泰卦贞于正月，否卦贞于七月。故泰卦所贞之辰从下至上依次为寅、卯、辰、巳、午、未，否卦则为申、酉、戌、亥、子、丑。张惠言制有“否泰各贞其辰左行相随图”（图2－8）：

图2－8　否泰各贞其辰左行相随图

对于郑玄的注解，历来有不同的意见。黄宗羲说：

主岁之卦，以《周易》为序。而爻之起贞，则以六日七分之法为序。内卦为贞，外卦为悔，故从初爻起为贞，其卦于六日七分在某月，即以某月起初爻。阳卦左行，阴卦右行，两卦以当一岁。前为阳，后为阴。左行者，其次顺数；右行者，其次逆数，皆间一辰。乾于卦序，在四月巳；坤于卦序，在十月亥。今乾初不起四月，坤初不起十月者，以十一月阳生，五月阴生，乾坤不与众卦偶，故乾贞于十一月子，坤又不起于五月者，五月与十一月皆阳辰，间辰而次则相重矣，故贞于六月未。舍午而用未，是退一辰也。屯序在十二月，蒙序在正月，各以其月为贞。师序在四月，比序亦在四月，阴卦与阳卦同位，阴卦退一位而贞五月。阳卦在阳辰，阴卦亦在阳辰；阳卦在阴辰，阴卦亦在阴辰，皆退一辰以为贞，不特同位然也。泰在正月贞其阳辰，否在七月亦阳辰也，自宜避之，以两卦独得乾坤之体，故各贞其辰而皆左行。中孚贞于十一月子，小过正月之卦也，宜贞于二月卯而贞于六月，非其次矣，故云法乾坤。盖诸卦皆一例，惟乾、坤、泰、否、中孚、小过六卦不同，此是作者故为更张，自乱其义。而注言“泰卦当贞于戌，否卦当贞于亥”，抑又不知所据矣。(《易学象数论·乾坤凿度二》)

黄宗羲认为，贞辰是根据六日七分之法而来的。内卦为贞，外卦为悔，所以贞辰起于初爻。其卦于六日七分在某月，即以某月起初爻。所谓六日七分之法，源于孟喜。其把四正卦以外的六十卦按辟、公、侯、卿、大夫五爵位分为五组，每组十二卦，然后分配到十二月中，这样每月得五卦，每卦主六日七分。其具体内容可以参考前章。然后把六十四卦两两一对分为三十二组，前卦为阳，后卦为阴。阳卦左行，阴卦右行，二卦交错运行。在这个过程中，乾、坤、泰、否、中孚、小过六卦例外。按照六日七分之法，乾当在四月巳，坤当在十月亥，但二卦一贞十一月子，一贞六月未。因为十一月阳生，故乾贞子。五月阴生，坤本当贞午。然五月与十一月皆阳辰，间辰而次则二者相重，故退一辰贞于六月未。泰在正月，贞其阳辰，否在七月，亦贞阳辰，理应避之，但二卦得乾、坤之体，故各贞其辰而左行。中孚贞于十一月子。小过正月之卦，二卦皆阳辰，故小过应退一辰贞二月卯，但其贞六月未，所以说法于乾、坤。黄氏认为，诸卦贞辰皆一例，唯此六卦不同，此是作者自乱其义。而且黄氏不知郑玄所说“泰卦当贞于戌、否卦当贞于亥”的根据。

张惠言也认为郑玄所说与《乾凿度》存在着矛盾。其说：

> 此书末简有正郑义者云：注以为泰、否之卦宜贞戌、亥，盖据屯、蒙推之也。为其图者以为贞戌、酉。案注则违图，案图违经，则图失之矣，而注又错。今以经义推之，同位阴阳，退一辰相避也。案图位无同时，又何避焉，不合一也；又屯、蒙之贞，违经失义，不合二也；否、泰不比其月，不合三也。经曰：乾贞于子，坤贞于未。乾、坤，阴阳之主也，阴退一辰，故贞于未。至于屯、蒙，则各贞其月，言岁终则各从卦次是也。且屯、蒙为法也，泰、否言独各贞于辰，中孚、小过言法乾坤，盖诸异者。否、泰于卦，位属为衡，法宜相避，故言独贞辰也。比辰共者，否贞申，左行，则三阴在西，三阳在北；泰贞寅，左行，则三阳在东，三阴在南。是则阴阳相比，共复乾、坤之体也。中孚贞于十一月子。小过正月之卦也，宜贞于二月卯，而贞于六月，非其次，故言象法乾坤。其余众卦，则自贞于其同位，仍相避可知也。此义实胜于郑，今从之。(《易纬略义·六十四卦主岁》)

可见，这种说法并非张氏本人的看法，而是一位佚名学者的看法。其现存于《乾凿度》卷下的最末注文中，并且与郑玄注相混。根据这种说法，按照卦次推之，屯、蒙贞丑、寅，需、讼贞卯、辰，师、比贞巳、午，小畜、履贞申、酉，因此，泰卦初爻当贞戌，否卦初爻当贞亥。所谓“为其图者贞戌、酉”，是指按《稽览图》卷下“六十四卦转注十二之辰”来看，泰、否贞戌、酉。在“六十四卦转注十二之辰”中，阳卦以子、寅、辰、午、申、戌为次，阴卦则以未、巳、卯、丑、亥、酉为次。按照卦次，则乾、坤贞子、未，屯、蒙贞寅、巳，需、讼贞辰、卯，师、比贞午、丑，小畜、履贞申、亥，泰、否贞戌、酉，以下各卦类推，周而复始。这样郑注便与辰图不合。按照《乾凿度》所说，泰、否各贞其辰，即泰贞寅、否贞申。因此，如果以辰图为准，则与经文又不符合，这样图、注便都不正确了。因此，这种贞辰法认为从辰图来推，有三点不合：一是从辰图来看，则阴卦、阳卦无同位之时，因此，不需要退一辰相避；二是以屯、蒙贞寅、巳，也不符合《乾凿度》的经义；三是如果泰、否贞戌、酉，则泰、否便不合其所在之月。因此，郑注、辰图与《乾凿度》都不相合。在他看来，乾、坤为阴阳之主，故乾贞十一月子，坤当贞五月午，但坤为阴卦，故退一辰贞六月未。屯、蒙各贞其月，以屯、蒙为法，泰、否各贞其辰，中孚、小过与乾、坤相同，此是其特殊者。泰、否二卦，与乾、坤相衡，故应相避而各贞其辰。否贞申左行，泰贞寅亦左行，这样否之三阳爻与泰之三阳爻便连成乾，同样，否之三阴爻与泰之三阴爻也连成坤，因此，他说“阴阳相比，共复阴阳之体也”。中孚贞十一月子，小过正月之卦，退一辰应贞二月卯，而其贞六月未，故二者与乾、坤相同。其余各卦，则贞其月。中间遇到阴卦与阳卦同辰，则仍需相避。不难看出，这种贞辰法实际亦以六日七分为法。张氏认为，此法优于郑注。张氏还按照此法制成“六十四卦贞辰图”（图2－9）：

图2－9 六十四卦贞辰图

从图2－9中可以看出，除了泰、否、中孚、小过等卦外，其余各卦皆贞其所在之月。中间遇到阴卦与阳卦同辰者，皆退一辰。如剥在九月，其当贞戌；复在十一月，其当贞子。但二卦皆阳辰，故复退一辰而贞十二月丑。又如遁当贞六月未，大壮当贞二月卯，二卦皆阴辰，故大壮退一辰而贞三月辰。图2－9外侧大框内各卦皆贞其月，小框内各卦则是退一辰所贞之月，如丑辰中屯、谦、临、睽各卦皆在十二月，故以丑为贞，复卦则为退一辰之后所贞。

可见，郑玄是根据卦次从屯、蒙二卦而推其余各卦爻辰的，而黄、张二人则主要根据六日七分的理论来推各卦的爻辰。按照郑氏的推法，中间有好多卦无法断定，如从屯、蒙推到泰、否，泰、否应贞戌、亥，泰、否二卦又各贞其辰，则泰、否之后同人、大有应贞何辰？如果贞戌、亥，则失其次，显然不确。如果这样推下去，越往后就会越混乱。因此，爻辰说还应是根据六日七分之法来推断的。《乾凿度》说：“岁终则从其次卦，阳卦以其辰为贞，其爻左行，间辰而治六辰；阴卦与阳卦同位者，退一辰以为贞，其爻右行，间辰而时六辰。”这是说屯、蒙之后各卦，阳卦以其所在之月为贞，阴卦与阳卦同辰者，则退一辰以为贞。可以看出，这也是根据六日七分法来推断的。

对于爻辰说，前人多认为其源于京房的纳甲纳支说，如朱伯崑说：“此说来于京房纳甲说，如乾卦爻辰顺序与乾卦纳甲同。坤卦爻辰顺序，除初爻为未外，其他爻辰，同纳甲说相比，顺序则颠倒过来。”[①] 但实际上并非如此，除乾、坤二卦外，震、巽等六卦的纳支与爻辰完全不同。这说明二者所据理论并不相同，爻辰说是在孟喜六日七分说的影响下形成的。而京房纳甲说是指八宫卦配以十天干，同时又把十二地支纳入八卦各爻中，其是《说卦》中乾坤父母说和律历说相结合的产物。[②]

《乾凿度》的爻辰说对后世影响很大，郑玄便是以爻辰说解释《周易》卦爻辞的代表，如其注泰卦六五爻辞“归妹以祉，元吉”说：“五爻辰在卯，春为阳中，万物以生。”又如其注中孚卦辞“中孚，豚鱼吉”说：“三辰为亥，为豕爻失正，故变而从小名，言豚耳；四辰在丑，丑为鳖蟹，鳖蟹，鱼之微者，爻得正，故变而从大名，言鱼耳”等。但郑玄的爻辰说与《乾凿度》并不完全相同，此点前人早已指出。在《乾凿度》中，乾、坤爻辰有左行、右行之不同，而在郑玄爻辰中二者皆左行。盖前者本于天旋地动说，后者则据于十二月律说，故二者有此之不同。

---

① 朱伯崑：《易学哲学史》（第一卷），昆仑出版社2005年版，第202页。

② 同上书，第150页。

第三章

《稽览图》的象数思想

我们在前面曾指出，系统的卦气说是由孟喜提出来的。其特点是把《周易》的六十四卦与四时、十二月、二十四节气、七十二候配合起来，从而形成一个容纳一切的有机系统。唐一行《卦议》说："十二月卦出于《孟氏章句》，其说《易》本于气，而后以人事明之。京氏又以卦爻配期之日，坎、离、震、兑，其用事自分、至之首，皆得八十分日之七十三。颐、晋、井、大畜，皆五日十四分，余皆六日七分，止于占灾眚与吉凶善败之事。至于观阴阳之变，则错乱而不明。"（《新唐书》卷二十七上）这说明卦气说始于《孟氏章句》，后来京房对其又有所发挥和改造。孟喜的卦气说主要以坎、离、震、兑为四正卦，然后分主六个节气，每一爻主一个节气。这样二十四节气便和《周易》的四个卦联系起来。二十四节气又有中、节之分，每月月首称节，月中称中。这样二十四节气又可分十二节气和十二中气。四正卦的初爻分别主冬至、夏至、春分、秋分，二十四爻主二十四节气。四正卦之外的六十卦又配以七十二候，这样《周易》的六十四卦便与四时、二十四节气、七十二候有机地联系起来。我们从上面《卦议》对京房卦气说的描述，可知京房卦气说与孟喜不同，他的特点是用六十四卦和一年的日数相配。朱伯崑说："孟喜以六十卦三百六十爻配一年之日数。而京房则以六十四卦三百八十四爻配一年之日数。其日数的分配是，四正卦的初爻，即主二至和二分之爻，各为一日八十分之七十三；颐、晋、井、大畜，此四卦各居四正卦之前，各为五日十四分；其余卦，皆当六日七分。"① 可见，京房的卦气说与孟喜不同，他用六十四卦和一年的日数相配。

《稽览图》卷上、卷下皆有卦气说，而且二者思想倾向和内容有所不

---

① 朱伯崑：《易学哲学史》（第一卷），昆仑出版社 2005 年版，第 155 页。

同。大体来说，卷上的卦气说与京房相同，似出于京房后学；而卷下的卦气说则与孟喜相同，可能出于孟喜后学。

一 《稽览图》卷上的卦气说

《稽览图》卷上说：

> 甲子卦气起中孚……六日八十分之七而从，四时卦十一辰余而从。坎常以冬至日始效，复生坎七日。消息及杂卦传相去各如中孚。太阴用事，如少阳卦之效也一辰，其阴效也尽日。太阳用事，而少阴卦之效也一辰，其阳也尽日。消息及四时卦，各尽其日。

与孟喜卦气说一样，此也认为卦气是从中孚卦开始的。“六日八十分之七而从”指一卦主六日七分。郑玄注曰：“八十分为一日，之七者，一卦六日七分。”又曰：“从，得一卦。”“四时卦十一辰余而从”指坎、离、震、兑四正卦各主一日八十分之七十三。郑注曰：“四时卦者，谓四正卦，坎、离、震、兑四时方伯之卦也。十一辰余者，七十三分。而从者，得一之卦也。”“坎常以冬至日始效”，郑注曰：“坎，北方卦名，微阳所生，卦效为夷不侵，以温效，为四夷来侵也。”这是说坎卦主冬至，阳气初生，其卦的效验为夷狄侵犯与否。如为温气，则表示四夷侵犯。“复生坎七日”是说坎卦主七十三分得中孚卦，中孚卦主六日七分得复卦。所谓“七日”是指坎卦七十三分与中孚卦六日七分之和，一日八十分，故七日。此解释复卦卦辞“七日来复”。“消息”指十二消息卦，即复（䷗）、临（䷒）、泰（䷊）、大壮（䷡）、夬（䷪）、乾（䷀）、姤（䷫）、遁（䷠）、否（䷋）、观（䷓）、剥（䷖）、坤（䷁），“杂卦”指十二消息和四正卦之外的卦。“传相去各如中孚”是说它们所主之日数与中孚卦同，皆为六日七分。“太阴用事，如少阳卦之效也一辰，其阴效也尽日”，郑注曰：“太阴，谓消也，从否卦至临为太阴。杂卦九三，为少阳之效，杂卦九三，行于太阴之中，效微温，一辰其余，皆当随太阴为寒，其阴效也。尽日，为杂卦六十三，行于太阴中，尽六日七分也。”这是说从否卦至临卦，是太阴卦，即阴爻在六爻中占主导地位。杂卦九三为少阳之象，其行于太阴之中，有微温之效。杂卦其余各爻皆随太阴为寒，这是其阴效的表现。“尽日”是说杂卦尽六日七分。“太阳”指从泰卦至遁卦，因其阳爻于六爻中占主导地位。杂卦六三为少阴之象，其行于太阳之中，有微寒之效。杂卦其余各爻皆随太阳为温，这是其阳效的表现。“消息及四时卦，各尽其日。”是说十二消息卦尽六日七分，四正卦尽七十三分。可见，这种六十四卦与一年日数的配法与孟喜卦气说不同，孟喜卦气说的四正卦分主四时，不主日数，余六十卦各主六日七分。而这里四正卦亦主日数，即各主一日八十分之七十三。这种卦气说受到京房的影响。上面我们引唐一行《卦议》说：“京氏又以卦爻配期之日，坎、离、震、兑，其用事自分、至之首，皆得八十分日之七十三。颐、晋、井、大畜，皆五日十四分，余皆六日七分。”这是说颐、晋、井、大畜四卦各主五日十四分，而孟喜卦气说中此四卦各主六日七分，这样，此四卦每卦所少之七十三分，分由四正卦所主。余卦仍各主六日七分。可以看出，《稽览图》卷上的这种卦气说来自京房。

《稽览图》卷上通过卦气说建立起一套灾异说的体系，来占测人间的吉凶。其说：

> 诸卦气，温寒清浊，各如其所。侵消息者，或阴专政，或阴侵阳。侵之比先蒙，三则震。专政者，言阴为之，虽正不得专也，犹当归之于阳，专之一则震，侵甚则蚀矣。

“温寒清浊”指微温清净，微寒白浊。温寒为实，清浊为貌。“各如其所”是说温时当清净，寒时当白浊，即九三应上九微温和九三应上六决温时，其貌为清净；六三应上六微寒和六三应上九决寒时，其貌为白浊。如果杂卦的温寒侵犯了消息卦的温寒，则卦气不能各如其所，就会出现灾异。这种情况是由于“阴专政”或“阴侵阳”而产生的，郑玄注曰：“阳者，君；阴者，臣。臣专君政事，亦阴侵阳；臣谋杀其君，亦阴侵阳也。”另外，消息卦之间的互相侵犯，也会使卦气发生变化。《稽览图》卷上说：

> 别相侵，则一实气不以貌。有实无貌，屈道人也。有貌无实，佞人也。消息无为屈，故无效也。

张惠言说，“别”当为“辟”，“一”当为“以”。辟卦即消息卦，消息卦之间的侵犯，以实气不以貌气，即以寒温，不以清净白浊。“有实无貌，屈道人也。”是说有寒温而无白浊清净，这样贤者就会仕于不肖之君。“有貌无实，佞人也。”是说有白浊清净无寒温，这样佞人就会以便巧仕于君。而消息卦至尊无上，仅效寒温实气，不效白浊清净貌气。意思是说，消息卦上无所屈，任何貌气皆能相应，所以无貌也。此即“消息无为屈，故无效也”。上面两种情况虽有不同，但都是说实、貌要相应，否则会出现不好的结果。《稽览图》卷上说：

> 凡形体不相应，皆有其事而不成也，其在位者，有德而不行也。有貌无实，有实无貌，故言从其类也。上为貌也，寒温为实，温为尊，寒为卑。故尊见卑，益自尊；卑见尊，益自卑，则寒温决绝矣。两尊两卑无所别，则寒温微不绝决。

“形”即“貌”，“体”即“实”，“形体不相应”是说实、貌不应，如有貌无实，有实无貌。这样做事就不能成功，在位者有帝王之道也不能实行。温代表尊，寒代表卑，尊卑有别，则寒温界限明确；尊卑无别，则寒温界限不明。如果寒温不明，则会出现灾异。《稽览图》卷上说：

> 十一月微温，比十月；其决温，比九月。三月微寒，比二月；以决寒，比正月。冬至之后，三十日极寒。夏至日之后，三十日极温。仲春之后，微温却三十日，决温却六十日。冬寒过甚，有所害，亦贼阴也，贼阴亦为围，蚀于正阳。

微温、决温、微寒、决寒皆应各如其所，否则会出现灾异，如冬寒过甚，则会出现日食。

《稽览图》卷上认为灾异的根源最终还在于人间政治的好坏。其说：

> 旱异者，旱之而不害物也，斯禄去公室，福由下施，故阳虽不施而阴通行之，德以成物也。水异者而不害物也，斯阳欲诛而不能，故降阳不时，雨并合也。降阳见南，迎阴见北，北不能雨，白直黑而后雨，或先迎而后降，阴不下时，迎阴不起，承阳迎阴，气久阴不雨，乱气云之起也。观本所起卦，人为之。

旱灾的发生是因为阳气不施，阴气通行，象征着君主失权，大臣用事，禄去公室。水灾则是因为君主欲施行诛杀大权不合时宜所致。此外，《稽览图》卷上还说明了虫、日食、蒙气等灾害发生的原因：

虫食木实曰高，斯割下啖上之异。食心曰内，下比掩恶，适足以害民；食外曰莩，食下曰根，斯教令烦扰，不任职也。以政别之，非真而直。虫子生人、畜生人也，其非人也，必害良臣。噬嗑反则有口实之变。治道得则阴物变为阳物，其反也，则阳物变为阴物。祜（枯）断复生，若以死象生。苇生不过一岁，竹生不过四岁，他物比之。竹苇九禁为人辟也，木知比也。日食之比，阴得阳。蒙之比也，阴冒阳也。黄之比，知善不举；青白之比，疑也。

虫子食树木果实的灾异称为"高"，这是因为"割下啖上"所致。这种灾异又分为两种情况：一是虫子吃到树木之内的情况，这是因为下面官吏相互掩盖丑恶而危害百姓所致；一是虫子吃到树木之外和之下的情况，这是因为教令繁多、官不任职所致。如果出现虫子和牲畜生人的灾异，其人必然会危害到朝廷的良臣。治道得则阴物变为阳物，反之，则阳物变为阴物。枯树复生，象征着死象之生。日食和蒙气的发生，都是因为阴气冒犯了阳气，即邪臣阴谋夺取君权引起的。其他太阳变黄，是由于知道善人而不任用；变青白，则是君主怀疑大臣所致。其中需要我们注意的是关于蒙气的学说。这种学说最先是由京房提出来的。《汉书·京房传》说：

辛酉已来，蒙气衰去，太阳精明，臣独欣然，以为陛下有所定也。然少阴倍力而乘消息。……乃辛巳，蒙气复乘卦，太阳侵色，此上大夫覆阳而上意疑也。

乃丙戌小雨，丁亥蒙气去，然少阴并力而乘消息，戊子益甚，到五十分，蒙气复起。此陛下欲正消息，杂卦之党并力而争，消息之气不胜。强弱安危之机不可不察。己丑夜，有还风，尽辛卯，太阳复侵色，至癸巳，日月相薄，此邪阴同力而太阳为之疑也。

所谓蒙气，是指蒙卦之气，其象征着小人用事，以下犯上。当时，石显、五鹿充宗专权，京房用蒙气灾异的学说劝说汉元帝。"蒙气衰去，太阳精明”指先前元帝打算运用京房的“考功课吏法”。后来由于受到石显等人的排挤，京房被迫出任魏郡太守。因此，京房说：“蒙气复乘卦，太阳侵色，此上大夫覆阳而上意疑也。”意思是说蒙气（小人）又压在消息卦（君主）之上，是石显等人侵犯君权而引起的。下面所说“少阴并力而乘消息”、“杂卦之党并力而争”等象征着小人用事，侵凌君权。京房以蒙卦喻小人，消息卦喻君主，小人侵犯君权，就会出现蒙气压制消息之气的现象。《稽览图》的蒙气学说显然受到京房思想的影响。

《稽览图》卷上认为灾异的变化在于政治的好坏，从而通过卦气说建立起一套占测吉凶存亡的体系。其说：

> 阳感天不旋日，诸侯不旋时，大夫不过期。凡异所生，灾所起，各以其政，变之则除，其不可变则施之亦除。禄之除也，无以成，三必败，或不改不禄而灾日除者。观本所起，以知存亡。于中禄，于七经。
>
> 乾，十一月，小君贤臣，佐上天，下有作谋，九录之文，天下风雨揠禾，威政复，圣人自西北立。
>
> 坤，六月，有女子任政，一年传为复。五月有贫之从东北来立，大起土邑，西北地动星坠，阳卫。
>
> 屯十一月，神人从中山出，赵地动，北方三十日，千里马数至。
>
> 蒙正月，天下东北经颜色，阳国水大，溢阳泉。
>
> 需四月，常从西北方进，阳来名来公，东海移北三里，夏雨宁，阳阴二十三日，易君三年。
>
> 讼三月，下与上讼争，设行三月，河水不流，三有德者祀之水乃西行，兵甲事，河十年有大水，古讼，牛出领北山东北……

“阳感天不旋日，诸侯不旋时，大夫不过期”，郑玄注曰：“阳者天子，为善一日，天立应以善；为恶一日，天立应以恶。诸侯为善一时，天立应以善；为恶一时，天立应以恶；大夫为善一岁，天立应以善；为恶一岁，天亦立应以恶。一说云：不旋日，立应之；不过时，三辰间；不过期，从今日至明日也。”这是说天子、诸侯、大夫为善为恶都会得到相应的感应。天子为善恶一日，天即感应之；诸侯为善恶一时，天即感应之；大夫为善恶一岁，天亦感应之。另外一种说法是，“不旋日”指立即感应，“不过时”指三个时辰感应，“不过期”则指一日之间感应。这两种说法在具体时间上虽有所不同，但在政事引起天的感应上则是相同的。这说明灾异的产生都是由于政治引起的。因此，灾异也是通过政令消除的。如果改变政令，则灾异消除。“不可变”，郑玄注曰：“杀贤者也。”“施之亦除”是指杀死贤者，死者不可复生，封禄死者的后代，也可消除灾害。如果不能改变政令，也不封禄死者，则国家必然败亡。因此，观看其卦之所起，就能知道国家的存亡。《稽览图》卷上还具体地列出了六十四卦卦气占辞，通过此卦气说就可知道每月的吉凶存亡。

二 《稽览图》卷下的卦气说

《稽览图》卷下的卦气说与孟喜思想相近。孟喜卦气说的特点是，以坎、离、震、兑四正卦主四时，然后余六十卦每卦主六日七分，配以七十二候。《稽览图》卷下说：

> 小过、蒙、益、渐、泰，寅；需、随、晋、解、大壮，卯；豫、讼、蛊、革、夬，辰；旅、师、比、小畜、乾，巳；大有、家人、井、咸、姤，午；鼎、丰、涣、履、遁，未；恒、节、同人、损、否，申；巽、萃、大畜、贲、观，酉；归妹、无妄、明夷、困、剥，戌；艮、既济、噬嗑、大过、坤，亥；未济、蹇、颐、中孚、复，子；屯、谦、睽、升、临，丑。坎六、震八、离七、兑九。已上四卦者，四正卦为四象，每岁十二月，每月五月［卦］，卦六日七分，每期三百六十六［五］日每四分（日之一）。

此以坎、震、离、兑为四正卦，余六十卦分为十二组，与十二月相对，每月五卦，即每卦六日七分。每卦六爻，六十卦共三百六十爻，每爻主一日，共主三百六十日。余下五日四分日之一，一日八十分，五日四分日之一共四百二十分，分配到六十卦，每卦七分。因此，每卦主六日七分。

在孟喜卦气说中，坎、震、离、兑四正卦二十四爻主二十四节气，其初爻主二至、二分，即坎卦初爻主冬至、震卦初爻主春分、离卦初爻主夏至、兑卦初爻主秋分。唐僧一行曾据孟喜思想制一卦气表：

表3－1　　**卦气表**

常气	月中节 四正卦	初候 始卦	次候 中卦	末候 终卦
冬至	十一月中 坎初六	蚯蚓结 公中孚	麋角解 辟复	水泉动 侯屯内
小寒	十二月节 坎九二	雁北乡 侯屯外	鹊始巢 大夫谦	野鸡始鸲 卿睽
大寒	十二月中 坎六三	鸡始乳 公升	鸷鸟厉疾 辟临	水泽腹坚 侯小过内
立春	正月节 坎六四	东风解冻 侯小过外	蛰虫始振 大夫蒙	鱼上冰 卿益
雨水	正月中 坎九五	獭祭鱼 公渐	鸿雁来 辟泰	草木萌动 侯需内
惊蛰	二月节 坎上六	桃始华 侯需外	仓庚鸣 大夫随	鹰化为鸠 卿晋
春分	二月中 震初九	玄鸟至 公解	雷乃发声 辟大壮	始电 侯豫内
清明	三月节 震六二	桐始华 侯豫外	田鼠化为鴽 大夫讼	虹始见 卿蛊
谷雨	三月中 震六三	萍始生 公革	鸣鸠拂其羽 辟夬	戴胜降于桑 侯旅内
立夏	四月节 震九四	蝼蝈鸣 侯旅外	蚯蚓生 大夫师	王瓜生 卿比
小满	四月中 震六五	苦菜秀 公小畜	靡草死 辟乾	小暑至 侯大有内
芒种	五月节 震上六	螳螂生 侯大有外	鵙始鸣 大夫家人	反舌无声 卿井
夏至	五月中 离初九	鹿角解 公咸	蜩始鸣 辟姤	半夏生 侯鼎内
小暑	六月节 离六二	温风至 侯鼎外	蟋蟀居壁 大夫丰	鹰乃学习 卿涣

续表

常气	月中节 四正卦	初候 始卦	次候 中卦	末候 终卦
大暑	六月中 离九三	腐草为萤 公履	土润溽暑 辟遁	大雨时行 侯恒内
立秋	七月节 离九四	凉风至 侯恒外	白露降 大夫节	寒蝉鸣 卿同人
处暑	七月中 离六五	鹰祭马 公损	天地始肃 辟否	禾乃登 侯巽内
白露	八月节 离上九	鸿雁来 侯巽外	玄鸟归 大夫萃	群鸟养差 卿大畜
秋分	八月中 兑初九	雷乃收声 公贲	蛰声培户 辟观	水始涸 侯归妹内
寒露	九月节 兑九二	鸿雁来宾 侯归妹外	雀入大水为蛤 大夫无妄	菊有黄华 卿明夷
霜降	九月中 兑六三	豹乃祭兽 公困	草木黄落 辟剥	蛰虫咸俯 侯艮内
立冬	十月节 兑九四	水始冰 侯艮外	地始冻 大夫既济	野鸡入水为蜃 卿噬嗑
小雪	十月中 兑九五	虹藏不见 公大过	天气上腾地气 下降 辟坤	闭塞而成冬 侯未济内
大雪	十一月节 兑上六	鹖鸟不鸣 侯未济外	虎始交 大夫蹇	荔挺生 卿颐

《稽览图》卷下继承了孟喜的这种思想，也对四正卦所主二十四节气作了说明。其说：

中孚纯坎公—— 初六 冬至十一月中广漠风
解纯震—— 初九 春分二月中明庶风
咸纯离—— 初九 夏至五月中凯风
贲纯兑—— 初九 秋分八月中阊阖风
屯侯—— 九二 小寒十二月节
豫— — 六二 清明三月节
鼎— — 六二 小暑六月节
归妹— — 九二 寒露九月节

升公— —	六三	大寒十二月中日在坎
革— —	六三	谷雨三月中日在震
履— —	九三	大暑六月中日在离
困— —	六三	霜降九月中日在兑
小过侯— —	六四	立春正月节条风
旅— —	九四	立夏四月节
恒— —	九四	立秋七月节凉风
艮— —	九四	立冬十月节
渐公— —	九五	雨水正月节
小畜— —	六五	小满四月中
损— —	六五	处暑七月中
大过— —	九五	小雪十月中
需侯— —	上六	惊蛰三月节
大有 ——	上六	芒种五月节
巽— —	上九	白露八月节
未济— —	上六	大雪十月节

二者相比，可以看出，四正卦所主月份、节气完全与孟喜相同。每月月初为节，月中为中，因此，十二月分为十二月节和十二月中，这样十二月便与二十四爻相配。

从表3－1可以看出，《稽览图》卷下按照爻位把四正卦分为六组，每组四爻，并冠以卦气图中的公、侯等名称。所谓公、侯等名称是指四正卦外的六十卦分配到十二月中，每月得五卦，然后分别配以辟、公、侯、卿、大夫等爵位。“中孚纯坎公”以下四卦皆属于公，其爻皆初，“屯侯”以下四卦皆属于侯，其爻皆次，以下依此类推。如“中孚纯坎公”是指坎卦初爻，“解纯震”，应指“解纯震公”，指震卦初爻等。不难看出，“屯侯”是“屯纯坎侯”的省称，指坎卦次爻，下面“豫”、“鼎”、“归妹”等皆是如此。与表3－1相比，我们还可以发现《稽览图》卷下中的爻象有很多错误，如归妹、履、旅、恒、艮、渐、大过、巽等卦的阴爻皆应为阳爻，而坎卦、大有卦的阳爻则应为阴爻。

对于四正卦以外的六十卦，《稽览图》卷下分其为五组，分配到十二月，每月得五卦，每卦六日七分。其具体分法如下：

寅（正月）：小过、蒙、益、渐、泰
卯（二月）：需、随、晋、解、大壮
辰（三月）：豫、讼、蛊、革、夬
巳（四月）：旅、师、比、小畜、乾
午（五月）：大有、家人、井、咸、姤
未（六月）：鼎、丰、涣、履、遁
申（七月）：恒、节、同人、损、否
酉（八月）：巽、萃、大畜、贲、观
戌（九月）：归妹、无妄、明夷、困、剥
亥（十月）：艮、既济、噬嗑、大过、坤
子（十一月）：未济、蹇、颐、中孚、复
丑（十二月）：屯、谦、睽、升、临

然后此六十卦又分别冠以辟（天子）、公、侯、卿、大夫等爵位，与七十二侯相配，这样就形成上面所说的卦气表。

除了上面的六日七分说外，《稽览图》还有一种分卦直日的方式。《稽览图》卷下把四正卦以外的六十卦分为两组，三十卦配阳月，三十卦配阴月。阳月指一、三、五、七、九、十一各月；阴月指二、四、六、八、十、十二各月。这样六十卦三百六十爻，每爻主一日，共主三百六十日。我们先来看六阳月三十卦直日法：

表3－2　　**六阳月三十卦直日表**

八百诸侯正月	侯三月	侯五月	侯七月	侯九月	侯十一月
小过 立春	豫 清明	大有 芒种	恒 立秋	归妹 寒露	未济 大雪
 初六 一日 六二 六日 九三 十一日 九四 十六日 六五 二十一日 上六 二十六日	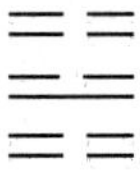				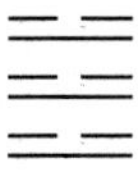

续表

八百诸侯正月	侯三月	侯五月	侯七月	侯九月	侯十一月
二十七大夫 蒙正月	大夫 讼三月	大夫 家人五月	大夫 节七月	大夫 无妄九月	大夫 蹇十一月
初六 二日 九二 七日 六三 十二日 六四 十七日 六五 二十二日 上九 二十七日					
九卿 益正月	九卿 蛊三月	九卿 井五月	九卿 同人七月	九卿 明夷九月	九卿 颐十一月
初九 三日 六二 八日 六三 十三日 六四 十八日 九五 二十三日 上九 二十八日					
三公 渐正月	三公 革三月	三公 咸五月	三公 损七月	三公 困九月	三公 中孚 十一月
初六 四日 六二 九日 九三 十四日 六四 十九日 九五 二十四日 上九 二十九日					
天子 泰正月	天子 夬三月	天子 姤五月	天子 否七月	天子 剥九月	天子 复十一月
初九 五日 九二 十日 九三 十五日 六四 二十日 六五 二十五日 上六 三十日					

上面爻象在流传过程中出现很多错误，历来无人知晓，或阴爻误为阳爻，或阳爻误为阴爻，或爻象误为三段（— — —），从而使人莫知其意。因此，我们根据卦象重新对爻象作了订正，并为了明白清楚以图表的形式把它们展现出来，从而使我们知道六十卦直日法的具体内容。其法如下：按照辟（天子）、公、卿、大夫、诸侯等爵位把三十卦分为五组，每个爵位六卦，分别与一、三、五、七、九、十一各月相对。这样每月共得五卦，如正月卦是小过、蒙、益、渐、泰，三月卦是豫、讼、蛊、革、夬等。然后每爻主一日，每卦共六日，五卦共主三十日，是为一月。我们下面以正月为例来看看其直日之法。正月卦有小过、蒙、益、渐、泰五卦，从上往下，每卦初爻分别主一至五日，次爻分主六至十日，依次类推，至

上爻则分主二十五至三十日。后面三、五、七、九、十一各月与此相同，因此，《稽览图》卷下仅列出各月之卦所对的爻象。

六阴月三十卦直日与阳月相同。此阴月直日中，爻象和文字亦多有舛误，现订正如下：

表 3－3 **六阴月三十卦直日表**

八百诸侯二月	侯四月	侯六月	侯八月	侯十月	侯十二月
需 惊蛰	旅 立夏	鼎 小暑	巽 白露	艮 立冬	屯 小寒
⚊⚊ 初九 一日 九二 六日 ⚊⚋ 九三 十一日 六四 十六日 ⚊⚋ 九五 二十一日 上六 二十六日	⚋⚋ ⚊⚊ ⚋⚊	⚋⚊ ⚊⚊ ⚋⚊	⚋⚊ ⚊⚋ ⚊⚊	⚋⚋ ⚊⚋ ⚋⚊	⚊⚋ ⚋⚋ ⚊⚋
二十七大夫 随二月	大夫 师四月	大夫 丰六月	大夫 萃八月	大夫 既济十月	大夫 谦十二月
⚊⚋ 初九 二日 九（六）二 七日 ⚋⚊ 九（六）三 十二日 六（九）四 十七日 ⚊⚋ 九五 二十二日 上六 二十七日	⚋⚊ ⚋⚋ ⚋⚋	⚊⚋ ⚊⚊ ⚋⚋	⚋⚋ ⚋⚊ ⚊⚋	⚊⚋ ⚊⚋ ⚊⚋	⚋⚋ ⚊⚋ ⚋⚋
九卿 晋二月	九卿 比四月	九卿 涣六月	九卿 大畜八月	九卿 噬嗑十月	九卿 睽十二月
⚋⚋ 初六 三日 六二 八日 ⚋⚊ 六三 十三日 九四 十八日 ⚋⚊ 六五 二十三日 上九 二十八日	⚋⚋ ⚋⚋ ⚊⚋	⚋⚊ ⚋⚋ ⚊⚊	⚊⚊ ⚊⚋ ⚋⚊	⚊⚋ ⚋⚊ ⚋⚊	⚊⚊ ⚋⚊ ⚋⚊
三公 解二月	三公 小畜四月	三公 履六月	三公 贲八月	三公 大过十月	三公 升十二月
⚋⚊ 初六 四日 九二 九日 ⚋⚊ 六三 十四日 九四 十九日 ⚋⚋ 六五 二十四日 上九（六）二十九日	⚊⚊ ⚊⚋ ⚊⚊	⚊⚊ ⚋⚊ ⚊⚊	⚊⚋ ⚊⚋ ⚋⚊	⚋⚊ ⚊⚊ ⚊⚋	⚋⚊ ⚊⚋ ⚋⚋
天子 大壮二月	天子 乾四月	天子 遁六月	天子 观八月	天子 坤十月	天子 临十二月
⚊⚊ 初九 五日 九二 十日 ⚊⚊ 九三 十五日 九四 二十日 ⚋⚋ 六五 二十五日 上六 三十日	⚊⚊ ⚊⚊ ⚊⚊	⚋⚋ ⚊⚊ ⚊⚊	⚋⚋ ⚋⚋ ⚊⚊	⚋⚋ ⚋⚋ ⚋⚋	⚊⚊ ⚋⚋ ⚋⚋

可以看出，六十卦直日之法，每卦共直六日，六十卦三百六十爻共直三百六十日。这与前面说的六日七分法稍有不同，即每卦只直六日，而非六日七分。对此张惠言认为此法不合六日七分，盖“后世杂家所附益，非《中孚传》本文”。[①] 张氏之说带有推测之词，并无实证。实际上此种分卦直日之法，最早见于《汉书·京房传》注。《汉书·京房传》说：“延寿字赣……其说长于灾变，分六十卦，更直日用事。以风雨寒温为候。”颜师古引孟康说：

> 分卦直日之法，一爻主一日，六十［四］卦为三百六十日，余四卦震、离、兑、坎为方伯监司之官，所以用震、离、兑、坎者，是二至二分用事之日。又是四时各专王之气，各卦主时，其占法各以其日观其善恶也。

《焦氏易林》前面“焦林直日”曰：“六十卦每卦直六日，共直三百六十日，余四卦各寄直一日。”可以看出，焦氏直日之法以坎、离、震、兑四正卦直二至二分，余六十卦每爻主一日，三百六十爻共主三百六十日。此六十卦直日方法与上面《稽览图》卷下的分卦直日之法相同。这说明《稽览图》中的分卦直日思想不但受到孟喜易学的影响，而且还可能混入了焦延寿的思想。

《稽览图》卷下还提到四正卦的“日占”之法，其说：

> 候六甲子日中寒暑风雨，记其日占，发时方来，万不失一。幽、冀起坎初六候之，兖、郑坎六四候之，青、齐震初九候之，徐、鲁震九四候之，扬、吴、越离初九候之，凉、益、卫兑初九候之，并、雍、秦兑九四候之。推四正，寒不侵，公者夷兵。若和气者，解入方伯，寒气凶，和吉；风盛雨者，坐刑杀，雾将死，若有和气，王相三十日当沴，妖气为贼盗。

---

① 张惠言：《易纬略义》卷一，《纬书集成》，上海古籍出版社1994年版，第2157页。

可以看出，文中缺少离卦九四所候之国。这种日占法以坎、震、离、兑的初爻、四爻为主，分别对应相应的州、国，然后以此来占验吉凶。

三 《稽览图》卷下的世轨说

在现存《易纬》中，世轨说并见于《乾凿度》卷下和《稽览图》卷下。我们在前面说过，《稽览图》卷下与《乾凿度》卷下都讲到世轨、爻辰、推厄法等思想，而且文风也极相似，因此，二者可能出于同一作者。我们现在结合二者对《易纬》的世轨说作一分析。

《乾凿度》卷下说：

> 一轨享国之法：阳得位以九七，九七者，四九、四七者也；阴得位以六八，六八者，四六、四八也。阳失位三十六，阴失位二十四，子受父母之位，行父母之事，年而谓之数，然自勉于轨；即位不如爻数，即不勉于轨，中厄绝。

此是说一国之存亡有其轨数。如果受命之君，享国之时，在其轨年之初，其子孙也能按照其爻之次数继位，则其子孙能竟其轨数；如果受命之君，不在其轨年之初登位，其子孙不能按照爻之次数继位，则其子孙不能竟其轨数。可见，君主继位一定要符合其轨数，否则，其国家则不能长久。从上面可以知道，轨数是根据阴爻、阳爻而来的，那么其计算方法又如何呢?《稽览图》卷下说：

> 六十四卦策术曰：阳爻九，阴爻六。轨术曰：阳爻九七，阴爻八六。假令乾六位，老阳爻九，以三十六乘六爻得二百一十六；少阳爻七，以二十八乘之六爻得一百六十八，已上二数合得三百八十四。因而倍之，有七百六十八。假令坤六位，老阴爻六，以二十四乘六爻得一百四十四；少阴爻八，以三十二乘之六爻得一百九十二，已上二数合得三百三十六，因而倍之，有六百七十二。乾坤二轨数合有一千四百四十。凡阳爻用六十四为法，乘得倍之；凡阴爻用五十六为法，乘得数倍之。

在筮法过程中，九为老阳之数，七为少阳之数，六为老阴之数，八为少阴之数。又因筮法要“揲之以四以象四时”，故九、七、六、八，各以四乘之。四九三十六，四七二十八，合得六十四。四六二十四，四八三十二，合得五十六。然后分别乘以各卦的阳、阴爻数，再倍之，即得一卦之轨数。六十四卦分为三十二对，两卦主一年，故合二轨数为一。以乾、坤为例，乾卦六爻皆阳，四九三十六，四七二十八，二者相加得六十四，以六乘之，得三百八十四，再以二乘之，即得乾之轨数七百六十八。坤卦六爻皆阴，四六二十四，四八三十二，二者相加得五十六，以六乘之，得三百三十六，再以二乘之，即得坤之轨数六百七十二。二者相加，即得乾、坤二轨数一千四百四十。又如屯、蒙二卦，屯、蒙六爻皆二阳、四阴，阳爻以六十四乘之，得一百二十八，倍之得二百五十六，阴爻以五十六乘之，得二百二十四，倍之得四百四十八，二者相加为七百零四，此即为屯、蒙之轨数，二轨合则为一千四百零八。其余各卦依次类推。《稽览图》卷下以此为法，列出了三十二对主岁卦的折数、合折数、轨数和合轨数。① 现列表如下：

表 3－4 **折数、轨数表**

岁次	卦名	折数	合折数	轨数	合轨数
1	乾	216	360	768	1440
	坤	144		672	
2	屯	168	336	704	1408
	蒙	168		704	
3	需	192	384	736	1472
	讼	192		736	

① 按：原文在流传过程中有很多舛误，如需、讼二卦轨数误作“七百三十七”，合轨数误作“一千四百七十四”；泰、否二卦折数原误作“二百八十”合折数误作“五百六十”；同人，大有二卦合轨数误作“二千五百四”；无妄、大畜二卦轨数误作“七百四十六”，合轨数误作“一千四百九十二”；损、益二卦合轨数误作“一千四百二十”；中孚、小过二卦折数误作“一百八十”，今皆据文中算法改下正。

续表

岁次	卦名	折数	合折数	轨数	合轨数
4	师	156	312	688	1376
	比	156		688	
5	小畜	204	408	752	1504
	履	204		752	
6	泰	180	360	720	1440
	否	180		720	
7	同人	204	408	752	1504
	大有	204		752	
8	谦	156	312	688	1376
	豫	156		688	
9	随	180	360	720	1440
	蛊	180		720	
10	临	168	336	704	1408
	观	168		704	
11	噬嗑	180	360	720	1440
	贲	180		720	
12	剥	156	312	688	1376
	复	156		688	
13	无妄	192	384	736	1472
	大畜	192		736	
14	颐	168	360	704	1440
	大过	192		736	
15	坎	168	360	704	1440
	离	192		736	

续表

岁次	卦名	折数	合折数	轨数	合轨数
16	咸	180	360	720	1440
	恒	180		720	
17	遁	192	384	736	1472
	大壮	192		736	
18	晋	168	336	704	1408
	明夷	168		704	
19	家人	192	384	736	1472
	睽	192		736	
20	蹇	168	336	704	1408
	解	168		704	
21	损	180	360	720	1440
	益	180		720	
22	夬	204	408	752	1504
	姤	204		752	
23	萃	168	336	704	1408
	升	168		704	
24	困	180	360	720	1440
	井	180		720	
25	革	192	384	736	1472
	鼎	192		736	
26	震	168	336	704	1408
	艮	168		704	
27	渐	180	360	720	1440
	归妹	180		720	

续表

岁次	卦名	折数	合折数	轨数	合轨数
28	丰	180	360	720	1440
	旅	180		720	
29	巽	192	384	736	1472
	兑	192		736	
30	涣	180	360	720	1440
	节	180		720	
31	中孚	192	360	736	1440
	小过	168		704	
32	既济	180	360	720	1440
	未济	180		720	

表3-4中折数即策数，其算法是，阳爻以四九为法，阴爻以四六为法，然后分别乘以各卦的阴、阳爻数，所得之数即是各卦策数。如乾卦六爻皆阳，乘以四九，得二百一十六，此即乾卦策数。坤卦六爻皆阴，乘以四六，得一百四十四，此即坤卦策数。可以看出，策数仅用老阳（九）、老阴（六）之数，而轨数则老阳（九）、少阳（七）、老阴（六）、少阴（八）之数皆用之。六十四卦策数总共为一万一千五百二十，轨数总共为四万六千零八十。这样每卦的平均轨数就是七百二十，在《乾凿度》卷下看来，这是文王的世轨法。尧则以七百六十为世轨，其以部首为法，一部首二十纪，一纪七十六岁，一部首共一千五百二十岁，中分则为尧之轨度。

在轨数、折数的基础上，《乾凿度》卷下又提出帝王受命的四十二世说。其说：

孔子曰：三万一千九百二十岁，录图受命，易姓三十二纪。德有七，其三法天，其四法地。五王有三十五，半圣人君子，消息卦纯者为帝，不纯者为王，六子上不及帝，下有过王，故六子虽纯，不为乾坤。

根据前人所说，“三十二纪”当作“四十二轨”。“五王”之“五”为衍字。按照尧之轨数，一世轨七百六十年，四十二世轨总共三万一千九百二十岁。所谓四十二世轨就是乾坤六子加上三十六消息卦。《稽览图》卷下对此作了详细说明：

复一	十三	二十五
临二	十四	二十六
泰三	十五	二十七
大壮四	十六	二十八
夬五	十七	二十九
乾六	十八	三十
姤七	十九	三十一
遁八	二十	三十二
否九	二十一	三十三
观十	二十二	三十四
剥十一	二十三	三十五
坤十二	二十四	三十六

震三十七
巽三十八
坎三十九
离四十
艮四十一
兑四十二

右易姓四十二，消息三十六，六子在其数，合八十四戒，各有所系而出之。

这把十二消息卦和乾坤六子卦合起来共主四十二世，其中十二消息卦每卦主三世，因此共主三十六世。这四十二世又有帝、王、圣人、君子、小人等不同，《乾凿度》卷下说：“孔子曰：推即位之术：乾坤三，上中下。坤变初六曰复，正阳在下为圣人，故一圣、二庸、三君子、四庸、五圣、六庸、七小人、八君子、九小人、十君子、十一小人、十二君子、十三圣人、十四庸人、十五君子、十六庸人、十七圣人、十八庸人、十九小人、二十君子、二十一小人、二十二君子、二十三小人、二十四君人、二十五圣人、二十六庸人、二十七君子、二十八庸人、二十九圣人、三十庸人、三十一小人、三十二君子、三十三小人、三十四君子、三十五小人、三十六君子、三十七圣人、三十八庸人、三十九君子、四十小人、四十一圣人、四十二庸人。”坤卦初爻为阴爻，其变为阳爻则为复卦，此时阳爻处于正位，因此一世轨为圣人。此后按照阴阳二爻变化，各个世轨有着不同的名称。大体来说，如果阴阳二爻当位，则为圣人、君子，否则则为庸人、小人，正如郑玄所说：“三十二君之率，阳得正为圣人，失正为庸人；阴失正为小人，得正为君子。”

《乾凿度》卷下还进一步对四十二轨的消亡之数作了论述，其说：

> 孔子曰：极至德之世，不过此。乾三十二世消，坤三十六世消，代圣人者仁，继之者庸人，仁世淫，庸世貇。二阴之精射三阳，当卦自扫。知命守录，其可防钩铃，解命图兴。孔子曰：丘文以候授明之出莫能雍。孔子曰：复十八世消，以三六也；临十二世消，以二六也；泰三十世消，以二九、二六也；大壮二十四世消，以二九、一五也；夬三十二世消，以三九、一四也。孔子曰：姤一世消，无所据也；遁一世消，据不正也；否十世消，以二五也；观二十世消，以二五、四六也；剥十二世消，以三四也。

这是说无论德行如何，十二消息卦的世轨都有一定的定数。不过德行好的时间会长久一些，如乾、坤二卦。其余消息卦的世数则会少一些。这种世数的消亡也是按照卦爻的当位与否来计算的，其中阳爻以九乘之，阴爻以六乘之。如复卦二、四、六爻当位，三爻皆阴，以六乘之得十八世。又如泰卦一、三、四、六爻当位，一、三为阳，以九乘之得十八世，二、四为阴，以六乘之得十二世，二者相加即泰卦的世数。其中临卦例外，本来临卦一、四、六三爻当位，其世数应为二十一世（$1\times9+2\times6=21$），但实际上其世数仅按阴爻来算。郑玄解释说：“复反临，不以一九数者，复初九无据。”意思是说复、临二卦初爻皆阳，由复及临，初爻没有变化，因此，初九不在算内。此外，姤、遁等卦的世数则不按此种方法计算。

不难看出，《易纬》作者企图通过轨数、折数及四十二世说来编造一套帝王受命的理论。在他们看来，帝王受命都是被安排好的，期限到了就会改朝换代。不但帝王受命可以通过轨数来计算，就连灾异发生也可以通过轨数来计算，如《乾凿度》卷下说："孔子曰：以爻正月为享国数，存六期者天子，求水旱之厄以位入轨年数，除轨算尽，则厄所遭也。甲乙为饥，丙丁为旱，戊己为中兴，庚辛为兵，壬癸为水，卧算为年，立算为日。必除先入轨年数水旱兵饥得矣，如是乃救灾度厄矣。"

第四章

《乾坤凿度》中的“乾凿度”与“坤凿度”

在现存《易纬》八篇中，《乾坤凿度》的真伪历来受到怀疑。大多数学者认为其是宋人伪作。我们在前面通过考证，证明其并非伪作，而是原本就有的《易纬》之一。虽然《乾坤凿度》并非伪作，但其在思想内容和写作风格上与其余各篇都有很大差别，具有很强的道家特征。从思想内容来看，其在《周易》的起源、作者、八卦阐释及象数观等方面都有自己独特的看法和思想，在易学史上有着不可忽视的地位和作用。

一 《乾坤凿度》的道家特征

《周易》本为卜筮之书。到了战国，儒家有意识的对《周易》进行哲理化和伦理化的解释，从而使其变成一部哲理之书。《易传》就是这种解释的代表。为了表明其解释的权威性，《易传》的作者还借着孔子的名义来阐发其思想，此点在《系辞》中表现得最为明显。另外，我们在马王堆帛书《易传》中也能看到这一点。

自汉武帝后，儒家独尊，五经成为国家的正统意识形态。孔子的地位更加显著，当时不仅儒生推崇孔子，就连方士等人亦借助孔子的名声来抬高他们的政治地位。纬书就是在这种情况下产生的。相对经书而言，纬书对于孔子的态度是不言而喻的。其不仅仅满足于孔子的圣人地位，而且还进一步把孔子推崇到“神”的地位。因此，我们在纬书中能够到处看到神化孔子的内容。《易纬》当然也不例外。

在《易纬》中，除了《乾坤凿度》外，其余各篇大都托孔子之名来展开它们的思想。而《乾坤凿度》则不同，其在一开始就表明了它的道家立场：

黄帝曰：太古百皇，辟基文籀。遽理微萌，始有熊氏，知生化柢，晤兹天心。譩念虞思慊惔，虑万源无成。既然物出，始俾太易者也。太易始著，太极成，乾坤行。老神氏曰：性无生，生复体，天性情，地曲巧，未尽大道，各不知其自性，乾坤既行，太极大成。黄帝曰：圣人索颠作天，索易以地，俯仰而象，远近而物，浩而功，然而立。太古断元，圣人法地，极先生而设位，物成而丽诸形，错煸以文，改茹以鱼，虞兽以韦，上齿以寿，法物以谡，析菥以策，运蓍以数，王天下者也。太易变，教民不倦，太初而后有太始，太始而后有太素，有形始于弗形，有法始于弗法。（卷上）

这里不仅提到黄帝，而且提到老神氏。这些都是道家推崇的人物。在思想内容上，我们也能看到其受道家影响的痕迹，如“性无生”、“大道”、“太始”、“太素”、“有形始于弗形”等。此外，“太易变，教民不倦，太初而后有太始，太始而后有太素，有形始于弗形，有法始于弗法”等内容显然来源于《乾凿度》。这里又以黄帝的口吻把它表现出来，其道家的立场就更加明显了。

我们知道，儒家自孔子以来便对万物起源、宇宙形成等天道问题缺乏兴趣，“夫子之言性与天道不可得而闻也”（《论语·公冶长》）。而道家自老子开始，对宇宙问题便有追根溯源的兴趣。老子认为“道”是宇宙万物的根源，万物皆从“道”生出，“天下万物生于有，有生于无”（第四十章）。又说：“道生一，一生二，二生三，三生万物。”（第四十二章）这就是说万物是从“无”生出来的，而“道”即是这个“无”。《庄子》也认为宇宙是从“无”开始的，如《天地》说：“泰初有‘无’，‘无’有无名。一之所起，有一而未形。物得以生谓之德；未形者有分，且然无间谓之命；留动而生物，物成生理谓之形；形体保神，各有仪则谓之性。”《知北游》说：“夫昭昭生于冥冥，有伦生于无形，精神生于道，形本生于精，而万物以形相生。”《庚桑楚》说：“天门者，无有也。万物出乎无有，有不能以有为有，必出乎无有。”与老子相同，这些都认为万物是从无形中生出来的。到了汉代，《淮南子》、严遵等无不是这种思维方式。如《淮南子·原道训》说：“所谓无形者，一之谓也。……是故视之不见其形，听之不闻其声，循之不得其身，无形而有形生焉，无声而五音鸣焉，无味而五味形焉，无色而五色成焉。是故有生于无，实出于虚。”严遵说：“道德变化，陶冶元首，禀授性命乎太虚之域、玄冥之中，而万物混沌始焉。神明（交），清浊分，太和行乎荡荡之野、纤妙之中，而万物生焉。”（《老子指归·不出户章》）《乾坤凿度》这种追溯万物起源的思维方式，显然源于道家。在宇宙形成上，也受到道家从无生有思想的影响，“有形始于弗形，有法始于弗法”。我们在其他地方也能看到《乾坤凿度》所受黄老思想的影响，如其说：“黄帝曰：观上古圣，驱駉元化，劈楷万业，徒得为懋，训究体译。……得元气，澄阴阳，正易大行，万汇生。上古变文为字，变气为易，画卦为象，象成设位。”（卷上）“黄帝曰：天地宜尽阖，地道距水澈，女娲断定足，其隤一址。坤母运轴，而后大央氏、百庭氏、大元氏，立坤元，成万物，度推其理，释译坤性，生育百灵，效法之道矣。”（卷下）

从战国时期开始，黄老思想便对当时的政治、文化产生了重要的影响。无论是精英文化，还是民间意识，都受到黄老思想的影响。《史记·孟子荀卿列传》说：“慎到，赵人。田骈、接子，齐人。环渊，楚人。皆学黄老道德之术。”《老庄申韩列传》说：“申子之学，本于黄老而主刑名。……韩非者，韩之诸公子也。喜刑名法术之学而其归本于黄老。”除了这些当时的思想家学习黄老之学外，当时天文、历谱、五行等术数文献中亦有大量假托黄帝的书。据《汉书·艺文志》记载，诸子略中道家有黄帝书四种七十八篇，阴阳家、小说家各有一种六十篇；兵书略中兵阴阳有一种十六篇图三卷。数术略中有五种九十四卷又三十三篇。方技略中有九种一百六十六卷。[①] 具体如下：

道家：《黄帝四经》四篇；《黄帝铭》六篇；《黄帝君臣》十篇；《杂黄帝》五十八篇。

阴阳家：《黄帝泰素》二十篇。

小说家：《黄帝说》四十篇。

兵阴阳：《黄帝》十六篇，图三卷。

天文：《黄帝杂子气》三十三篇。

历谱：《黄帝五家历》三十三卷。

五行：《黄帝阴阳》二十五卷；《黄帝诸子论阴阳》二十五卷。

---

① 任继愈：《中国哲学发展史》（秦汉卷），人民出版社 1985 年版，第 98 页。

杂占：《黄帝长柳占梦》十一卷。

医经：《黄帝内经》十八卷；《外经》三十七卷。

经方：《泰始黄帝扁鹊俞拊方》二十三卷；《神农黄帝食禁》七卷。

房中：《黄帝三王养阳方》二十卷。

神仙：《黄帝杂子步引》十二卷；《黄帝岐伯按摩》十卷；《黄帝杂子芝菌》十八卷；《黄帝杂子十九家方》二十一卷。

除了直接伪托黄帝外，还有许多伪托黄帝大臣的，如《封胡》五篇、《风后》十三篇、《力牧》十五篇、《鵊冶子》一篇、《鬼容区》三篇。从上面所列，可以看出黄老思想所涉及的范围是相当广泛的。举凡天文、阴阳、历谱、五行、医经、神仙等术数文化无不受其影响。黄老思想在汉初也有着广泛的势力，曾一度为统治者所接受。汉初丞相陈平即好黄老之学。《史记·外戚世家》说：“窦太后好黄帝老子言，帝及太子诸窦不得读不黄帝老子，尊其术。”窦太后是汉景帝的母亲，因为她喜欢黄老之学，所以使景帝、太子等都学黄老思想。湖南长沙马王堆汉墓出土的帛书《黄帝四经》等就证明了当时黄老思想的影响之大。汉武帝“独尊儒术”后，黄老之学虽有衰微，但并未完全失去影响。《汉书·艺文志》所列举的黄老之学的著作便是明证。《艺文志》是班固根据刘歆《七略》而来的，这说明在西汉中后期黄老之学仍有着很大的影响。《乾坤凿度》即是在这种情况下诞生的。当时纬书已经流行，《乾坤凿度》作者又受到黄老之学的影响，因此，托名伏羲而写了一篇关于黄老之学的纬书著作。

从上面可以看出，在《乾坤凿度》看来，“太易”是万物的本源，万物皆由其产生。在此基础上，《乾坤凿度》还编造了一个“太易”传承的谱系。其卷上说：

黄帝曰：圣人索颠作天，索易以地，俯仰而象，远近而物，浩而功，然而立。太古断元，圣人法地，极先生而设位，物成而丽诸形，错煸以文，改茹以鱼，虞兽以韦，上齿以寿，法物以役，析菥以策，运蓍以数，王天下者也。太易变，教民不倦，太初而后有太始，太始而后有太素，有形始于弗形，有法始于弗法。极先元见，轨辙像偎，章流立文，以诂息孙，而后传授天老氏，而后传授于混沌氏，而后授天英氏，而后传无怀氏，而后传授中孙炎帝神农氏。中圣古法淳物，元造不足，益之器用，农谷衣蘁。高以饰乘，卑以饰足。而后传烈山氏，而后授三孙帝鼊氏，次授老孙氏，公孙轩辕氏益之法，神器车符，文左武右，三器备御。自上古及下帝孙，大熟化演，设民弗倦，益物弗限，尽秘先之。旨阙接引，圣人显其机智。

这里文字佶屈聱牙，多不可晓。不过其中有一个“太易”传承的谱系还是明白的。郑玄在“圣人索颠作天，索易以地，俯仰而象，远近而物，浩而功，然而立”下注曰：“古圣人有巢氏求索颠危之意，若天之悬远；求平易之理，若地之顺道。又庖犠氏中圣，始画八卦，错文字契……”郑玄在这里把圣人分为有巢氏、庖犠氏两个阶段，未必符合《乾坤凿度》原意。从文意来看，圣人应指庖犠氏。此显然受到《系辞下》“古者包牺氏之王天下也，仰则观象于天，俯则观法于地，观鸟兽之文与地之宜，近取诸身，远取诸物，于是始作八卦”的影响。然后传给“息孙”，然后传给天老氏、混沌氏、天英氏、无怀氏，此为第一阶段。而后从中孙炎帝神农氏开始，传给烈山氏，此为第二阶段。第三阶段从三孙帝鼊氏开始，传给老孙氏、公孙轩辕氏。此外，《乾坤凿度》卷下还有一个坤道的传承谱系，其说：“黄帝曰：天地宜尽阖，地道距水澈，女娲断定足，其隤一址。坤母运轴，而后大央氏、百庭氏、大元氏，立坤元，成万物，度推其理，释译坤性，生育百灵，效法之道矣。”这个传承谱系从女娲开始，然后传给坤母、大央氏、百庭氏、大元氏。

从上面传承谱系中，我们可以看到很多道家推崇的人物，如天老氏、混沌氏、无怀氏等。《乾坤凿度》这种“太易”的传承谱系可能受到《庄子》的影响。《庄子》在《大宗师》中也描述了一个“道”的传承谱系，其说：

夫道，有情有信，无为无形；可传而不可受，可得而不可见；自本自根，未有天地，自古以固存；神鬼神帝，生天生地；在太极之先而不为高，在六极之下而不为深，先天地生而不为久，长于上古而不为老。豨韦氏得之，以挈天地；伏戏氏得之，以袭气母；维斗得之，终古不忒；日月得之，终古不息；堪坏得之，以袭昆仑；冯夷得之，以游大川；肩吾得之，以处大山；黄帝得之，以登云天；颛顼得之，

> 以处玄宫；禺强得之，立乎北极；西王母得之，坐乎少广，莫知其始，莫知其终；彭祖得之，上及有虞，下及五伯；傅悦得之，以相武丁，奄有天下，乘东维、骑箕尾而比于列星。

庄子这里描述了一个“道”的传承谱系，从狶韦氏开始，经过伏羲氏、堪坏、冯夷、黄帝、西王母等，最后传到傅悦。《乾坤凿度》的思想应该受到《庄子》的影响。这种影响还表现在其他地方，如卷下提到“圣与造游”，这显然与庄子“上与造物者游”的思想有关。

二 《乾坤凿度》论《易》之起源与作者

就现有文献来看，最早对《周易》起源与作者论述的是《易传》。《易传·系辞下》说：“古者包牺氏之王天下也，仰则观象于天，俯则观法于地，观鸟兽之文与地之宜，近取诸身，远取诸物，于是始作八卦，以通神明之德，以类万物之情。”这是说八卦是由伏羲氏观测自然界中所显现的纹理和表象而作的。《系辞下》又说：“《易》之兴也，其当殷之末世，周之盛德邪？当文王与纣之事邪？”“《易》之兴也，其于中古乎？作《易》者，其有忧患乎？”这是说《易》形成的时间是在殷末周初。这里所说的《易》是指《易经》六十四卦卦爻辞，同时，也说明《易》的形成与文王有关。

《易纬》对于《周易》起源的说法沿袭了《易传》，也认为八卦是伏羲氏所作。《乾凿度》卷上说：

> 孔子曰：方上古之时，人民无别，群物无殊，未有衣食器用之利，于是伏羲乃仰观象于天，俯观法于地，中观万物之宜，始作八卦，以通神明之德，以类万物之情。故易者，所以经天地、理人伦而明王道。……伏羲氏之王天下也，始作八卦，结绳而为网罟，以田以渔，盖取诸离。质者无文，以天言，此易之意。夫八卦之变，象感在人，文王因性情之宜，为之节文。

这完全袭取了《易传》的说法，并有所引申。不过值得注意的是，这里把八卦分成两个方面，一是“质”的方面，一是“文”的方面。“质”

的方面由伏羲所作，而“文”的方面则由文王所作。“质”的方面可能指伏羲所作八卦还比较质朴，没有文饰；经过文王才把八卦用于人事。

对于《周易》经传的形成，《汉书·艺文志》说：

《易》曰：“宓戏氏仰观象于天，俯观法于地，观鸟兽之文与地之宜，近取诸身，远取诸物，于是始作八卦，以通神明之德，以类万物之情。”至于殷、周之际，纣在上位，逆天暴物，文王以诸侯顺命而行道，天人之占可得而效，于是重《易》六爻，作上下篇。孔氏为之《彖》、《象》、《系辞》、《文言》、《序卦》之属十篇。故曰《易》道深矣，人更三圣，世历三古。

这是说《周易》的八卦、六十四卦、《十翼》分别由伏羲、文王和孔子所作。同时也说明《周易》非一时形成，也非一人所作，这种看法应该是比较正确的。其实在《乾坤凿度》中就已经提到了类似的说法，其卷下说：

庖氏著《乾凿度》上下文，娲皇氏，《地灵母经》。炎帝皇帝，有《易灵纬》。公孙氏。《周易》。孔子附，仲尼，鲁人。生不知《易》本，偶筮其命得旅，请益于商瞿氏，曰：“子有圣智而无位。”孔子泣而曰：“天也，命也，风鸟不来，河无图至，呜呼，天命之也。”叹讫而后，息志停读，礼止史削，五十究《易》，作《十翼》，明也，明《易》几教。若曰，终日而作，思之于古圣，颐师于姬昌，法旦，作九问十恶，七正八叹，上下系辞，大道大数，大法大义。《易》书中为通圣之问，明者以为圣贤矣。

这段话比较拗口，不过大致意思还是能够明白。伏羲作有《乾凿度》，女娲有《地灵母经》，炎帝有《易灵纬》，然后有《周易》，有《易传》。其中说到公孙氏，不知是何人，也不知道《周易》是否和他有关。因为如果把他和《周易》断为一句，则《周易》就成了他作的了。不过按照郑玄的解释，应该断为两句，也就是说《周易》不是公孙氏所作。郑玄注“公孙氏”曰：“公孙氏，老孙氏，名轩辕，文法改籀篆，理文作契，典坟、八册、九简、十牍，咸《易》变大道之理，法一依上。大庖氏之制也，作

《易》八坟，文释八卦之理，性体元义，增之一如上法，遭之阳九百六，不沉于泉，天降圣文，万代不泯，后附之。”郑玄的注文并不比原文好懂，这里说的公孙氏是指“轩辕”黄帝，他演绎古代的文字（籀篆），作了“典坟、八册、九简、十牍”等来说明《易》的“大道之理”，然后大庖氏又用“八坟”来解释八卦。这与《乾坤凿度》题目下写的“庖羲氏先文，公孙轩辕氏演籀，苍颉修为上下二篇”是一致的，不过这里的大庖氏似乎与伏羲氏不应为一人。在“《周易》”下郑玄注曰：“文王姬昌之修，明修作之始也。圣教多难，唯圣与贤知之，于太古垂训，至孙公之后，大百六数终遇雨大浩。”郑玄认为《周易》是文王所作，不过按照文意似乎《周易》应为公孙氏所作，或文中有脱文。文中还说了孔子作《十翼》的情况，其中提到“商瞿氏”。按《史记·儒林列传》说：“自鲁商瞿受《易》孔子，孔子卒，商瞿传《易》，六世至齐人田何。”《汉书·儒林传》也说：“自鲁商瞿子木受《易》孔子，以授鲁桥庇子庸。子庸授江东馯臂子弓，子弓授燕周丑子家。子家授东武孙虞子乘。子乘授齐田何子装。”据此，商瞿是孔子传《易》的弟子，但《易纬》说：“孔子附，仲尼，鲁人。生不知《易》本，偶筮其命得旅，请益于商瞿氏。”似乎是孔子请教商瞿，未知其所据。盖《乾坤凿度》作者误把“受”读成“授”，故有此误解。

书中还对孔子作《十翼》的情况作了论述，说孔子“五十究《易》，作《十翼》，明也，明《易》几教。若曰，终日而作，思之于古圣，颐师于姬昌，法旦，作九问十恶，七正八叹，上下系辞，大道大数，大法大义。”这里的《十翼》是不是现在通行的《十翼》，还值得探讨。因为其下又说孔子“作九问十恶，七正八叹，上下系辞，大道大数，大法大义”。如果按照这个说法，则这里的《十翼》是指《九问》、《十恶》、《七正》、《八叹》、上下《系辞》、《大道》、《大数》、《大法》、《大义》。文献不足征，除了《系辞》之外，余未知其说为何。不过当时解释《易经》的著作，并非仅《易传》的十种，是可以肯定的。马王堆出土的帛书《周易》中的“易传”与通行《易传》不同，除了《系辞》之外，还有《二三子问》、《易之义》、《要》、《缪和》、《昭力》等。据此，有学者考证战国及汉初，有多种《易传》流行。① 西晋太康二年（281 年），在汲郡曾由于盗

① 王博曾撰文指出当时存有多种《易传》。见其《从帛书〈易传〉看今本〈系辞〉的形成过程》，《道家文化研究》（第 3 辑），上海古籍出版社 1993 年版。

墓者而发现魏襄王墓（公元前318—前296年）中的《周易》，与当时流行的《周易》有所不同，“其《易经》二篇，与《周易》上下经同，《易繇阴阳卦》二篇与《周易》略同，繇辞则异，《卦下易经》一篇，似《说卦》而异”（《晋书·束皙传》）。这说明在战国时候有不同的《易传》流行，而马王堆的出土更加证实了这一点。且汉代把那些解释《易经》的书，也称为《易》或《易传》，如《易纬》也简称《易》，京房的解易著作也称《京氏易传》。所以《易纬》所说的“九问十恶，七正八叹，上下系辞，大道大数，大法大义”。可能也是当时《易传》一类的书。我们除了知道《系辞》之外，其余皆未所闻。《九问》可能是与帛书《二三子问》、《缪和》、《昭力》相似，是孔子弟子或旁人向孔子问《易》的书；《大义》可能与《易之义》相似，是说明《易》之大义的书；《大道》、《大法》大概讲《易》的总的道理和法则，可能与帛书《要》相似；其余如《十恶》可能是孔子借《易》而批判“十恶”的（古有“十恶”之罪，未知与此有关否?），《七正》、《八叹》可能也是孔子读《易》而阐发的，具体未详其所指，《大数》可能是讲《易》数的。不过《春秋说题辞》又说：“《易》者，气之节，含五精，宣律历，上经象天，下经计历，《文言》立符，《象》出期节，《彖》言变化，《系》设类跡。”又提到《文言》、《象》、《彖》等，与通行《易传》同。

从上面我们还可以看出，《乾坤凿度》认为《周易》是从古代文字演化而来的，“庖羲氏先文，公孙轩辕氏演籀”。《乾坤凿度》卷上说：

> 太古文目：先《元皇介》而后有《垂皇策》，而后有《万形经》，而后有《乾文纬》，而后有《乾凿度》，而后有《考灵经》，而后有《制灵图》，而后有《河图八文》，而后有《希夷名》，而后有《含文嘉》，而后有《稽命图》，而后有《坟文》，而后《八文》大籀，而后有《元命包》，一十四文大行，帝用《垂皇策》与《乾文纬》、乾坤二《凿度》，此三文说《易》者也。

《元皇介》、《垂皇策》、《万形经》、《乾文纬》、《乾凿度》等都是古代的十四种文字，后来《垂皇策》、《乾文纬》与《乾坤凿度》被用来说《易》。其实在《易纬》中，八卦就是由古文八字演化而来。“☰古文天字，今为乾卦，重圣人重三而成，立位得上下，人伦王道备矣，亦川字，覆万物。☷古地字，輈于乾，古圣人以为坤卦。此文本于《坤凿度》录，后人益之，对乾位也。”（《乾坤凿度》卷上）“重圣人重三而成”中“重圣人”的“重”字，据下文可能为“古”字，或为衍文。其他如巽卦卦象为古风字、艮卦卦象为古山字、坎卦卦象为古坎字、离卦卦象为古火字、震卦卦象为古雷字、兑卦卦象为古泽字。可见《乾坤凿度》作者认为八卦是从古文字而来的，其卷上又说：“黄帝曰：观上古圣，驱駉元化，劈楷万业，徒得为懋，训究体译，元肇颐浚，澳作沐悬心，轮薄不息，以启三光，上飞籥风雨，下突濟河沱，得元气，澄阴阳，正《易》大行，万汇生。上古变文为字，变气为《易》，画卦为象，象成设位。”这段文字佶屈聱牙，多不可晓。大概意思是说，上古圣人打破元气，促使万物，然后按照天地所显示的纹理作成字和《易》，从而产生卦象和卦位。

三 《乾坤凿度》论乾坤二卦

无论在《易经》还是在《易传》中，乾坤二卦都占有非常重要的地位。在《易经》中，乾坤二卦据于前二位，且“用九”“用六”的爻辞为其他六十二卦所无，显示了乾坤二卦的特殊性和重要性。在《易传》中，除了《文言》对乾坤二卦单独作解释以外，《系辞上》还说：“乾坤，其《易》之缊邪？乾坤成列，而《易》立乎其中矣。乾坤毁，则无以见《易》。《易》不可见，则乾坤或几乎息矣。”“乾坤，其《易》之门耶？乾，阳物也；坤，阴物也。阴阳合德，而刚柔有体。以体天地之撰，以通神明之德。”帛书《周易》中的《易之义》也说：“《易》曰：有名焉曰乾。乾也者，八卦之长也。九也者，六爻之大也。……《易》有名曰坤，雌道也。……子曰：《易》之要，可得而知矣。乾、坤也者，《易》之门户也。”可见，不论是通行《易传》还是帛书《易传》都把乾坤二卦看作《易》的门户，也就是说，我们通过乾和坤才能了解《易》的根本大义。乾坤二卦之所以能占有如此的地位，可能与其卦象的特殊性有关，因为二卦的六爻皆为阳或阴。而阴阳是《周易》一个非常重要的特征，《庄子·天下》说：“《易》以道阴阳。”而且在《说卦》中乾坤为父母卦，其余六卦都是由此二卦所生，然后又推出六十四卦。

《易纬》作者认为乾坤二卦在《周易》中有着非常重要的作用，《乾凿度》卷上说：“孔子曰：乾坤，阴阳之主也。……乾坤者，阴阳之根本，万物之祖宗也。”这显然受到《易传》思想的影响。

在《乾凿度》的基础上，《乾坤凿度》对乾、坤二卦也作了具体的论述。其解释乾曰：“乾者，天也，川也，先也。川者，倚竖天者也。乾者，乾天也，又天也。乾，先也。乾，训健，壮健不息，日行一度。”此文意颇有些难懂，大概是说乾有天、川、先、健等意思。天、健二意为《说卦》所有。“川”可能是从其字形与乾卦卦象相似而言的，“先”可能是说乾在古文八卦中最先产生。“乾者，乾天也，又天也”可能是说乾卦由三画重为六画，所以说“乾、天也，又天也”，即乾卦代表“乾”和“天”相重或两“天”相重。对于坤卦，《乾坤凿度》卷下作了详细的说明。《易纬》作者认为《坤凿度》是“太古变乾之后，次《坤凿度》”，即圣人在作完《乾凿度》之后才作的《坤凿度》，因为“坤”在形成上要晚于“乾”。作者分别论述了“坤有十性”、“坤有八色”、“坤属”、“坤性体”、“坤有变化”等“坤”的性质。所谓“坤有十性”是指：坤为人门、坤德厚、坤有势、坤多利、坤元有信、易平（按：二字当为衍文）坤道平易、坤有大策、坤纯阴正、坤法为人腹、坤道有闭。除了“人门”外，其余皆能在《周易》经传中找到根据。如“坤德厚，坤有势”，《象传》有“地势坤，君子以厚德载物”；“坤法为人腹”，《说卦》有“坤为腹”；“坤道有闭”，《文言》有“天地闭，贤人隐。《易》曰：‘括囊，无咎无誉’”等。“人门”指《乾坤凿度》卷上提到的“乾、坤、巽、艮四门”，其中乾为天门、坤为人门、巽为风门、艮为鬼冥门。书中还论述了“坤有八色”、“坤属”、“坤有变化”等，如“坤有八色：东下西上，北黑南轻，中殷甘滋，厥土厚肌。东咸西淡，南污北荒”，这里数不足八，未知其所指。可能指地（坤）上八方的地理情况。“坤属”是指离、巽、兑三卦皆属于坤，因为此三卦在《说卦》中皆由坤所生。“坤性体”是指“坤”有刑杀、默塞、沉厚三种性质和作用。“坤有变化”是指“坤”有虚、简顺、洁凝三种变化形态。可以看出，《乾坤凿度》虽然对乾坤二卦作了解释和论述，但多数思想都能在《易经》或《易传》中找到根据，这说明《易纬》对《周易》经传的内容作了进一步的引申和阐发。

《乾坤凿度》还对乾坤二卦的关系作了论述，其卷下说：

> 坤道成，坤大輔，上发乃应。庖氏曰：坤輔于乾顺，亨贞。輔依乾而行，乾一索而男，坤一索而女，依乾行道。乾为龙，纯颢气，气

若龙，坤为马。乾为父，坤为母，皆軵顺天道，不可违化。乾君坤臣。乾称德三，坤以奉六，故成乾九。乾二十五，坤軵三十。乾位六爻，坤承奉六。右乾覆坤，乾元三含两坤，乾大策含坤小策，大含小，下軵上，圣人裁以天地，膊軵而养万源，正其道。

这显然受到《易传》思想的影响。《易传》认为乾为坤之主宰，而坤附属于乾，如《坤·彖传》：“至哉坤元，万物资生，乃顺承天。”《坤·文言》：“坤道其顺乎！承天而时行。”《乾坤凿度》对这一思想进行了发挥，认为坤附于乾，“依乾行道”，所以乾为龙、为君、为父，而坤为马、为臣、为子。同时认为乾包含坤，“乾覆坤”，所以“乾元三含两坤，乾大策含坤小策”。所谓“乾元三含两坤”可能是指乾（天）数三包含坤（地）数二。“乾大策含坤小策”是指乾之策数二百一十六包含坤之策数一百四十四。

四 《乾坤凿度》的“四门”、“四正”说

八卦是《周易》最为基本的卦，所以又称为“八经卦”，前面我们已经说了八卦是由古代文字演变而来的。《说卦》专门论述八卦，而《乾坤凿度》也对八卦作了特殊的安排，认为“乾、坤、巽、艮”四卦为“四门”，“坎、离、震、兑”四卦为“四正”。

对于乾、坤、巽、艮“四门”，《乾坤凿度》卷上曰：

乾为天门，圣人画乾为天门。万灵朝会众生成，其势高远，重三三而九，九为阳德之数，亦为天德，天德兼坤数之成也，成而后有九。《万形经》曰：天门辟元气，《易》始于乾也。

坤为人门，画坤为人门，万物蠢然，俱受荫育，象以准此坤能，德厚迷远，含和万灵，资育人伦，人之法用，万门起于地利，故曰人门。其德广厚，迷体无首，故名“无疆”。数生而六，六者纯阴，怀刚杀德，配在天，坤形无德，下从其上，故曰“顺承”者也。

巽为风门，亦为地户。圣人曰：乾坤成气，风行天地，运动由风气成也。上阳下阴，顺体入也。能入万物，成万物，扶天地，生散万物，风以性者。圣人居天地之间，性禀阴阳之道，风为性体，因风正

圣人性焉。《万形经》曰：二阳一阴，无形道也。风之发泄，由地出处，故曰地户。户者，牖户通天地之元气，天地不通，万物不蓄。

艮为鬼冥门。上圣曰：一阳二阴，物之生于冥昧，气之起于幽蔽，《地形经》曰：山者，艮也，地土之余，积阳成体，石亦通气，万灵所止，起于冥门，言鬼，其归也，众物归于艮。艮者，止也，止宿诸物，大齐而出，出后至于吕申，艮静如冥暗，不显其路，故曰鬼门。

乾为“天门”，因为其象象天，乃天下万物朝会之处。而九为天德，乾为万物之始出，故言之也。坤为“人门”，因为坤有厚德，天下万物俱受其滋育，人伦亦不例外。且能为人效法，万门皆起于此，故为“人门”。“无疆”、“顺承”皆《彖传》文。其数为六，六为纯阴，其德以杀为主，因此，坤没有德性，只能与天相配，所以《彖传》说：“至哉坤元，万物资生，乃顺承天。”巽为“风门”，乾坤成气，其行皆由风气成也。风能出入万物，扶持天地。圣人能够居于天地之间，禀持阴阳之道，都是因为风能正圣人之性的缘故，意似《论语·颜渊》之“君子之德风”。又因风从地出，故曰地户。艮为“鬼冥门”，因艮卦卦象为一阳二阴，且初爻为阴，故言“物之生于冥昧，气之起于幽蔽”也。又因艮有止义，能止万物而为万物之归，故又称鬼门。冥言其始而鬼言其归，故曰“鬼冥门”也。

对于坎、离、震、兑“四正”，《乾坤凿度》卷上曰：

月，坎也，水魄，圣人画之，二阴一阳，内刚外弱。坎者水，天地脉，周流无息。坎不平，月水满而圆，水倾而昃（疑为“月圆而昃，水满而倾”），坎之缺也。月者阙，水道，圣人究得源脉，浰涉沦涟，上下无息，在上曰汉，在下曰脉，潮为浍随，气曰濡，阴阳礴礉为雨也。月，阴精，水为天地信，顺气而潮，潮者，水气来往，“行险而不失其信”者也。

日离，火宫，正中而明，二阳一阴，虚内实外，明天地之目。《万形经》曰：太阳顺四方之气。古圣曰：烛龙行东时肃清，行西时嘔噢，行南时大啜，行北时严杀。顺太阳实元，煖熯万物。形以乌离，烛龙四方，万物向明，承惠煦德，实而迟重，圣人则象，月即轻疾，日则凝重，天地之理然也。

雷木震，日月出入门。日出震，月入于震，震为四正德，形鼓万物不息。圣人画之，二阴一阳，不见其体，假自然之气，顺风而行，成势作烈，尽时而息。天气不和，震能飙息，万物不长，震能鼓养。《万形经》曰：雷，天地之性情也。情性之理自然。

泽金水兑，日月往来门，月出泽，日入于泽。四正之体，气正元体，圣人画之，二阳一阴，重上虚下实，万物燥。泽可及天地怒，泽能悦万形恶，泽能美应天顺人。承顺天者，不违拒，应人者，泽滋万业，以帝王法之，故曰：泽润，天地之和气然也。

在《说卦》中，坎既为水，又为月，故《乾坤凿度》以二者释之。其为水，则为天地之脉，流动不息。如果坎象不平，则月、水皆会有相应变化，月圆则昃，水满则倾。圣人究得天地源脉，则能上下不息。水又代表天地之信，故能“行险而不失其信”（《彖传》）。离则为火为日，其卦象为二阳一阴，阴居内故虚，阳处外故实。内虚外实，所以明天地之目也。此处“烛龙”表示太阳，其所居方位不同，作用也会有所不同。离亦为日，因此此也说明了离卦的作用。太阳行在四方，天下万物皆能受其实惠。圣人效法天地之象，亦应知其不同之作用。震卦为“日月出入门”，表示日出月入之处。其体无形，借自然之气而发挥作用。其兴时也猛烈，其尽时也无息。如果天地不和、万物不长，震皆能起到挽救之作用。兑卦为“日月往来门”，表示月出日入之地。其卦象为二阳一阴，一阴居上，二阳居下，故“上虚下实”。泽卦有容天地之怒、悦万物之恶、应天顺人等三种作用。此亦本于《彖传》：“兑，说也。刚中而柔外，说以‘利贞’，是以顺乎天而应乎人。”

可以看出，所谓“四正”是就《说卦》“帝出乎震”一章的八卦方位而言的。在这种卦位中，坎、离、震、兑四卦分别居于北、南、东、西之正位。因此，它们被称为“四正”。《乾坤凿度》卷上说：“包犧氏画四象，立四隅，以定群物，发生门，而后立四正。”郑玄注曰：“已上四正，八象四正于气也。”所谓“画四象，立四隅”指上面所说的乾、坤、巽、艮四门，因此四卦在后天卦位中皆居于东南、东北、西南、西北四隅。然《乾坤凿度》又说：“四正者：定气一，日月出没二，阴阳交争三，天地德正四。”此盖明“四正”卦之作用也。“定气一”大概是说四正卦能定四方之气；“日月出没二”是说四正卦所象与日、月有关，如坎为月，离为日，震为日月出入门，兑为日月往来门；“阴阳交争三”是说四正卦卦象皆由阴阳二爻构成；“天地德正四”大概是说四正卦有正天地之德的作用。

从上面分析可以看出，虽然《易纬》把八卦分为“四门”和“四正”，然皆能在《周易》经传中找到根据。如乾为天、坤德“无疆”、巽为风、艮为止、坎为水、离为火、震为雷、兑为泽等。

《乾坤凿度》的“四门”、“四正”思想显然受到《说卦》的影响。其说：

> 帝出乎震，齐乎巽，相见乎离，致役乎坤，说言乎兑，战乎乾，劳乎坎，成言乎艮。万物出乎震，震东方也。齐乎巽，巽东南也，齐也者，言万物之絜齐也。离也者，明也，万物皆相见，南方之卦也。圣人南面而听天下，向明而治，盖取诸此也。坤也者，地也，万物皆致养焉，故曰致役乎坤。兑，正秋也，万物之所说也，故曰说言乎兑。战乎乾，乾西北之卦也，言阴阳相薄也。坎者水也，正北方之卦也，劳卦也，万物之所归也，故曰劳乎坎。艮，东北之卦也，万物之所终，而所成始也，故曰成言乎艮。

这里把八卦与方位配合起来，宋儒称之为后天卦位，如图4－1所示：

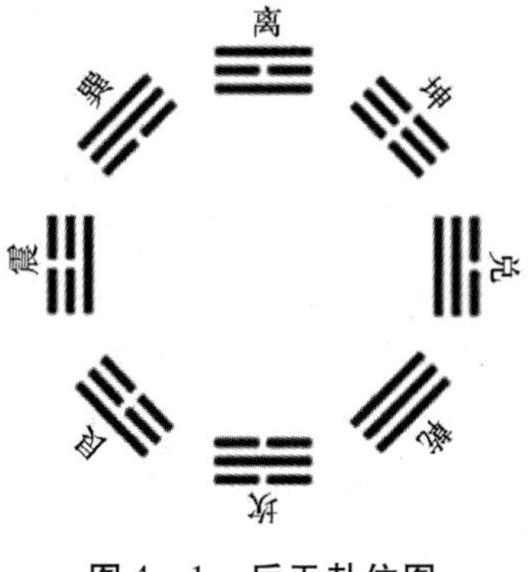

图4－1 后天卦位图

乾、坤、巽、艮四卦分别位于西北、西南、东南、东北四个方位，因此，《乾坤凿度》称它们为“四门”。古人认为天倾西北，地陷东南，如《河图·括地象》说：“天不足西北，地不足东南。西北为天门，东南为地户。天门无上，地户无下。”因此与八卦相对，乾为天门，巽为地户。坎、离、震、兑四卦则分别位于北、南、东、西四个方位，因为它们居于正位，故为“四正”。“天门”一词出于道家。老子说：“天门开阖，能为雌乎?”（第十章）庄子说：“入出而无见其形，是谓天门。天门者，无有也。万物出乎无有，有不能以有为有，必出乎无有。”（《庚桑楚》）在道家那里，天门是万物生成的根源。《乾坤凿度》亦有此意，“天门辟元气，《易》始于乾也”。

《乾坤凿度》的“四门”思想与古代的式盘有着密切的关系。北宋杨维德《景祐六壬神定经》说：“造式：天中作斗杓，指天罡；次列十二辰；中列二十八宿，四维局；地列十二辰、八干、五行、三十六禽；天门、地户、人门、鬼路四隅讫。”① 这是式盘的基本构造，其中提到天门、地户、人门、鬼路等四门的思想。下面的两只铜式分别藏于中国历史博物馆（图4－2）与上海博物馆（图4－3），二者上面均标出天、地（土）、人、鬼四门。

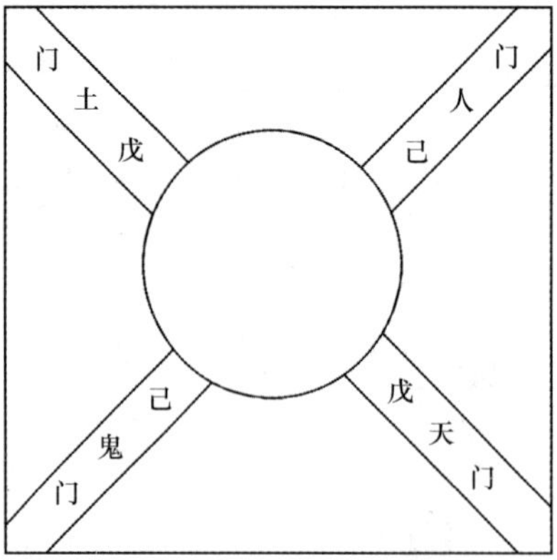

图4－2　中国历史博物馆藏铜式

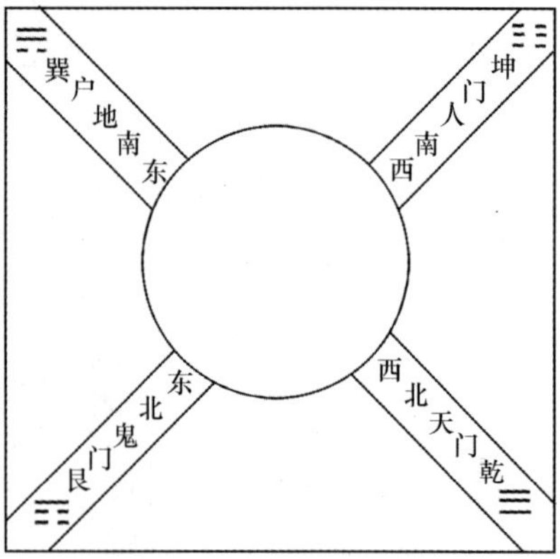

图4－3　上海博物馆藏铜式

图4－2大约出于东汉，仅标出天、地、人、鬼四门，未与八卦相联系。图4－3约在六朝晚期，标出天、地、人、鬼相对应的四卦及其卦象。据学者研究，从文献记载来看，式作为实际存在的工具至少在战国时就已

① 杨维德：《景祐六壬定神经》，《丛书集成初编》本，商务印书馆1939年版，第26—27页。

出现。其来源则或可推到商代，甚至新石器时代。[①] 但式盘与八卦相配，大概在西汉中后期才出现。我们在朝鲜乐浪遗址王旴墓出土的东汉初年的式盘上，就能看到这种配合。[②] 这可能受到河内女子逸《易》的影响。有研究者认为，式铭的天、地、人、鬼四“门”，与《周易》天、地、人、鬼四“谦”有着密切关系。[③] 所谓四“谦”是指谦卦《彖传》：“天道亏盈而益谦，地道变盈而流谦，鬼神害盈而福谦，人道恶盈而好谦。”然四“谦”仅是说明谦卦的，何以与乾、坤、巽、艮发生关系，因此，天、地、人、鬼四门的思想仍需探讨。

我们在《焦氏易林》中也能看到“天门”、“地户”的思想。如小畜之泰说：“天门开辟，牢户寥廓。桎梏解脱，拘囚纵释。”尚秉和注曰：“乾坤皆为门户，而乾居戌亥，故曰天门。”这是按照后天卦位，乾居西南，故为天门。除了后天卦位外，尚秉和认为焦延寿易学中亦有先天卦位。所谓先天卦位，是指北宋邵雍根据《说卦》“天地定位”章所作，其方位为乾南、坤北、离东、坎西、兑东南、巽西南、震东北、艮西北。如图 4－4 所示：

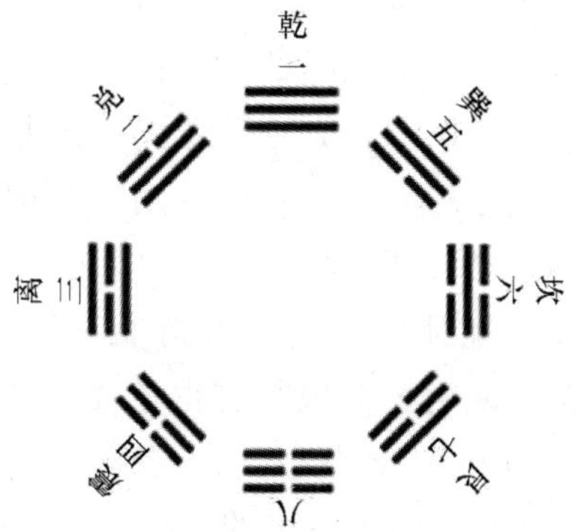

图 4－4 先天卦位图

可以看出，在先天卦位中，艮亦为天门，兑亦为地户。其说：“既济

① 李零：《中国方术正考》，中华书局 2006 年版，第 85—86 页。
② 同上书，第 70—75 页。
③ 邢文：《帛书周易研究》，人民出版社 1997 年版，第 109 页。

之损云：天门地户。按损上艮，故曰天门；下兑，故曰地户。内经以戌、亥为天门，辰、巳为地户。戌、亥者，西北也。……既济之损云：天门地户。损下兑，故曰地户。内经以辰、巳为地户。辰、巳者，东南。”[①] 可见，天门、地户的看法完全是根据方位来的。焦延寿易学中，先天、后天并存，因此，乾、艮皆天门，巽、兑皆地户。我们在前面曾指出，《乾坤凿度》的形成在刘歆之后，略晚于焦延寿，因此，其四门的思想可能受到焦延寿易学的影响。

五 《乾坤凿度》的象数观

象和数无疑是《周易》思想中最重要的内容。《左传·僖公十五年》韩简说：“龟，象也；筮，数也。物生而后有象，象而后有滋，滋而后有数。”这说明象和数的不同，同时也说明数是由象而来的。其实《周易》经传对象和数也作过非常重要的论述，虽然《易经》没有明确提及象和数，但处处体现着象和数，如乾卦中的“龙”、“乾乾”、“初九”、“九二”等，其余诸卦也是如此。《易传》对象和数作了比较详细的论述，如《象传》、《说卦》中对象作了系统的论述，《系辞》中论述了“天地之数”、“大衍之数”、乾坤的“策数”等。而且《易传》还对象与数的关系作了说明，如“通其变，遂成天下之文；极其数，遂定天下之象”（《系辞上》），“昔者圣人之作《易》也，幽赞于神明而生蓍，参天两地而倚数，观变于阴阳而立卦，发挥于刚柔而生爻，和顺于道德而理于义，穷理尽性以至于命”（《说卦》）。这一方面说明象是数的基础，“参天两地而倚数”，另一方面也说明数对象起有很重要的作用，“极其数，遂定天下之象”。

《乾坤凿度》对象和数也作了系统的论述，而且对《周易》中的象数思想有所解释和阐发。对于象，《乾坤凿度》卷上论述了“大象八”、“圣人索象画卦”等。所谓“大象八”是指八卦的卦象，因为它们是八种最基本的象。而“圣人索象画卦”是指“配身，取象，裁形，取物，法天地宜，分上下属”等。所谓“配身”是指把八卦和人的身体部位对应起来，“乾为头首，坤为胃腹，兑口，离目，艮手，震足”，此本于《说卦》“乾为

① 尚秉和：《焦氏易诂》，中国大百科全书出版社2005年版，第7—8页。

首，坤为腹，震为足，巽为股，坎为耳，离为目，艮为手，兑为口”；“取象”是指人们效法卦象而用于人事，“养身法颐，匹配法咸，造器设益，聚民以萃”，此皆本于《周易》经传，如《序卦》“颐者，养也。……萃者，聚也”，《系辞下》“斲木为耜，揉木为耒，耒耨之利，以教天下，盖取诸益”等；“裁形变文”指观察自然纹理而造文，“顺天文为贲，设人文夬，参鸟文离，象兽文革”，“天文”、“人文”出于《贲・彖传》“刚柔交错，天文也；文明以止，人文也。观乎天文，以察时变；观乎人文，以化成天下”，“鸟文”、“兽文”出于《系辞下》“古者包牺氏之王天下也，仰则观象于天，俯则观法于地，观鸟兽之文与地之宜，近取诸身，远取诸物，于是始作八卦”。然把四者与卦名对应起来，应属《易纬》首创。但这种对应，可能也本于《周易》经传，如“鸟文”对应于离卦，可能本于《说卦》“离为雉”，“兽文”对应于革卦，可能本于革卦初九爻辞“黄牛之革”。这同时也说明古人据自然纹理造卦的过程。“取物”、“法天地宜”主要说明人们效法卦象而用，与《系辞》、《序卦》、《杂卦》中的一些内容相似。“分上下属”是说把《周易》分为上下经，上经三十卦，下经三十四卦，此本于《序卦》。按：八卦及六十四卦本来是人们观察自然的现象而作的，“仰则观象于天，俯则观法于地，观鸟兽之文与地之宜，近取诸身，远取诸物，于是始作八卦”，但其一旦形成，又对人们的生活起着指导作用，如《系辞下》说：“作结绳而为网罟，以佃以渔，盖取诸离……斲木为耜，揉木为耒，耒耨之利，以教天下，盖取诸益。日中为市，致天下之民，聚天下之货，交易而退，各得其所，盖取诸噬嗑……”从上面可以看出，《乾坤凿度》也沿袭了《周易》中的这种思想，前者如“裁形变文”、“索象画卦”，后者如“取象法物”、“取物制度”。

《乾坤凿度》对于数也作了详细的论述，不但论述了《易传》中的“天地之数”、“大衍之数”、“策数”等，而且还论述了《易经》中的数。卷上说：

> 天数：一、九、二十五、三万九千七百五十五。地数：二、六、三十、八万六千四百二十。卦数：三千八百四，又位大二十二万八千二十四卦数。爻数：三百八十四，通二万二千八百二十四。衍天地合和数：天地合一二得三，合九六，合二十五及三十。乾策二百一十

六：一策三十六，策满六千九百一十二。坤策一百四十四：一策二十四，策满四千六百八。八策：万一千五百二十。日力月力：日八百四千八万八千九百七十六分，月一千五百八十七万九千八百八十四十小分。八象大尽数：二百二十八万二千四百，九百八十七分。生天数：天本一而立，一为数源，地配生六，成天地之数，合而成性。天三地八，天七地二，天五地十，天九地四。……天地合策数五十五：所用法古四十九，六而不用，驱之六虚。

此大多本于《系辞上》：“大衍之数五十，其用四十有九。分而为二以象两，挂一以象三，揲之以四以象四时，归奇于扐以象闰；五岁再闰，故再扐而后挂。天数五，地数五。五位相得而各有合，天数二十有五，地数三十，凡天地之数五十有五，此所以成变化而行鬼神也。《乾》之策二百一十有六，《坤》之策百四十有四，凡三百有六十，当期之日，二篇之策，万有一千五百二十，当万物之数也。……天一，地二；天三，地四；天五，地六；天七，地八；天九，地十。”然其中亦有不可晓者，如“八象大尽数”、“日力月力”等。

在《系辞》中，“其用四十有九”是讲“大衍之数五十”的，而此讲“天地之数五十有五”，未知何据。对于“其用四十有九”，《乾坤凿度》卷上解释说：“所用法古四十九，六而不用，驱之六虚。”此是说“五十五”中有六个数不用，因为它们用在六爻位，所以“其用四十有九”。卷上还说：“一百岁方生四十九茎，足承天地数，五百岁形渐干实，七百岁无枝叶也，九百岁色紫如铁色，一千岁上有紫气，下有灵龙神龟伏于下。《轩辕本经》曰：紫蓍之下，五龙十朋伏隐，天生灵折，圣人采之而用。四十九，运天地之数，万源由也。”与上一种说法不同，所以“用四十九”，因为蓍草有四十九茎，而且经过一千年，蓍草才有神性，然后圣人用之。据此，“四十九”为天地数，可能与上面所说一样，是指“天地之数五十有五”。

《乾坤凿度》还对《易经》中的数作了解释，认为其中所用的数皆有意义。如卷上说：“屯：十年乃字（注曰：何不以七年与五年。按：屯卦六二爻辞曰：‘女子贞不字，十年乃字’）。需：三人（注曰：三阳。按：需卦上六爻辞曰：‘有不速之客三人来’）。讼：户三百（注曰：不言二百一百，象中有数。按：讼卦九二爻辞曰：‘不克，归而逋其邑人三百户，无眚’），三褫（按：讼卦上九爻辞曰：或锡之鞶带，终朝三褫之）……”按照郑玄的注解，《易经》所用的数字不是随意的，而是有特殊意义的。

在象数关系上，《乾坤凿度》作者也认为象在数前，数由象生。“易起无，从无入有，有理若形，形及于变而象，象而后数。”（卷上）这显然受到《左传》“象而后有滋，滋而后有数”思想的影响。

从上面的分析可以看出，《乾坤凿度》对于《周易》的源流、作者、结构等方面都有着自己独特的看法，其中有些思想不乏真知灼见。因此，其在汉代易学史乃至整个中国易学史上有着不容忽视的作用和地位。

第五章

《通卦验》的卦气说与灾异说

《通卦验》的卦气说主要是一种以八卦为主的卦气说。其以八经卦为主，与一年三百六十五日相配，每卦约主四十五日。每卦都有相应的卦气，如果卦气得度，则风调雨顺，国家兴亡；反之，则会灾异屡至，国家混乱。除此之外，《通卦验》还把晷数、节气与灾异配合起来，从而建成一套无所不包的占测体系。

一　八卦卦气说

与《稽览图》的卦气说不同，《通卦验》的卦气说是一种以八卦为主的卦气说。《通卦验》卷下说：

> 凡《易》八卦之气验应，各如其法度，则阴阳和，六律调，风雨时，五谷成熟，人民取昌，此圣帝明王所以致太平法。故设卦观象，以知有亡。夫八卦缪乱，则纲纪坏败，日月星辰失其行，阴阳不和，四时易政。八卦气不效，则灾异气臻，八卦气应失常。夫八卦验，常在不亡，以今八月八日。不尽八日，[①] 候诸侯卦气，各以用事时气著明而见。冬至四十五日，以次周天三百六十五日，复当卦之气，进则先时，退则后时，皆八卦之效也。

这说明，八卦卦气对自然界和人类社会有着决定作用。八卦卦气如其法度，则阴阳和谐、六律协调、风调雨顺、五谷丰登、国家昌盛；反之，

① 此节文字多有脱误，据前人校勘，应为："夫八卦气验，常不在望，以今入月八日，不尽八日……"

八卦卦气错乱，则纲纪败坏、日月星辰失序、阴阳不和、四时政治变易、灾异屡至。八卦之气的征验，常常不在望日（十五日），即每月上弦之日（入月八日）。不尽八日，候卦气则以各卦用事的时气为据。八卦各四十五日，是为一个循环。卦气进则先时，退则后时，皆不应时，故会出现灾异。这些都是八卦效验的结果。

我们下面来看其对八卦卦气的具体论述。其论卦气是按照《说卦》方位顺时而论的，每卦主四十五日。八卦卦气从乾开始，《通卦验》卷下说：

> 乾，西北也，主立冬，人定，白气出直乾，此正气也。气出右，万物半死；气出左，万物伤。乾气不至，则立夏有寒，伤禾稼，万物多死，人民疾疫，应在其冲。乾气见于冬至之分，则阳气火盛，当藏不藏，蛰虫冬行。乾为君父、为寒、为冰、为金、为玉，于是岁，则立夏蚤蛰，夏至寒，乾得坎之蹇，则夏雨雪，水冰。乾气退，伤万物。

乾为西北之卦，主立冬，白气出于乾，是乾之正气。按照卦气图式，霜降居立冬右，小雪居立冬左。如果气从霜降出，则万物半死；气从小雪出，则万物受害。如果乾气不至，立夏的时候就会寒冷，伤害禾苗，万物多死，人民疾病，这些都是乾气不至带来的结果。“应在其冲”是说与立冬相对的立夏受灾。如果乾气出现在冬至，则阳气强盛。这时该隐藏的不隐藏，冬眠的动物开始活动。在《说卦》中，乾有君父、寒、冰、金、玉之象，所以这年立夏的时候，动物就会冬眠；夏至的时候会变得寒冷。大雪、小寒皆为坎卦所主，乾卦遇到坎卦之难，夏天会下雪，水会结冰。如果乾气见于秋分之时，则万物受到灾害。这说明乾气出现的时候，按照乾气的要求，才能和顺；否则，则会出现灾异。

乾卦之后为坎卦，其说：

> 坎，北方也，主冬至。夜半，黑气出，直坎，此正气也。气出右，天下旱；气出左，涌水出。气不至则夏至大寒，雨雪，涌泉出，岁多大水，应在其冲。坎气见，立春之分则水气乘出，坎为溝渎，于是岁多水灾，江河决，山水涌出。坎气退，则天下旱。

坎为北方之卦，主冬至。夜半，黑气出，此是其正常的气候。因为坎居北方，于五行北方配黑色，故为黑。如果坎气出于大雪，则天下大旱；出于小寒，则有大水。此即“气出右，天下旱；气出左，涌水出。”在卦气图中，大雪居冬至右，小寒居冬至左，故有此说。如果冬至时，坎气不至，则夏至会出现大寒、雨雪等灾害。坎气出现于立春的时候，则会出现水灾。坎气退，则天下大旱。坎有水象，其出多水灾，其退多旱灾。

坎卦之后为艮卦，其说：

> 艮，东北也，主立春。鸡鸣，黄气出，直艮，此正气也。气出右，万物霜；气出左，山崩涌水出。艮气不至，则立秋山陵多崩，万物华，实不成，五谷不入，应在其冲。艮气见于春分之分，则万物不成。艮为山，为止，不止则气过山崩。艮气退则数有云、雾、霜。

艮为东北之卦，主立春，黄气是其正气。如果艮气出于大寒，则万物霜；出于惊蛰，则山崩水涌。艮气不至，则其所对之立秋山陵多崩，万物华而不实，五谷不收。艮气出于春分，则万物不能长成。艮气退则有云、雾、霜等自然现象出现。

艮卦之后为震卦，其说：

> 震，东方也，主春分。日出，青气出，直震，此正气也。气出右，万物半死；气出左，蛟龙出。震气不至，则岁中少雷，万物不实，人民疾热，应在其冲。震气见立夏之分，雷气盛，万物蒙而死，不实，龙蛇数见，不云而雷，冬至乃至。震气退，岁中少雷，万物不茂。

震为东方之卦，主春分，青气是其正气。如果震气出于雨水，则万物半死；出于清明，则有蛟龙之灾。震气不至，则是岁少雷，万物不能结实，人民多病。震气出于立夏，则多雷，万物死而不实，并且会出现龙、蛇很多的灾异。震气退，则此年少雷，万物不茂。

震卦之后为巽卦，其说：

> 巽，东南也，主立夏，食时，青气出，直巽，此正气也。气出

> 右，风橛木；气出左，万物伤，人民疾湿。巽气不至，则岁中多大风，发屋扬砂，禾稼尽，应在其冲。巽气见夏至之分则风气过，折木。巽气退则盲风至，万物不成，湿伤人民。

巽为东南之卦，主立夏。青气是其正气。如果巽气出于谷雨，则大风刮倒树木；出于小满，则万物受到伤害，人民有疾湿之病。巽气不至，则是年多大风之灾。巽气出于夏至，则会出现大风折木。巽气退，则出现盲风之灾，万物、人民皆被其害。

巽卦之后为离卦，其说：

> 离，南方也，主夏至，日中，赤气出，直离，此正气也。气出右，万物半死；气出左，赤地千里。离气不至，则无日光，五谷不荣，人民病，目痛，冬无冰，应在其冲。离气见于立秋之分。（按：下脱“大热”、“兵起”等灾害）离气退，则其岁日无光，阴必害之。

离为南方之卦，主夏至，赤气为其正气。如果离气出于芒种，则万物半死；出于小暑，则大部分地区都会出现旱灾。离气不至，则冬至会天无日光，五谷不收，人民有目痛之病。离气出于秋分，则有大热、战争等灾害。离气退，会出现日食之灾。

离卦之后为坤卦，其说：

> 坤，西南也，主立秋，晡时，黄气出，直坤，此正气也。气出右，万物半死；气出左，地动。坤气不至，则万物不茂，地数震，牛羊多死，应在其冲。坤气见于秋分之分，则其岁地动摇，江河水乍存乍亡。坤气退，则地分裂，水泉不泯。

坤为西南之卦，主立秋，黄气是其正气。如果坤气出于大暑，则万物半死；出于处暑，则有地震之灾。坤气不至，则万物凋谢，地震屡发，牛羊多死。坤气出于秋分，则是年多有地震。坤气退，则大地分裂，水泉喷水。

坤卦之后为兑卦，其说：

兑，西方也，主秋分，日（入酉），白气出，直兑，此正气也。气出右，万物不生；气出左，则虎害人。兑气不至，则岁中多霜，草木枯落，人民疥瘙，应在其冲。兑气见于立冬之分，则万物不成，虎狼为灾，在泽中。兑气退则泽枯，万物不成。

兑为西方之卦，主秋分，白气是其正气。兑气出于白露，则万物不生；出于寒露，则老虎害人。兑气不至，则是年多霜，草木枯萎，人民多疥病。兑气出于立冬，则万物不成，虎狼为灾。兑气退，则泽水干涸，万物枯萎。

以上八卦卦气的基本内容，其基本原理是把八卦与一年三百六十五日相配，一卦大概主四十五日。然后按照《说卦》的八卦方位，分别与一年的立春、立夏、立秋、立冬及二至二分八个节气相对。如图 5 - 1 所示：

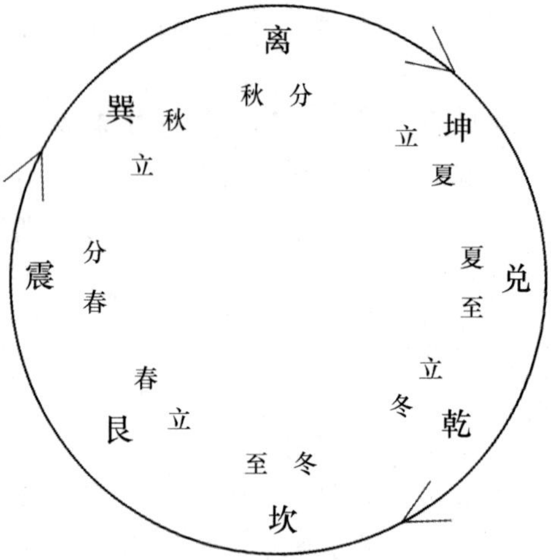

图 5 - 1 八卦卦气图

各卦皆有所主，如果其按时而出，则平安无事；不按时而出，则会出现灾异。所以《通卦验》说："夫卦之效也，皆指时卦当应他卦气。及至其灾，各以其冲应之，此天所以示告于人者也。"这说明卦气的效验，是指当时所主之卦与其卦气相应。如果不相应的话，则与此卦所主节气对应的节气就会有灾异，这是上天对人的警告的表现。

《通卦验》卷上还通过八卦卦气说建立了一套政权存亡代立的预测体

系。如其说：

> 坎气逆乎阳，衡晦象昧，见斗旬斗鸡谁。谋者水宰之臣，冰妖效，七九摘亡，名合行之蒙孙，其谋争也，代者东北，名有水；离气乱祸蜚石，黄神盛类黑而圣。法曰：艮，四季之势，纽斗机孤南角奎而观之，其行明，其表知，兴雷气感。上钩钤躍，季气逆于奎，群入庶桀争，狼斗牛连，龙怪见，大臣反，阳摇不静，代者起西北，以木为姓。上之名行合四卦，气乱也，提白者强圣杀仓，乃见谋正也，其世式视……

以上是对坎、离、艮三卦预测的描述，文字难懂，亦有很多脱漏舛误，从而使人莫知其意。大概是说八卦各有其期限，期至则被代替。因此，《通卦验》说："明者类视七若九，八卦以推七九之微，录图准命，略为世题萌表试，故十二月十二日，政八风，二十四气，其相应之验，犹影响之应人动作言语也。"（卷上）

但人在卦气面前并不是无能为力的，其行为对卦气的变化有着决定作用。《通卦验》卷下说：

> 不顺天地，君臣职废，则乾、坤应变。天为不放，地为不化，终而不改，则地动而五谷伤死；上及君位，不敬宗庙社稷，则震、巽应变。飘风发屋折木，水浮梁，雷电杀人，此或出人暴应之也。不改，入山泽，不顺时卦，失山泽之礼，则艮不应变。期云不出，则山崩。恩泽不下，灾则泽涸，物枯槁不生。夫妇无别，大臣不良，则四时易。政令不行，白黑不别，愚智同位，则日月无光，精见五色，此离、坎之应也。皆八卦变之效也。故曰：八卦变象，皆在于己。

"艮不应变"，张惠言说，"不"当为"兑"。"己"郑玄注曰"人君也"。如果君主不顺天地变化，君臣职责荒废，则乾、坤应变，这会带来地震、五谷伤死等灾害；如果君主不敬祭祀，则震、巽应变，这会带来大风、大水、雷电杀人等灾害；如果失山泽之礼，则艮、兑应变，会出现山崩、云不出等灾害；君主对下没有恩泽，夫妇无别，奸臣当道，政令不行，愚智同位，则离、坎应变，会出现河水干涸，万物枯死，日月无光等灾害。可以看出，卦变与否，关键还在于人间政治的好坏，所以其说“八卦变象，皆在于己”。

我们在前面已经分析过《乾凿度》中的八卦卦气说，不过《乾凿度》的八卦卦气说仅与五常相配，并未配入灾异学说。《通卦验》在八卦卦气说中配入复杂烦琐的灾异学说，说明其形成于《乾凿度》之后。此外，二者在具体内容上也有所不同，《乾凿度》完全是按照《说卦》的顺序讲的，故以震卦二月开始，以艮卦十二月结束。而《通卦验》则以乾卦开始，以兑卦结束。其实际上是以阳气初生为始点的。这可能受到《乾凿度》“阳始于亥，形于丑，乾位于西北，阳祖微据始也”思想的影响。

二　晷数、节气与灾异

在我国古代，用一根标杆立在平地上，通过日中（即正午）时候标杆影子的长短变化，来测量一回归年的长度及节气的日期。这个标杆叫作表或髀，髀的日中影子叫作晷。[①]《通卦验》认为，晷数的变化能够引起天地的变化。其说：

> 天地以和应，黄钟之音得，蕤宾之律应，则公卿大夫列士以德贺于人主。因诸政所请，行五官之府，各受其当，声调者诸气和，则人主以礼赐公卿大夫列士。五日仪定，地之气和，人主公卿大夫列士之意得，则阴阳之晷如度数。夏日至之礼，如冬日至之礼，舞八乐皆以肃静为戒。黄钟之音调，诸气和。人主之意慎，则蕤宾之律应。磬声和，则公卿大夫列士诚信，林钟之律应。此谓冬日至成天文，夏日至成地理。鼓用黄牛皮，鼓圆径五尺七寸。瑟用桑木，瑟长五尺七寸，间音以箫，长尺四寸。故曰：冬至之日，立八神，树八尺之表，日中规，其晷如度者，则岁美，人民和顺；晷不如度者，则其岁恶，人民为讹言，政令为之不平。晷进则水，晷退则旱。进尺二寸则月食，退尺则日食，月食糴贵，臣下不忠，日食则害王命，道倾侧，故月食则正臣下之行，日食则正人主之道。晷不如度数，则阴阳不和，举错不得。发号出令，置官立吏，使民不得其时，则晷为之进退，风雨寒暑

① 陈遵妫：《中国天文学史》，上海人民出版社1980年版，第157页。

为之不时。晷进为赢，晷退为缩，稽为扶。赢者，赏无功，富民重有余；缩者，罚无罪，贫民重不足；扶者，谀臣进，忠臣退。是故邪气数至，度数不得，日月薄食，列星失其次，而水旱代昌，谗谀日进，忠臣日亡，万物不成，诸神不享，终不变之，则殃祸日章。谨候日冬至之日，见云送迎，从下乡来，岁美，人民和，不疾疫；无云送迎，德薄岁恶，故其云青者饥，赤者旱，黑者水，白者为兵，黄者有土功，诸从日气送迎，此其征也。是故人主动而得天地之道，则万物之精尽矣。（卷上）

天地之间以和气相应，因此，黄钟、蕤宾音律相得，则大臣应该祝贺君主，因为这象征着君主有德。同时，君主也应该赐赏大臣，因为大臣各司其位、各负其责，音律才能相调，诸气才能和谐。这样，阴阳之晷数才能与其度数相符。冬至之时，树立八尺标杆。如果晷数与其度数相符，则人民和顺，五谷丰登；反之，则五谷不收，人民造谣，政令不平。晷数超过其本来的度数，则会出现水灾。晷数不能达到其本来的度数，则会出现旱灾。晷数超过一尺二寸则会出现月食，退回一尺则会出现日食。出现月食，则大臣不忠；出现日食，则危害王命。因此，出现月食要规范大臣的行为，出现日食则要规范君主的行为。如果晷数不能符合其度数，则会阴阳不和，政令不行。反之，如果君主发号政令、任用官吏，不能使民以时，则会引起晷数的变化，从而带来风雨寒暑的灾害。晷数变化有三种情况：晷进为赢，晷退为缩，晷稽为扶。出现晷赢，表明无功之人受赏，富人过于富有；出现晷退，表明无罪之人受罚，贫人过于贫困；出现晷扶，表明谀臣得到任用，忠臣遭到排挤。这些会带来邪气数至、日月薄食、列星失次、水旱代发以及谀臣日进、忠臣日退、万物不成、诸神不享等灾害。如果不加以改变，则会带来更大的灾祸。君主要在冬至的时候，观察天上云彩的变化，如果有云送迎，则表明岁美人和；无云送迎，则表明岁恶德薄。因此，君主的行为关系着天地之间灾害的变化。

在此基础上，《通卦验》把晷数与二十四节气结合起来，认为各个节气皆有其相应的晷数。晷数如度，则岁美人和；晷数失度，则岁恶人离。《通卦验》卷下说：

冬至，广莫风至，兰射干生，麋角解，曷旦不鸣。晷长丈三尺，阴气去，阳云出，其茎末如树木之状。凡此阴阳之云，天之云，天之便气也，坎、震、离、兑为之，每卦六爻，既通于四时、二十四气，人之四支、二十四脉亦存于期。故其当至不至，则万物大旱，大豆不为，人足太阴脉虚，多病振寒。未当至而至，则人足太阴脉盛，多病暴逆，胪张心痛，大旱应在夏至。

小寒，合冻，虎始交，祭虵垂首，曷旦入空，晷长丈二尺四分，仓阳云出平，南仓北黑。当至不至，则先小旱，后小水，人手太阴脉虚，人多病喉痺。未当至而至，则人手太阴脉盛，人多热，来年麻不为。

大寒，雪降，草木多生心，鹊始巢。晷长丈一尺八分，黑阳云出心，南黑北黄。当至不至，则旱后水麦不成，人足少阴脉虚，多病，蹶逆惕善惊；未当至而至，则人足少阴脉盛，人多病，上气嗌腫，应在大暑。

立春，雨水降，条风至。雉雊鸡乳，冰解，杨柳柹。晷长丈一尺二分，青阳云出房，如积水。当至不至，则兵起，来年麦不成，人足少阳脉虚，多病疫瘧。未当至而至，则人足少阳脉盛，人多病粟疾疫，应在立秋。

……

不难看出，此结合《月令》、《夏小正》等说法，并把其与卦气说结合，发展成一套占测体系。卦气到来的迟与早，都会带来不好的结果。

《通卦验》还提出了一套候卦气的理论体系，其卷下说：

春三月，候卦气，比不至，则日食无光。君失政，臣有谋，期在其冲。

夏三月，候卦气，比不至，则大风折木发屋，期百日二旬，地动应之，大风，期在其冲。

秋三月，候卦气，比不至，则君私外家，中不慎刑，臣不尽职，大旱而荒，期在其冲。青气应之，期百有二旬。

冬三月，候卦气，比不至，则赤气应之，期在百二十日，内有兵、日食之灾，期三百六旬也。三公有免者，期在其冲，则已无兵。

这把卦气与一年四季对应起来，如果某季所对应的卦气未至，则会出现灾异。而这些灾异归根到底都是由人事引起的。君主可以通过此种候卦气法来安排一年四季的政令，从而达到治理国家的目的。具体来说，一年四季十二月，分别与十二消息卦相对，春季三月对泰、大壮、夬三卦，夏季三月对乾、姤、遁三卦，秋季三月对否、观、剥三卦，冬季三月对坤、复、临三卦。如果某月的所主之卦未至，就会出现相应的灾异。《通卦验》卷下说："春三月，一卦不至，则秋蚤霜；二卦不至，则雷不发蛰；三卦不至，则三公有忧，在八月。夏三月，一卦不至，则秋草木早死；二卦不至，则冬无冰，人民病；三卦不至，则臣内杀，三公有缞绖之服，崩以三月为期。秋三月，一卦不至，则中臣有用事者，春下霜；二卦不至，则霜著木，在二月；三卦不至，则臣专政，草木春落，臣有免者则已。冬三月，一卦不至，则夏雨雪；二卦不至，则水；三卦不至，则涌水出，人君之政所致之。"

第六章

《是类谋》、《辨终备》、《坤灵图》及《乾元序制记》

在现存《易纬》中，《是类谋》、《辨终备》、《坤灵图》、《乾元序制记》等篇内容佚失较多，有的片言只语，无从得知其思想全部；有的文字古奥，佶屈聱牙，难以读懂其思想内容。因此，我们对它们的思想只能作一大概的叙述。

一 《是类谋》

《是类谋》主要讲了圣人制定《河图》、《洛书》、八卦等以定后世帝王受命之符的思想。其说：

> 建世度者戏，重瞳之新定录图，有白颛项，帝纪世谶，别五符，元元之威冥因哉，甄机立功者尧，放德之名者虞，与同射放，赤黄配枢，乾坤合斗，七以分治。候兴之表孟月，七月合八，岁填所居。日之营，月之昴，横耀溢，提舍珠，河龙洛图龟书，圣人受道真图者也。必提起，天下扶。……集纪攸录，括要题讫备，命者孔丘，玉演，斗佁之世，卯金刀用治，谟修六史，宗术孔书。皇政毁道，散命名胡。秘之隐在文，未消于乱，藏设世表，待人味思，帝必有察，握神嬉，世主永味，神以知来，命机之运，由孔出，天心表际，悉如河洛命纪，通终命苞。

此文颇为难懂，根据郑玄的注解，其大概是说，伏羲氏始作八卦，以定五世法度。黄帝在此基础上，始受河图而定录命。到了白帝颛项的时候，其作世谶，辨别五帝符瑞。“异精元冥”，又因之而明灾异也。尧历纪“璇玑玉衡，以齐七政”，后来为舜继承。“耀溢”、“舍珠”等光明之物，是河出图、洛出书的征应，表明圣人受命而得道图也。后来孔子奉天命，作纬书，为汉制法。“斗佮之世”指太平之世。“卯金刀”指刘汉。“皇政”指秦始皇。“毁道”指焚烧诗书。“胡”指胡亥。此是说太平之世为刘汉王朝，其用孔子之法以为政教。秦始皇残暴无道，焚书坑儒，毁弃孔子之法，二世而亡。“秘”指洛书、五经。“世表”指帝王图录。“帝”指后世帝王。“命机之运”指帝王命运。此是说帝王之命运皆在图书，后世帝王必察图书之言，方能博得天神之喜。记录帝王之运的图书是孔子根据天意而制成的，因此，其是帝王天命运转的根本。

那么孔子如何为后世帝王立法呢?《是类谋》说：“孔子演曰：天子亡征九，圣人起有八符，运之以斗，税之以昴，五七布舒，河出录图，洛授变书。”九、八分别为老阳、少阴之数。此是说孔子根据阴阳之数，上参天象，制定帝王替代的录运。帝王受命之时，则会出现河出图、洛出书的瑞应。《是类谋》在此基础上通过八卦卦气说炮制了一套“征王亡”的体系，认为通过这个体系就能知道王朝的灭亡。《是类谋》说：

征王亡：一曰震气不效，仓帝之世，周晚之名，曾之候在兑，鼠孽食人，蒐群开，虎龙怪出，彗守大辰，东方之度，天下亡。

二曰离气不效，赤帝世，属轶之名，曾之候在坎，女为诬，虹蜺数兴，石飞山崩，天拔刀，蛇马怪出，天下甚危。有能改之之质，石蜚，复蛇、马、女讹之凶，多卒贵，巅将悔，知师缘出，反善可，今章衙滑。

三曰坤气不效，黄帝世，次迟之名，曾之候在艮，名水赤，大鱼出斗，拔纪，天下亡。

四曰兑气不效，白帝世，讨吾之名，曾之候在震，�气错，昼昏地裂，大霆横作，天下亡。

五曰坎气不效，黑帝世，胡谁之名，曾之候在离，五角禽出，山崩日既为，天下亡。

六曰巽气不效，霸世之主，名箧喜，曾之效在乾，大水名川移，霸者亡。

七曰艮气不效，假驱之世，若檐柔之比，曾之候在坤，长人出，星亡殒石，怪辞之主亡。

八曰乾气不效，天下耀空。将元君，州每王，雌擅权，国失雄。

陪孽领威，君若赘流。曾之候在巽，众变立地陷，斗机绝绳玉衡拔，摄提亡……

此以八卦为基础，并配合五行说，来说明王朝的兴衰存亡。震居东方，其色为青，其帝为苍。“周晚”，郑玄曰“疑为同晓”，是周朝灭亡时的人主之名。如果震气不产生作用，则其所应之西方兑为灾。这时会出现老鼠吃人，菟、虎、龙出现等灾异。“大辰”即大火星，东方苍龙七宿之一。“彗守大辰”，是说周代衰亡，有彗星出于大辰之间，是周朝灭亡的征兆。按照五行相生说，木后为火，故震卦之后为离，其居南方，其帝为赤。“属轶”为亡主之名。离气不效，则其所候在坎。坎为水，代表阴类，故会出现女子为诬、虹蜺屡出、石蜚山崩、蛇马怪出等阴灾。如果能够改之，则可以消除灾害，延续政权。赤帝之后是黄帝之世，其为坤卦，“次迟”是其亡主之名。坤气不效，则其所候在艮，这时会出现河洛之水变赤、大鱼出斗之灾。黄帝之后是白帝之世，其为兑卦，“讨吾”是其亡主之名。兑气不效，则其所候在震，这时会出现昼昏地裂、大雨雷霆等灾害。白帝之后为黑帝之世，其为坎卦，“胡谁”是其亡主之名。坎气不效，则其所候在离，这时会出现五角禽、山崩、日食等灾害。五帝之后则为霸世，其为巽卦，“篮喜”是其亡主之名。巽气不效，则其所候在乾，这时会出现大水山川漂移的灾害。霸世之后为假驱之世，其为艮卦。艮气不效，则其所候在坤，这时会出现长人、星坠、陨石等灾害。最后为乾卦。乾气不效，则天下无光、国失其主、大臣擅权。其所候在巽，这时会出现大地陷落、摄提星不见等灾害。

不难看出，这种以八卦为主“征王亡”的思想，实际上受到五行相生说的影响。其认为王朝是按照五行相生的次序替代的。但五帝完成一个循环后，并不重复运转，而是代以霸世，直至乾卦而终。这显然受到“皇、帝、王、霸”思想的影响，含有一种退化历史观的味道。

二 《辨终备》

《辨终备》，《四库全书总目提要》说：“今《永乐大典》所载仅寥寥数十言，已非完本。且其文颇近《是类谋》。而《史记正义》所引《辨中备》，孔子与子贡言世应之说，与此反不类，或其书先佚而后人杂取他纬以成之者，亦未可定也。然别无可证，姑仍旧题云。”按《辨中备》与《辨终备》本系两书，二者绝然不同，前人早已指出。《辨中备》是《周易三备》之一。敦煌唐咸通钞本《三备》残卷，有《上备》、《中备》、《下备》三卷。其内容是“《上备》，天也；《中备》，筮人中宅舍吉凶也；《下备》，筮□磐石□泉深浅吉凶安葬地也”。《辨中备》因其部居《三备》之间而得名。① 《辨终备》则与此不同，其取文中“小辨终备无遗戒”为名。

就现存材料来看，其文佶屈聱牙，且脱漏舛误之处亦复不少，故其内容多不可晓。大概以占候灾异为主，如其说：“旋出枢乾，机据参，衡出坤，离授提，巽招，震卯，纬赢缩，辰中効当，必视荧惑，所在时殃。循岁德，镇之光。拒白甄商，金大谋兵。雪霜水疾，旱饥丧地，动山崩沦……”《辨终备》认为，神灵占验，皆存于六十四卦，君主可以据此辨别吉凶，未雨绸缪，从而使政权达到长治久安。“按录视天比象由，神灵悉存八八通时，小辨终备无遗戒，郄知亿察世邮，帝王奉命永安治。至哉《易》！三圣谋专密，恶必孰思?”“按录视天”，郑玄注曰：“按录，按河图之录，又视按王光之异。”此大概是说观察河图符瑞、三光之异之所起，皆存于六十四卦之中。据此可以辨别吉凶，预防灾害，无有遗患。帝王奉命，就可以长治久安。所以《周易》是多么伟大啊！伏羲、文王、孔子三个圣人早就谋划好了，帝王不用深思熟虑，按照实行就可以了。

三 《坤灵图》

《坤灵图》，孙瑴认为其“或配《乾凿度》而名篇”。原本有图，故曰《坤灵图》。现仅存乾、无妄、大畜三卦卦辞。其论乾卦曰：

> 丘序曰：天经曰：“乾，元亨利贞。”爻曰：“飞龙在天，利见大人。”故德配天地，天地不私公位称之曰帝。故尧天之精阳，万物莫不从者。故乾居西北，乾用事，万物蛰伏，致乎万物蛰伏，故能致乎万人之化。经曰：“用九。”

---

① 陈槃：《敦煌唐咸通钞本三备残卷解题》，《中央研究院历史语言研究所集刊》1946 年 5 月第 10 本。

“飞龙在天，利见大人”是乾卦九五爻辞，象征天子之位。故其说“天地不私公位称之曰帝”，郑玄注曰：“古者圣人德如此也，不私公位，不传之子孙，禅以能者，与天同，故以天称之也。”然后以尧为例说明，尧为天之阳精，故万物莫不相从。乾居西北，其用事万物蛰伏。尧能“致乎万物蛰伏，故能致乎万人之化”。尧能利用乾之九五来治理国家，因此，《周易》说“用九”。可见这种解释多带有宗教神学的色彩。其论无妄、大畜亦是如此，如其论无妄卦曰：“经曰：震下乾上，无妄。天精起。帝必有洪之灾，天生圣人，使杀之，故言乃统天也。”《坤灵图》仅存此三卦，余卦不得而知，大概也多从宗教神学的角度解释。

四 《乾元序制记》

我们在前面曾指出，《乾元序制记》是一部拼凑之书，其为唐宋时人撮合《是类谋》、《坤灵图》、《稽览图》等文而成。

《乾元序制记》开始讲到乾卦的重要性，因此，文王、武王、周公三圣俱首乾德。由此引出《易》对于国家的重要性，“天子必思《易》，先知万世，为图著柄。察之在，失之去，每云天命在主标操”。六十四卦皆有其主，国家兴盛存亡，皆在于此，“六十四卦，各括精受节，以历纪道”。但下面并没有六十四卦的具体内容。这说明文字有所遗漏，原文并不在此。从其内容来看，似乎与《稽览图》卷上结尾的六十四卦占测部分有关。此节可能本来属于《稽览图》卷上中的内容。

接下来《乾元序制记》又叙述了六日七分说的内容。在六日七分学说中，坎、离、震、兑四卦二十四爻主二十四节气，余六十卦主六日七分。其说：

> 坎，初六冬至，广莫风，九二小寒，六三大寒，六四立春，条风，九五雨水，上六惊蛰；震，初九春分，明庶风，六二清明，六三谷雨，九四立夏，温风，六五小满，上六芒种；离，初九夏至，景风，六二小暑，九三大暑，九四立秋，凉风至，六五处暑，上九白露；兑，初九秋分，阊阖风，霜下，九二寒露，六三霜降，九四立冬，始冰，不周风，九五小雪，上六大雪也。

又说：

> 一岁十二月三百六十五日四分度之一，余二十，四分一日，以为八十分二十为之。消息十二月，月居六日七分，十二月居七十三日，一百（日）八十分居四分；三公十二月，月居六日七分，十二月居七十三日，一百（日）八十分居四分；① 二十七大夫十二月，月居六日七分，十二月居七十三日，一百（日）八十分居四分；八百一十二诸侯十二月，月居六日七分，十二月居七十三日，一百（日）八十分居四分。合（五）德之分，三十日得三十五，分三十尽十二月，六十卦余分适四百二十分五日四分日一。

这是按照辟（天子）、公、卿、大夫、诸侯五个爵位把六十卦分为五组，每组十二卦，分别与十二月相对，每卦主六日七分，十二卦共主七十三日八十分之四。每月五卦，共主三十日三十五分，每月余三十五分，十二月共余四百二十分。一日八十分，四百二十分共五又四分之一日。不难看出，这种卦气说与孟喜的六日七分说完全相同，其应出于孟喜后学。

《乾元序制记》还据十二消息卦提出了一套灾异占验的方法。其说：

> 辟卦温气不效，六卦阳物不生，土功起，三卦阳气不至，疾伤，日蚀既。六卦不至，震水涌；寒气不效，六卦不至，冬荣实物不成，夏寒伤生，冬温伤成，日月不明，四时失序，万物散去。
>
> 辟卦七十三日，日［八十］分之四，常风乱先王之法度，（常风）寒不时所威，不得其人。秋不霜，行春令，缓刑罚。冬不冰，行秋令，免有罪。春冻不解，必有受命所亡。奢侈过度，行罚妄行，百姓急不足困饥，作奢，此受命所行。辟杀之法，十二卦常蒙三十六年杀，非受命所亡也。［一］卦不至为三年，二卦不至为六年，三卦不至为九年，四卦不至为十二年，五卦不至为十五年，六卦不至为十八年，七卦不至为二十一年，八卦不至为二十四年，九卦不至为二十七年，十卦不至为三十年，十一卦不至为三十三年，十二卦不至为三十

① 从上可知，此下尚阙“九卿”一条。

> 六年。卦始用事，象东风雨，象施于也。西方至，象作威也。南风，有罪也。北风至，熟无罪也。东北为雨，西南为正，东南为温，西北为寒。用事，东北为雨，西南为正也，东北南西，皆风，东南温，西北为寒，观六四，知其正，此候及四位之人，非独辟之。候卦要法，谨察卦用事日分数，当寒者寒，当暑者暑，当风者风，当雨者雨，此平法。谨司六月中寒温风雨，记其日与时，发时以验方来，万全不失一。

辟卦即十二消息卦。温气不效，则六阳卦不至，会出现日食、大水等灾害。寒气不效，则六阴卦不至，则会出现冬温、夏寒、日月不明、四时失序等灾害。十二消息卦用事，如果出现暴风则会破坏先王的法度。如果夏天寒冷，乃用人不当所致；秋天无霜，乃行春令不施刑所致；冬天不冰，乃是行秋令免有罪所致；春冻不消，乃是君主奢侈过度、乱施刑罚、百姓困饥所致，这是应该改朝换代的标志。“辟杀之法，十二卦常蒙三十六年杀，非受命所亡也。”郑玄注曰：“常不清明，非受命所亡，言此君臣自相杀之候。”意思是说十二消息卦每卦主三年，十二卦共三十六年。如果十二消息卦卦气不效，则会出现国家不该灭亡的时候就灭亡的情况。如果一卦不至，则会提前三年灭亡，二卦不至为六年，依次类推，最后十二卦皆不至，则为三十六年。那么如何候卦呢？《乾元序制记》认为，应该观察卦用事的当日分数，当寒则寒，当暑则暑，这是平常之法。另外还可以通过观察六月中的寒温风雨来推测未来。《乾元序制记》还列出了十二辟卦的享国世数，如“姤，姓角，名商，苍白色，长六尺三寸，二十八世；遁，姓宫，名商，黄白色，长五尺九寸八分，五十六世……”

分论二

《春秋纬》

《春秋纬》，据李贤注，有《演孔图》、《元命包》、《文曜钩》、《运斗枢》、《感精符》、《合诚图》、《考异邮》、《保乾图》、《汉含孳》、《佑助期》（按：佑或作佐）、《握诚图》、《潜潭巴》、《说题辞》十三种。清儒赵在翰于此之外还列十余种，其说：

> 余纬不入十三篇者，据诸书著录有《包命》、《命历序》、《勾命决》、《含文嘉》、《括地象》、《少阳篇》、《揆命篇》、《春秋灾异》、《春秋录图》、《春秋秘事》、《春秋文义》、《春秋内事》、《春秋玉版谶》。考《包命》为《元命包》之讹。《勾命决》为《孝经纬》之讹，《括地象》为《河图》之讹，《含文嘉》则《白虎通论》引《礼纬》、《春秋纬》篇目不明之讹也。余皆谶类，例不录。①

安居香山《纬书集成》中也有《命历序》、《内事》、《录图》、《录运法》、《孔录法》、《璇玑枢》、《揆命篇》、《河图揆命篇》、《玉版谶》、《瑞应传》、《感应图》、《考灵曜》、《圣恰符》、《甄燿度》等篇目。除《命历序》外，其余各篇大多片言只语，无稽可考。有些篇目大概是其他纬书混入《春秋纬》中，如赵在翰所说的《钩命决》、《括地象》。除赵氏所说外，《春秋录图》、《河图揆命篇》当为《河图》篇目，《璇玑枢》、《考灵曜》当为《尚书纬》篇目等。

按照《后汉书·张衡传》、《隋书·经籍志》等书，"七纬"有三十六种，然李贤注仅列三十五种。对于另外一种为何篇，后人有不同的猜测，如姚振宗《〈隋书·经籍志〉考证》认为是《礼记默房》，胡薇元《〈诗纬·含神雾〉训纂》认为是《孝经纬·左方契》，汪师韩《韩门缀学》认为是《春秋命历序》。一般认为，汪师韩的说法比较合理。钟肇鹏说：

> 侯康《补三国艺文志》云："《后汉书·樊英传》注载《春秋纬》十三篇，有《握诚图》而无《命历序》，宋（均）注亦适十三篇，有《命历序》而无《握成图》。……然则正宜以《命历序》补其缺。""据肖吉《五行大义·论诸神篇》、《后汉书·杨厚传》注《初学记》

① 赵在翰：《七纬·春秋纬叙录》，《纬书集成》，上海古籍出版社1994年版，第1039—1040页。

> 卷九《御览》卷七十八，则宋均《命历序》注确有明文。”今于《春秋纬》中增入《命历序》则《春秋纬》为十四种，与张衡及《隋志》所云三十六纬之数正合，也不必如侯康所说以《命历序》代《握诚图》，《七经纬》三十六篇，篇目俱全，并无缺佚。①

钟氏所说有理，其实《命历序》在东汉时就已被引用，《后汉书·律历志》说：“中兴以来，图谶漏泄而《考灵曜》、《命历序》皆有‘甲寅元其所在四分’……”此是东汉和帝永元十四年（102 年）的诏书。由此可以知道，《命历序》在光武中兴之时已经形成。从现存材料来看，《命历序》与《春秋纬》的其他各篇的确有所不同，其主要目的在于构建一套历史学说。它把天地开辟以来的历史分为“十纪”，依次为九头纪、五龙纪、摄提纪、合洛纪、连通纪、序命纪、修蜚纪、回提纪、禅通纪、流讫纪。它认为各个朝代按照五行相生的顺序依次替代，这或许是其称作《命历序》的原因。

此外，《隋书·经籍志》还列有“《春秋灾异》十五卷”。注曰：“郗萌撰。梁有《春秋纬》三十卷，宋均注；《春秋内事》四卷，《春秋包命》二卷，《春秋秘事》十一卷，《〈书〉、〈易〉、〈诗〉、〈孝经〉、〈春秋〉、〈河洛〉纬秘要》一卷，《五帝钩命诀图》一卷。亡。”所谓“梁有《春秋纬》三十卷”等指梁阮孝绪《七录》中记载的篇目。按照这种看法，《春秋灾异》与《春秋纬》是异名同实。不过注内《〈书〉、〈易〉、〈诗〉、〈孝经〉、〈春秋〉、〈河洛〉纬秘要》、《五帝钩命诀图》等从名称上来看显然与《春秋纬》无关。《隋书·经籍志》又说：

> 孔子既叙六经，以明天人之道，知后世不能稽同其意，故别立纬及谶，以遗来世。……又有《七经纬》三十六篇，并云孔子所作，并前合为八十一篇。……汉代有郗氏、袁氏说。汉末，郎中郗萌集图纬谶杂占为五十篇，谓之《春秋灾异》。宋均、郑玄并为谶律之注。然其文辞浅俗，颠倒舛谬，不类圣人之旨。相传疑世人造为之后，或者又加点窜，非其实录。起王莽好符命，光武以图谶兴，遂盛行于世。

---

① 钟肇鹏：《谶纬论略》，辽宁教育出版社 1991 年版，第 59—60 页。

这里说得很清楚，《春秋灾异》与《春秋纬》并不相同，因为七经纬乃是孔子所作，而《春秋灾异》则是郗萌根据纬谶杂占等所辑的进行占测的著作。《隋书·经籍志》“五行”类又有“《杂杀历》九卷”，注曰：“梁有《秦灾异》一卷，后汉中郎郗萌撰；《后汉灾异》十五卷，《晋灾异簿》二卷，《宋灾异簿》四卷，《杂凶妖》一卷，《破书》、《玄武书契》各一卷。亡。”由此可以推测，《春秋灾异》与《秦灾异》等应该属于同类，“春秋”与秦、后汉等一样，指的是时代，而非书名。而且郗萌所辑灾异之书并非仅局限于《春秋纬》，还应包括其他纬书。因为《春秋纬》仅是统称，如《孝经右契》说：“《孝经》四卷，《春秋》、《河》、《洛》凡八十一卷。”这里的《春秋》当包括其他纬书。孙瑴说：

> 汉末有郎中郗萌集图纬谶杂占为五十篇，于是七经纬各自为篇部。至宋均始合而集之得三十卷，总名曰《春秋灾异》，而言纬者始主《春秋》，征引诸书，殊不别疏，皆曰《春秋纬》。①

从上面分析可以知道，《春秋灾异》只是从谶纬等中收集出来的有关灾异的部分，与《春秋纬》并不相同。后人不知，于是把它也归到《春秋纬》中，后来《旧唐书·经籍志》、《新唐书·艺文志》等皆录“《春秋纬》三十八卷”，可能就把《春秋灾异》包括在内。由于《命历序》思想比较特殊，因此，我们这里所说的《春秋纬》即以李贤注的十三种为主。

---

① 《纬书集成》，上海古籍出版社1994年版，第177页。

第七章

《春秋纬》形成研究

一　西汉春秋学传承与《春秋纬》形成

对于《春秋纬》的形成，前人早已注意到其与春秋公羊学关系密切，因为《春秋纬》中明确地提到了公羊学的领袖公羊高和董仲舒。《演孔图》说："公羊全孔经。"《说题辞》说："传我书者，公羊高也。"《论衡·案书篇》也说："谶书云：董仲舒乱我书。"有学者据此推断，"《公羊》学派董仲舒的后学至少有一部分直接参与了谶纬的造作，因此将他们的学派及先师的名字写到谶纬里面。"[①] 这一推断是正确的。然而为了说明《春秋纬》与春秋公羊学的关系，我们还有必要考察一下西汉春秋公羊学的传承情况。

《汉书·儒林传》说：

> 胡毋生，字子都，齐人也。治《公羊春秋》，为景帝博士。与董仲舒同业，仲舒著书称其德。年老，归教于齐，齐之言《春秋》者宗事之，公孙弘亦颇受焉。而董生为江都相，自有传。弟子遂之者，兰陵褚大、东平嬴公、广川段仲、温吕步舒。大至梁相，步舒丞相长史，唯嬴公守学不失师法，为昭帝谏大夫，授东海孟卿、鲁眭孟。孟为符节令，坐说灾异诛，自有传。

可以看出，西汉公羊学的传承有两个系统：一个是以胡毋生为首的系

---

① 钟肇鹏：《谶纬论略》，辽宁教育出版社 1991 年版，第 117 页。

统，一个是以董仲舒为首的系统。据徐彦《公羊传序疏》引戴宏序曰：“子夏传与公羊高，高传其子平，平传其子地，地传其子敢，敢传其子寿。至汉景帝时，寿乃与齐人胡毋子都著于竹帛。”此记载不一定可靠，但可以肯定的是《公羊传》与公羊氏有关。在《公羊传》中，我们也可以发现其征引了“子沈子”、“子司马子”、“子女子”、“子北宫子”、“高子”、“鲁子”及“子公羊子”等传授经师的言论。因此，《公羊传》不尽出于公羊之家。不过公羊氏后人把《公羊传》由口说写成书籍，因此，其以《公羊传》为名。据戴宏所说，胡毋生可能是公羊寿的弟子，他们二人共同把《公羊传》“著于竹帛”。

这里有一个问题值得探讨，就是《史记·儒林列传》和《汉书·儒林传》对于胡毋生以前的公羊学传承都只字未提，何以东汉的戴宏知道得这么清楚？因此，有学者对于戴宏的记载颇为怀疑。徐复观说：“此说由何休而至清今文学家，大大矜夸口传的意义，谓今文多是口传，所以远在古文之上，却不知此乃荒诞不经的说法。”其理由如下：其一，据《孔子世家》，由孔子至孔安国凡十三代，公羊寿较孔安国应当早一代，但由子夏到公羊寿只五代，这在情理上说不通。其二，“子公羊子”与“子沈子”等人并列，说明《公羊》非一线单传，且“公羊子”在此过程中与其他诸人相比并无特殊之处，称为《公羊传》具有偶然因素。其三，《春秋经》及《公羊传》有四万余字，不能仅凭记忆口传两百余年之久。① 徐氏所疑有些道理，但戴宏的记载应有其来源，没有确切证据不能贸然推翻。至少戴宏所说公羊学与公羊氏的关系是可以肯定的。大概《史记》和《汉书》所记载的公羊学仅为“著于竹帛”以后的传承，因此，它们未提公羊寿等人。从《汉书·儒林传》来看，在胡毋生、董仲舒之前，公羊学就已经流传了。而且二人在当时皆为公羊学博士，这说明《公羊传》那时已经得到上层阶级的肯定。虽然西汉公羊学有两个系统，但对后世产生影响的是董仲舒一系。

胡毋生是齐人，其传授多限于齐地，“齐之言《春秋》者宗事之”。他有一个著名的学生是公孙弘，后来位居丞相。但其影响仅限于政治，于学术则无甚影响。因此，公孙弘以后，胡毋生一系公羊学的影响就微乎其微了。西汉中后期的公羊学传承都来自董仲舒一系。董仲舒弟子中出名的有

---

① 徐复观：《徐复观论经学史两种》，上海书店出版社2005年版，第124—125页。

褚大、嬴公、段仲、吕步舒。在这些弟子中，唯有嬴公得董仲舒真传，守学而不失师法。嬴公传孟卿、眭孟。孟卿为著名易学家孟喜之父。眭孟则因言灾异而被诛。《汉书·眭弘传》说：

> 眭弘，字孟，鲁国蕃人也。……从嬴公受《春秋》。……孝昭元凤三年正月，泰山、莱芜山南匈匈有数千人声，民视之，有大石自立，高丈五尺，大四十八围，入地深八尺，三石为足。石立后有白乌数千下集其旁。是时，昌邑有枯社木卧复生，又上林苑中大柳树断枯卧地，亦自立生，有虫食树叶成文字，曰“公孙病已立”。孟推《春秋》之意，以为“石、柳，皆阴类，下民之象；泰山者，岱宗之岳，王者易姓告代之处。今大石自立，僵柳复起，非人力所为，此当有从匹夫为天子者。枯社木复生，故废之家公孙氏当复兴者也”。孟意亦不知其所在，即说曰：“先师董仲舒有言，虽有继体守文之君，不害圣人之受命。汉家尧后，有传国之运。汉帝宜谁差天下，求索贤人，禅以帝位，而退自封百里，如殷、周二王后，以承顺天命。”孟使友人内官长赐上此书。时，昭帝幼，大将军霍光秉政，恶之，下其书廷尉。奏赐孟妄设袄言惑众，大逆不道，皆伏诛。

眭孟这种以灾异言政治的方式完全承续董仲舒。其还引用董仲舒的言语来论证自己的思想。值得注意的是，这里提出“汉家尧后”的思想，这是史书对于此思想的最早记载。关于“汉家尧后”思想的来源，历来有不同的看法。有的学者认为此思想是眭孟所创。苏舆曰：“董未尝以汉为尧后，盖自弘创，而向、歆因之耳。且殷、周二王皆易代，若如弘说，则欲汉禅位易世，安得不害受命，与董说悖矣。弘盖借其受命之语，造为异说。自是以后，图谶烦兴，经学杂矣。”① 有的学者认为源于《左传》。齐召南曰：“以汉为尧后，始见此文。然则弘虽习《公羊》，亦兼通《左氏》矣。”② 有的学者则认为是当时共同的信仰。钱穆曰：“眭孟言汉为尧后，不述所本，以事属当时共信，无烦引据也。其论禅让，据《公羊》，尤

① 苏舆：《春秋繁露义证》，中华书局 1992 年版，第 200 页。
② 王先谦：《汉书补注》，中华书局 1983 年版，第 1371 页。

明白。”①

“汉家尧后”的思想究竟源于何处，现在不得而知。从史料来看，其可在《左传》中找到依据。《文公十三年》说：

> 晋人患秦之用士会也……乃使魏寿馀伪以魏叛者，以诱士会。执其帑于晋，使夜逸。请自归于秦，秦伯许之。履士会之足于朝。秦伯师于河西，魏人在东，寿馀曰：“请东人之能与夫二三有司言者，吾与之先。”使士会。士会辞，曰：“晋人，虎狼也。若背其言，臣死，妻子为戮，无益于君，不可悔也。”秦伯曰：“若背其言，所不归尔帑者，有如河！”乃行。绕朝赠之以策，曰：“子无谓秦无人，吾谋适不用也。”既济，魏人噪而还。秦人归其帑，其处者为刘氏。

《襄公二十四年》范宣子说：

> 昔匄之祖，自虞以上为陶唐氏，在夏为御龙氏，在商为豕韦氏，在周为唐杜氏，晋主夏盟为范氏。

《昭公二十九年》蔡墨说：

> 故帝舜氏世有畜龙。及有夏孔甲，扰于有帝，帝赐之乘龙，河、汉各二，各有雌雄。孔甲不能食，而未获豢龙氏。有陶唐氏既衰，其后有刘累，学扰龙于豢龙氏，以事孔甲，能饮食之。夏后嘉之，赐氏曰御龙。以更豕韦之后。龙一雌死，潜醢以食夏后，夏后飨之，既而使求之。惧而迁于鲁县，范氏其后也。

从这三段话可以知道，晋人担心秦用士会，于是使计令士会返晋，而士会留在秦国的那部分子孙，便改姓刘了。从范宣子的话可知道，范氏的祖先在虞为陶唐氏，在夏为御龙氏，在商为豕韦氏，在周为唐杜氏。而蔡墨的话则说明，刘累即御龙氏，也即陶唐氏之后。而范氏则是刘氏迁到鲁县一支的后代。而士会受封于范氏，于是遂以范为姓了。这样一条“刘为

---

① 钱穆：《两汉经学今古文平议》，商务印书馆2001年版，第11页。

尧（陶唐氏）后”的线索就出现了，此点班固已经指出。《汉书·高帝纪赞》曰：“《春秋》晋史蔡墨有言：陶唐氏既衰，其后有刘累，学扰龙，事孔甲，范氏其后也。而大夫范宣子亦曰：‘祖自虞以上为陶唐氏，在夏为御龙氏，在商为豕韦氏，在周为唐杜氏，晋主夏盟为范氏。’范氏为晋士师，鲁文公世奔秦。后归于晋，其处者为刘氏。”可以看出，把这三段话联系在一起来说明“刘为尧后”颇显牵强。一是士会之后刘氏与刘累之后范氏显然有着很大的差别。二是范宣子之言并未将御龙氏等同于刘累，这说明那时并未有这种思想。顾颉刚认为《左传》经过刘歆的修改，因此上述所载的三段话颇有可疑之处。其说：“《左传》是一部很有问题的书，其出现颇不光明。经清代几个今文学家研究，确为刘歆改头换面之作。它的材料固有甚早的，亦有甚后的。故此书染有浓厚的汉代色彩，自无足怪。”[①] 又说：“《左传》中这三段文字，魏寿馀诱士会一段除末句外自是不假；至范匄和蔡墨的两段话则殊不可信，非汉为尧后之说已发生时不会出现。”[②] 顾氏所说固然不完全正确，因为刘向已用《左传》之说，“汉帝本系，出自唐帝。降及于周，在秦作刘”（《汉书·高帝纪赞》）。[③] 但把这三段话联系在一起来解释“汉家尧后”，应非《左传》之本义，而乃汉儒之发明。如果刘氏未曾取得天下，则《左传》中的这种联系是不会出现的。

在现存纬书中，我们能够发现很多关于“汉家尧后”的记载。如《尚书中候》说：“卯金刀帝出，复尧之常。”《尚书中候·杂篇》说：“尧之长子监明早死，不得立，监明之子封于刘。朱又不肖，而弗获嗣。”这里虽然皆言“汉为尧后”，但其与《左传》所说完全不同，其并未提到“御龙氏刘累”和“范氏为刘”的看法，可见纬书所说并不源于《左传》。因此东汉贾逵在论述《左传》与谶纬的关系时，并未直接把二者等同，而仅仅说二者有相合之处，“五经家皆无以证图谶明刘氏为尧后者，而《左氏》独有明文”（《后汉书·贾逵传》）。观眭孟所言，其说“汉家尧后”的目的意在宣扬汉家禅让说，而尧为禅让之典范，此岂眭孟连二者于一起之原

---

① 顾颉刚：《五德终始说下的政治与历史》，《顾颉刚古史论文集》（第三册），中华书局1996年版，第352页。

② 同上书，第354页。

③ 关于此点，可参看钱穆《刘向歆父子年谱》，《两汉经学今古文平议》，商务印书馆2001年版；杨伯峻：《春秋左传注》，中华书局1990年版，第596—597页。

因乎？

在《春秋纬》中，我们虽然不能找到“汉家尧后”的明确记载，但我们可以看到汉为火德和尧为火德的记载，如《汉含孳》说：“卯金刀，名为刘。中国东南出荆州，赤帝后次代周。”《元命包》说：“尧火精，故庆都感赤龙而生。”在纬书中，汉为火德说和汉为尧后说是统一的。这一点在汉碑中有明确的论述，如《修尧庙碑》：“赤精之胄，为汉始别。”《成阳灵台碑》：“案考经典，河、洛秘奥，汉感赤龙，尧之苗胄。”[①] 因此，我们可以推断《春秋纬》也是持“汉家尧后”说的。只不过材料遗佚，无从见其原貌也。

这里就出现一个问题，“汉家尧后”说是眭孟受纬书影响，还是纬书受到眭孟的影响。有学者认为“汉家尧后”说出自谶纬。[②] 然而眭孟所引并未指出其出自谶纬，且当时谶纬是否流行，尚难断定。从眭孟所引来看，此思想在当时已经流行并具有很大的影响力。如果此语出自谶纬，眭孟必然指出，因为谶纬与春秋公羊学有很密切的关系。这样看来，应该是纬书的作者受到眭孟的影响。此作者可能就是眭孟的后学。

眭孟引用此语，是同董仲舒“虽有继体守文之君，不害圣人之受命”的思想联系在一起的，其目的是鼓吹汉家“再受命”思想的。这反映了西汉中后期的政治混乱，人们呼吁改朝换代的心声。这种思想在当时是很普遍的，非独眭孟一人所持。如《汉书·盖宽饶传》说：“五帝官天下，三王家天下，家以传子，官以传贤。若四时之运，功成者去。不得其人，则不居其位。”《李寻传》说：“初，成帝时，齐人甘忠可诈造《天官历》、《包元太平经》十二卷，以言‘汉家逢天地之大终，当更受命于天，天帝使真人赤精子下教我此道’。”这种思想在《春秋纬》中也有反映，如《春秋演孔图》说：“天运三百岁，雌雄代起。”《元命包》说：“继体守文之君，不害圣人之主”、“天道煌煌，非一帝之功。王者赫赫，非一家之常。顺命者存，逆命者亡”。《保乾图》说：“孔子曰：三百年斗历改宪。”这说明《春秋纬》受到当时思潮的影响。纬书之所以一再宣传孔子为汉制命的思想来论证汉代政治合法性的目的也在于此。他们企图通过意识形态

---

① 吕宗力：《从汉碑看谶纬神学对东汉思想的影响》，《中国哲学》（第12辑），人民出版社1984年版，第121页。

② 杨权：《新五德理论与两汉政治》，中华书局2006年版，第82页。

来维护摇摇欲坠的政权。从上面的论述来看，在眭孟的时代，《春秋纬》尚未形成。

眭孟的弟子很多，但以严彭祖、颜安乐最为出名。二人皆为当时的公羊学大师，而且分别传授弟子，由是《公羊春秋》有严、颜之学。《汉书·儒林传》说：

> 严彭祖，字公子，东海下邳人也。与颜安乐俱事眭孟。孟弟子百余人，唯彭祖、安乐为明，质问疑谊，各持所见。孟曰："《春秋》之意，在二子矣！"孟死，彭祖、安乐各颛门教授。由是《公羊春秋》有颜、严之学。彭祖为宣帝博士，至河南郡太守。……授琅邪王中，为元帝少府，家世传业。中授同郡公孙文、东门云。云为荆州刺史，文东平太傅，徒众尤盛。
>
> 颜安乐，字公孙，鲁国薛人，眭孟姊子也。……安乐授淮阳泠丰次君、淄川任公。公为少府，丰淄川太守。由是颜家有泠、任之学。始贡禹事嬴公，成于眭孟，至御史大夫，疏广事孟卿，至太子太傅，皆自有传。广授琅邪筦路，路为御史中丞。禹授颍川堂溪惠，惠授泰山冥都，都为丞相史。都与路又事颜安乐，故颜氏复有筦、冥之学。路授孙宝，为大司农，自有传。丰授马宫、琅邪左咸。咸为郡守九卿，徒众尤盛。

严彭祖、颜安乐大概活跃于宣、元之时，西汉中后期的公羊学大部分是二人的后学。严彭祖又授王中，王中又授公孙文、东门云。颜安乐又授泠丰、任公，由是颜家有泠、任之学，泠丰又授马宫、左咸。又有筦路、冥都学于颜安乐，形成颜家筦、冥之学。筦路又授孙宝。这是公羊学在西汉中后期的传承。

那么在严彭祖、颜安乐的时候，《春秋纬》是否形成了呢？我们的回答是否定的。理由是大概与严、颜同时的王褒曾提到《春秋》"五始"的思想，其说："共惟《春秋》法五始之要，在乎审己正统而已。"（《汉书·王褒传》）在《春秋纬》中，我们也能看到"五始"思想。如《元命包》说："黄帝受图，有五始：元者气之始，春者四时之始，王者受命之始，正月者政教之始，公即位者一国之始。"《合诚图》说："黄帝立五始，制以天道。"王褒引用仅提《春秋》，说明此思想是源于《春秋》的。

此时《春秋纬》是否形成还不能断定。但我们根据《尚书纬》的记载，可以推断《春秋纬》当时尚未形成。《尚书帝验期》说：“王母之国在西荒，凡得道受书者，皆朝王母于昆仑之阙。王褒字子登，斋戒三月，王母授以琼花宝曜七晨素经……”上面的故事已经把王褒神化，说明其只能产生于王褒之后。而从现有材料来看，《尚书纬》和《春秋纬》中都有“火德说”和“五帝说”的记载，由此可以推断二者形成大概同时。因此，在严彭祖、颜安乐的时候，《春秋纬》还没有形成。

从上面可以看出，公羊学能够分学立派，专门传授弟子，说明其在传授的过程中已经发生变化。严氏之学，未分门立派，说明其弟子能够固守师法。而颜氏之学分成四派，说明其弟子在传承师学的同时，又融入了自己的创见。严、颜之时，《春秋纬》尚未形成，这说明《春秋纬》产生只能出于严、颜后学。从前面《春秋纬》推崇公羊高、董仲舒来看，其作者应该固守师法，因此《春秋纬》的产生可能于严彭祖一系的公羊学有关。彭祖授琅玡王中，王中又授公孙文、东门云。东门云的弟子在当时颇为兴盛。从《春秋纬》内容来看，其绝非成于一人之手。其思想性质相同，而非同一作者，显然只能出于同一学派。因此，《春秋纬》的作者可能出于东门云的弟子。

而颜安乐的公羊学则不纯粹，属于不守师法的一系，因此，其学派之中又有派系之分。而且从思想内容来看，颜安乐本人也不唯师是从。我们现在以《公羊传》三世异辞说为例来说明这一问题。此思想见于《隐公元年》，其说：“所见异辞，所闻异辞，所传闻异辞。”董仲舒对此作了解释，其说：“《春秋》分十二世以为三等，有见，有闻，有传闻。有见三世，有闻四世，有传闻五世。故哀、定、昭，君子之所见也。襄、成、文、宣，君子之所闻也。僖、闵、庄、桓、隐，君子之所传闻也。”（《春秋繁露·楚庄王》）《春秋纬》的三世说与此完全相同，如《演孔图》说：“昭、定、哀为所见，文、宣、成、襄为所闻，隐、桓、庄、闵、僖为所传闻。”这说明《春秋纬》的作者继承了董仲舒的思想。而颜安乐的思想则与此不同。《公羊传注疏》说：

> 颜氏以为，襄公二十三年“邾娄鼻我来奔”，传云“邾娄无大夫，此何以书？以近书也”；又昭公二十七年“邾娄快来奔”，传云“邾娄无大夫，此何以书？以近书也”，二文不异，同宜一世，若分两属，

理似不便。又孔子在襄二十一年生，从生以后，理不得谓之所闻也。

按照董氏的看法，襄公属于所闻世，昭公属于所见。而颜安乐则认为襄公、昭公属于一世，因为《公羊传》对于“邾娄无大夫”的解释相同，所以不应分为二世。而且孔子在襄公的时候已经出生，因此，襄公之世不应属于所闻。可以看出，颜安乐对于三世的看法与董仲舒不同，而《春秋纬》同于董仲舒，因此，《春秋纬》不可能出于颜氏一系。

二 从火德说看《春秋纬》的形成

五行思想形成虽然很早，但用其来解释历史，则始于邹衍。《史记·孟子荀卿列传》说：

> 邹衍睹有国者益淫侈，不能尚德，若《大雅》整之于身，施及黎庶矣。乃深观阴阳消息而作怪迂之变，《终始》、《大圣》之篇十余万言。其语闳大不经，必先验小物，推而大之，至于无垠。先序今以上至黄帝，学者所共术，大并世盛衰，因载其禨祥度制，推而远之，至天地未生，窈冥不可考而原也。……称引天地剖判以来，五德转移，治各有宜，而符应若兹。

邹衍看到统治者骄奢淫侈，不能尚德，所以观察阴阳变化的道理而作“怪迂之变”。其思想的特征乃是根据阴阳变化，然后由小物推到无垠，由今世推到远古。其先由当世推至黄帝，然后又推至天地未生之时。他认为自天地开辟以来，历史按照五德的顺序依次循环。五德各有其所宜，各有其符应。因此，天子要根据五德之运的要求来行事。《史记·封禅书》也说：

> 自齐威宣之时，邹子之徒论著终始五德之运。及秦帝而齐人奏之，故始皇采用之。……邹衍以阴阳主运显于诸侯。而燕齐海上之方士传其术，不能通。然则怪迂阿谀苟合之徒自此兴，不可胜数也。

邹衍的弟子们也鼓吹五德终始之说，后来为秦始皇所采用。邹衍以其五德终始学说（“主运”即“五德转移”）显于诸侯，所以其学说引起了方士们的兴趣，学习的人不可胜数。这些都说明邹衍的五德终始学说在当时有着巨大的影响。

《汉书·艺文志》载有《邹子》四十九篇和《邹子终始》五十六篇。其中《邹子终始》应是专门谈五德终始思想的。可以推测，其讨论五德终始是相当详细的，但其书已佚，其详不得而知也。我们只能从现存的资料来观其大略。《吕氏春秋·应同》说：

> 凡帝王之将兴也，天必先见祥乎下民。黄帝之时，天先见大螾大蝼。黄帝曰："土气胜。"土气胜，故其色尚黄，其事则土；及禹之时，天先见草木秋冬不杀。禹曰："木气胜。"木气胜，故其色尚青，其事则木；及汤之时，天先见金刃生于水。汤曰："金气胜。"金气胜，故其色尚白，其事则金；及文王之时，天先见赤乌衔丹书集于周社。文王曰："火气胜。"火气胜，故其色尚赤，其事则火；代火者必将水。天且先见水气胜。水气胜，故其色尚黑，其事则水。水气至而不知，数备将徙于土。

《文选·魏都赋注》引《七略》曰："邹子有终始五德，从所不胜。土德后，木德继之，金德次之，火德次之，水德次之。"《应同》所说与《七略》相同，应为邹子佚文。可以看出，上面所说“五德转移”依据的是五行相胜的次序。黄帝为土德，木克土，故夏用木德；金克木，故商用金德；火克金，故周用火德。代火者必水，故继周者必用水德。然后代水者又为土德，依次往复循环。《应同》所作之时，秦尚未统一六国，故其未明言秦为水德。秦始皇统一六国之后，始有人认为秦应为水德。《史记·封禅书》说：

> 秦始皇既并天下而帝。或曰："黄帝得土德，黄龙地螾见；夏得木德，青龙止于郊，草木畅茂；殷得金德，银自山溢；周得火德，有赤乌之符。今秦变周，水德之时。昔秦文公出猎，获黑龙，此其水德之瑞。"于是秦更命河曰德水，以冬十月为年首，色上黑，度以六为名。

秦始皇采纳了秦为水德的建议。所以改河名为“德水”，以十月为岁首，色尚黑，度用六。

汉代也曾围绕“五德”说有着激烈的争论。其一建立，人们就开始讨论汉代属于五德中何“德”的问题，以论证其政权的合理性。汉一开始认为其是火德。《汉书·高祖本纪》说：

> 高祖被酒，夜径泽中。令一人行前，行前者还报曰：“前有大蛇当径，愿还。”高祖醉曰：“壮士行，何畏?”乃前拔剑斩蛇，蛇分为两，道开。行数里，醉，因卧。后人来至蛇所，有一老妪夜哭。人问妪何哭，妪曰：“人杀吾子。”人曰：“妪子何为见杀?”妪曰：“吾子，白帝子也。化为蛇，当道。今者赤帝子斩之，故哭。”人乃以妪为不诚，欲苦之，妪因忽不见。后人至，高祖觉，告高祖，高祖乃心独喜自负。

此事亦见于《史记》，文字有异而大意相同。汉应劭说：“秦襄公自以居西主少昊之神，作西畤，祠白帝。至献公时栎阳雨金，以为瑞，又作畦畤，祠白帝。少昊，金德也。赤帝尧后，谓汉也。杀之者，明汉当灭秦也。”此认为秦为金德，汉灭秦，故为火德。然火德之说，缺乏根据，后人多有怀疑者。①

然汉为水德之说，则是高祖、张苍等人所承认的。《史记·历书》说：

> 汉兴，高祖曰“北畤待我而起”，亦自以为获水德之瑞。虽明习历及张苍等，咸以为然。是时天下初定，方纲纪大基，高后女主，皆未遑，故袭秦正朔服色。

《汉书·张苍传》说：

> 汉兴二十余年，天下初定。公卿皆军吏，苍为计相，时绪正律历。以高祖十月始至霸上，故因秦时本十月不革。推五德之运，以为

① 顾颉刚说，秦为金德，以王莽土德为出发点，火德亦是王莽所改。见其《汉代学术史略》，东方出版社1996年版，第87页。

汉当水德之时，上黑如故。

由此可以看出，水德之说乃张苍所推。因为当时天下初定，所以无暇制定新的制度，所以正朔服色沿袭秦代，故应为水德。

但水德之说在当时就引起了人们反对，贾谊认为秦为水德，汉灭秦，故应为土德。《史记·贾生列传》说：

> 贾生以为汉兴至孝文二十余年，天下和洽而固，当改正朔，易服色，法制度，定官名，兴礼乐。乃悉草具其事仪法，色尚黄，数用五，为官名，悉更秦之法。孝文帝初即位，谦让未遑也。诸律令所更定及列侯悉就国其说，皆自贾生发之。于是天子议以为贾生任公卿之位，绛、灌、东阳侯冯敬之属尽害之。乃短贾生曰：“洛阳之人，年少初学，专欲擅权纷乱诸事。”于是天子后亦疏之，不用其议。

土德尚黄，以五为纪，故贾谊所作制度乃土德。但贾谊之说遭到排斥而未被采用。后来鲁人公孙臣也认为按照五德学说，汉应为土德。《史记·文帝本纪》说：

> 是时北平侯张苍为丞相，方明律历。鲁人公孙臣上书陈《终始传》五德事，言方今土德时，土德应，黄龙见，当改正朔、服色、制度。天子下其事与丞相议，丞相推以为今水德始明，正十月上黑事。以为其言非是，请罢之。

此事亦见于《汉书·张苍传》，其说：“鲁人公孙臣上书陈《终始五德传》，言汉土德，时其符黄龙见，当改正朔，易服色。事下苍，苍以为非是，罢之。”公孙臣也是根据五德终始说，但推出汉应为土德。这也是五德相胜说，不过是在秦朝为水德的基础上推断的。公孙臣土德之说虽遭张苍排斥，但最终取得胜利。《史记·文帝本纪》说：“十五年，黄龙见成纪。天子乃复召鲁公孙臣，以为博士，申明土德事。”张苍也因为此事自黜丞相之职。到了汉武帝的时候，土德之说才正式得以确立。《汉书·武帝纪》说：“太初元年……夏五月，正历，以正月为岁首，色上黄，数用五。”《郊祀志》也说：“夏，汉改历，以正月为岁首，而色上黄，官更印章以五字，因为太初元年。”色黄数五，皆土德制度。

可见，汉初对于汉属何“德”的讨论，有三种看法：火德说、水德说和土德说。三者虽有不同，但其目的都在于论证汉代统治的合理性。且所依据的理论都是邹衍的五德相胜说。不过火德说建立在秦为金德说的基础上，而土德说则是在水德说的基础上。水德说是以汉承秦，而土德说是以汉代秦。不过后来刘向父子又认为汉当为火德。对于汉代五德争论的前后变化，《汉书·郊祭志》说：

> 汉兴之初，庶事草创，唯一叔孙生略定朝廷之仪。若乃正朔、服色、郊望之事，数世犹未章焉。至于孝文，始以夏郊。而张苍据水德，公孙臣、贾谊更以为土德，卒不能明。孝武之世，文章为盛，太初改制。而兒宽、司马迁等犹从臣、谊之言服色、数度，遂顺黄德。彼以五德之传，从所不胜，秦在水德，故谓汉据土而克之。刘向父子以为帝出于震，故包羲氏始受木德，其后以母传子，终而复始，自神农、黄帝下历唐、虞三代而汉得火焉。故高祖始起，神母夜号，著赤帝之符，旗章遂赤，自得天统矣。

荀悦《汉纪》也说：

> 汉兴，继尧之胄，承天之运，接秦之弊。汉祖初定天下，则从火德。斩蛇著符，旗帜尚赤，自然之应，得天统矣。其后张苍谓汉为水德，而贾谊、公孙弘以为土德，及至刘向父子，乃推五行之运，以子承母，自伏羲，以迄于汉，宜为火始德。

可以看出，刘向父子是根据《说卦》“帝出乎震”章，震卦属于东方，于五行属木，可见帝王应从木德开始，伏羲是最早的帝王，因此，其为木德。然后按照五行相生的顺序，以母传子，终而复始，则可以推出汉为火德。这说明汉为火德说是在刘向父子以后才形成的，这一点前人已经指出。清代学者崔述说：“然衍虽有五德终始之说，而初不以母传子，固未尝以木、火、土、金、水为五帝相承之次第也。以母传子之说，始于刘氏向、歆父子；而其施诸朝廷政令，革故说，从新制，则在王莽篡汉之时。……盖自《吕氏春秋》始以五帝分配五行，春帝太皞，夏帝炎帝，秋帝少皞，冬帝颛顼，季夏之帝黄帝，向见此文，遂以为其世之先后固然，而太皞、炎帝乃庖羲、神农之异名。不知炎帝、太皞自在黄帝之后，秦、汉以前从未有以为即庖羲、神农者；《吕纪》所云，但谓五帝之德各有所主，正如勾芒以下五官各擅其神者然，非以此为先后之序也。”① 后来王莽、光武帝都采纳了这种学说，虽然他们的目的有所不同。

刘歆的《世经》就是以五行相生说为基础来叙述帝王替代的。《汉书·律历志》说：

> 《春秋》昭公十七年“郯子来朝”，《传》曰：昭子问少昊氏鸟名何故？对曰：“吾祖也，我知之矣。昔者，黄帝氏以云纪，故为云师而云名；炎帝氏以火纪，故为火师而火名；共工氏以水纪，故为水师而水名；太昊氏以龙纪，故为龙师而龙名。我高祖少昊挚之立也，凤鸟适至，故纪于鸟，为鸟师而鸟名。”言郯子据少昊受黄帝，黄帝受炎帝，炎帝受共工，共工受太昊，故先言黄帝，上及太昊。稽之于《易》，炮牺、神农、黄帝相继之世可知。
>
> 太昊帝：《易》曰：“炮牺氏之王天下也。”言炮牺继天而王，为百王先，首德始于木，故为帝太昊。……《祭典》曰：“共工氏伯九域。”言虽有水德，在火、木之间，其非序也。任知刑以强，故伯而不王。秦以水德，在周、汉木火之间。周人迁其行序，故《易》不载。
>
> 炎帝：《易》曰：“炮牺氏没，神农氏作。”言共工伯而不王，虽有水德，非其序也。以火承木，故为炎帝。教民耕农，故天下号曰神农氏。
>
> 黄帝：《易》曰：“神农氏没，黄帝氏作。”火生土，故为土德。与炎帝之后战于坂泉，遂王天下。始垂衣裳，有轩、冕之服，故天下号曰轩辕氏。
>
> 少昊帝：《孝德》曰：少昊曰清。清者，黄帝之子清阳也，是其子孙名挚立。土生金，故为金德，天下号曰金天氏。
>
> 颛顼帝：《春秋外传》曰：少昊之衰，九黎乱德，颛顼受之，乃命重黎。苍林昌意之子也。金生水，故为水德。天下号曰高阳氏。

① 崔述：《崔东壁遗书》，上海古籍出版社1983年版，第50页。

帝喾：《春秋外传》曰：颛顼之所建，帝喾受之。清阳玄嚣之孙也。水生木，故为木德。天下号曰高辛氏。

唐帝：《帝系》曰：帝喾四妃，陈丰生帝尧，封于唐。盖高辛氏衰，天下归之。木生火，故为火德，天下号曰陶唐氏。

虞帝：《帝系》曰：颛顼生穷蝉，五世而生瞽叟，瞽叟生帝舜，处虞之妫汭，尧嬗以天下。火生土，故为土德。天下号曰有虞氏。

伯禹：《帝系》曰：颛顼五世而生鲧，鲧生禹，虞舜嬗以天下。土生金，故为金德。天下号曰夏后氏。……

成汤：《书经·汤誓》：汤伐夏桀。金生水，故为水德。天下号曰商，后曰殷。

……

武王：《书经·牧誓》：武王伐商纣。水生木，故为木德。天下号曰周室。

……

汉高祖皇帝，著《纪》，伐秦继周。木生火，故为火德。天下号曰“汉”。

刘歆《世经》以《春秋》和《易传》为依据，按照五行相生的顺序来安排帝王的世系。可以看出，在《春秋》昭公十七年“郯子来朝”中，只是叙述黄帝、炎帝、共工、太昊等人名号，并未指出他们之间存在着前后相代的关系。刘歆又根据《说卦》“帝出乎震”章，认为最早的帝王与震卦相对，震卦属木，所以最早的帝王应为木德。《系辞下》说“古者包牺氏之王天下也”，因此，刘歆认为最早的帝王是伏羲。这样，伏羲就应为木德。而在《春秋》中，他认为太昊最早，因此，伏羲就是太昊帝。这样第一代确立了，按照《系辞下》“包牺氏没，神农氏作”的记载，神农便为第二代。在《春秋》中，共工本应为第二代，但刘歆认为共工“伯而不王”，虽有其德，非其序也，因此，只能居于“闰统”的地位。这样炎帝便居于第二代了。因此，神农便成为炎帝，其德为火。炎帝之后的帝王依次为黄帝土德、少昊金德、颛顼水德、帝喾木德、帝尧火德、帝舜土德、伯禹金德、成汤水德、周代木德，秦与共工相同，非其序，为闰统，这样汉便为火德。

可见，汉为火德说是在刘向父子之后才形成的。我们在《春秋纬》中能够看到很多关于汉为火德说的论述。如：

> 孔子论经，有乌化为书。孔子奉以告天，赤爵集书上，化为玉，刻曰：孔提命，作应法，为赤制。
>
> 玄邱制命，帝卯行也。
>
> 卯金刀，名为刘。中国东南出荆州，赤帝后次代周。（以上《演孔图》）
>
> 赤受命，持天权。（《元命包》）
>
> 经十有四年春，西狩获麟，赤受命，仓失权，周灭火起，薪采得麟。（《汉含孳》）
>
> 黑孔生，为赤制。（《感精符》）
>
> 执嘉妻含始游洛池，赤珠出，刻曰：玉英吞此者为王客。以其年生刘季，为汉皇。（《握诚图》）

这些都以为汉直接代替周代，周代为木，按照相生说，则汉代为火。在《春秋纬》其他篇中，我们虽然不能看到汉为火德的记载，但可以看到黄帝土德、尧为火德、周为木德等记载，如《考异邮》说：“黄帝将起，有黄雀赤头，占曰：黄者土精，赤者火荧，雀者赏萌。余当立。”《运斗枢》说：“赤龙负图以出何见，尧与太尉舜等百二十臣集发，藏大麓。”《感精符》说：“孔子按录书，含观五常英人，知姬昌为苍帝精”等。这个系统与刘歆的系统相同，也是按照五行相生的顺序排列的。因此，汉在这个系统中应为火德。

从上面的论述来看，我们可以断定《春秋纬》的主体部分形成于刘歆提出汉火德说之后。

三　从五帝说看《春秋纬》的形成

《春秋纬》认为，人间天子是天上五帝精的化身，因此，人间的王朝更替取决于天上的“五帝”。《演孔图》说：

> 天子皆五帝精，宝各有题序，次运相据起，必有神灵符纪，诸神扶助，使开阶立遂。王者常置图箓坐旁以自正。

天子要根据天上五帝的变化，应运而起。所谓“五帝”是指苍帝、赤帝、黄帝、白帝、黑帝。《文曜钩》说：“太微宫有五帝座星：苍帝其名曰灵威仰，赤帝其名曰赤熛怒，黄帝其名曰含枢纽，白帝其名曰白招矩，黑帝其名曰汁光纪。”这五帝又称作青龙、朱鸟、腾蛇、素虎、玄武等，与天上二十八宿相对。《文曜钩》说：“东宫苍帝，其精为青龙；南宫赤帝，其精为朱鸟；中宫黄帝，其精为腾蛇；西宫白帝，其精为素虎；北方黑帝，其精为玄武。”

五帝之说大概兴起于战国后期，与当时五行说的兴盛有着密切关系。钱穆说：“大抵‘五方色帝’之说，起于战国晚世。及秦帝而燕齐方士奏其说。始皇采用之，遂始祀五帝。”[①] 蒙文通亦说：“《诗》、《书》中自昔称上帝，盖皆谓昊天上帝也。尧、舜、帝乙之称帝，则皆殁而臣子尊之，史氏述之，然后王者有帝号，谓配天耳。故曰稽古同天，以称帝为同天，是帝为天之专名，而假之以尊王者耳。……昔者周公宗祀文王于明堂以配上帝，亦帝一而配一，则天有五帝，古之王者有五帝，皆非西周之说可知也。又与三统之说不并容，是不特皇之说原始为一而非三，即帝之说在上世亦为一而非五也。自驺子言五德之运，盖五帝之说因之而兴。”[②] 最早对五方色帝记载的是《史记·封禅书》，其说：

> 秦襄公既侯，居西垂，自以为主少皞之神，作西畤，祠白帝，其牲用骝驹、黄牛、羝羊各一云。其后十六年，秦文公东猎汧渭之间，卜居之而吉。文公梦黄蛇自天下属地，其口止于鄜衍。文公问史敦，敦曰：“此上帝之征，君其祠之。”于是作鄜畤，用三牲郊祭白帝焉。
>
> 其后六年，秦宣公作密畤於渭南，祭青帝。
>
> 其后百余年，秦灵公作吴阳上畤，祭黄帝；作下畤，祭炎帝。……栎阳雨金，秦献公自以为得金瑞，故作畦畤栎阳而祀白帝。
>
> （汉高祖）二年，东击项籍而还入关，问：“故秦时上帝祠何帝也?”对曰：“四帝，有白、青、黄、赤帝之祠。”高祖曰：“吾闻天有

---

① 钱穆：《两汉经学今古文平议》，商务印书馆 2001 年版，第 327 页。

② 蒙文通：《古史甄微》，《中国现代学术经典·蒙文通卷》，河北教育出版社 1996 年版，第 350 页。

五帝，而有四，何也？”莫知其说。于是高祖曰：“吾知之矣，乃待我而具五也。”乃立黑帝祠，命曰北畤。

可以看出，五帝说是从秦国开始逐渐形成的。秦时有六畤四帝，即西畤、鄜畤、畦畤祭白帝，密畤祭青帝，上畤祭黄帝，下畤祭炎帝。至刘邦作北畤而祭黑帝始成五帝。秦之四帝，除西畤祭白帝外，其余皆不与方位相对。这说明秦之所祠四帝，本与五行说无关。如果五帝是在五行说影响下形成的，则秦必已立五帝。因为秦始皇时，邹衍的五德终始说已经有很大影响。《史记·封禅书》说：“秦始皇既并天下而帝，或曰：‘黄帝得土德，黄龙地螾见。夏得木德，青龙止于郊，草木畅茂。殷得金德，银自山溢。周得火德，有赤乌之符。今秦变周，水德之时。昔秦文公出猎，获黑龙，此其水德之瑞。’于是秦更命河曰‘德水’，以冬十月为年首，色上黑，度以六为名。”始皇受五德终始说影响，已采水德之说。此有水德之瑞，而未立黑帝，说明秦之四帝说与五行无关。而刘邦所立黑帝，则明显受到五行说的影响。其立北畤祭黑帝，表明其以水德自居。黑帝居于北方，故名曰北畤。这与秦之鄜畤、畦畤、密畤等名完全不同。

在刘邦之前，未闻有五方色帝之说。不过五神之说已经有之，《左传》说：“故有五行之官，是谓五官。实列受氏姓，封为上公，祀为贵神。社稷五祀，是尊是奉。木正曰句芒，火正曰祝融，金正曰蓐收，水正曰玄冥，土正曰后土。”（《昭公二十九年》）五行各有其神，如木正句芒、火正祝融之类。《墨子》说：“帝以甲乙杀青龙于东方，以丙丁杀赤龙于南方，以庚辛杀白龙于西方，以壬癸杀黑龙于北方。”（《贵义》）五龙即五行之神。此以五色与五方相对，然不以五帝称之，说明当时尚无五帝之说。

其后，受五行说影响，五帝与五方、四时等配合起来。《吕氏春秋·十二纪》说：

孟春之月……其日甲乙，其帝太皞，其神句芒……其祀户，祭先脾……

孟夏之月……其日丙丁，其帝炎帝，其神祝融……其祀灶，祭先肺……

中央土，其日戊己，其帝黄帝，其神后土……其祀中霤，祭先心。

孟秋之月……其日庚辛，其帝少皞，其神蓐收……其祀门，祭先肝……

孟冬之月……其日壬癸，其帝颛顼，其神玄冥……其祀行，祭先肾……

此处仅列每季首月，其余所配之帝与首月相同。这样春季之帝为太皞，其神句芒；夏季之帝炎帝，其神祝融；秋季之帝少皞，其神蓐收；冬季之帝颛顼，其神玄冥。中央土不居于任何一季，其帝黄帝，其神后土。不难看出，这里的五方之神，显然是在五行学说的影响下，把《左传》的五行之官配到四季中的。这种配合是在《管子》之后形成的。《管子·四时》说：

然则春夏秋冬将何行？东方曰星，其时曰春……其事号令：修除神位，谨祷弊梗……然则柔风甘雨乃至，百姓乃寿，百虫乃蕃，此谓星德……

南方曰日，其时曰夏……其事号令：赏赐赋爵，受禄顺乡，谨修神祀，量功赏贤，以动阳气。九暑乃至，时雨乃降，五谷百果乃登，此谓日德……

中央曰土……其德和平用均，中正无私，实辅四时：春嬴育，夏养长，秋聚收，冬闭藏。大寒乃极，国家乃昌，四方乃服，此谓岁德……

西方曰辰，其时曰秋……所恶其察，所欲必得，我信则克，此谓辰德……

北方曰月，其时曰冬……大寒乃至，甲兵乃强，五谷乃熟，国家乃昌，四方乃备，此谓月德……

《管子》亦以五行与四季相配，然其所配并未有五帝、五神，这说明在当时尚未把五帝配入五行系统。后来《吕氏春秋》的作者可能受到《管子》“修除神位”、“谨修神祀”的启发，把《左传》中的“五正”分配到季节中。因此，至少在《吕氏春秋》的时候，就已经有完整的五帝、五神思想，然尚未用颜色命名，说明当时五方色帝还未完全形成。

到了汉代，《淮南子》亦采用《吕氏春秋》的说法，如《天文训》说：

> 何谓五星？东方，木也，其帝太皞，其佐句芒，执规而治春；其神为岁星，其兽苍龙，其音角，其日甲乙。南方，火也，其帝炎帝，其佐朱明，执衡而治夏；其神为荧惑，其兽朱鸟，其音徵，其日丙丁。中央，土也，其帝黄帝，其佐后土，执绳而制四方；其神为镇星，其兽黄龙，其音宫，其日戊己。西方，金也，其帝少昊，其佐蓐收，执矩而治秋；其神为太白，其兽白虎，其音商，其日庚辛。北方，水也，其帝颛顼，其佐玄冥，执权而治冬；其神为辰星，其兽玄武，其音羽，其日壬癸。

《淮南子》的说法与《吕氏春秋》大略相同，不过“五正”在这里成为“五帝”之佐，而“五神”则被代为天上五星，但五方色帝还未出现于五行系统。

汉高祖立黑帝成五帝后，五帝在汉代一直有着非常重要的地位。汉高祖时曾令晋巫“祠五帝”。汉文帝时，采用新垣平的建议，在渭阳作五帝庙。《史记·封禅书》说：

> 其明年，赵人新垣平以望气见上，言“长安东北有神气，成五采，若人冠絻焉。或曰：东北，神明之舍；西方，神明之墓也。天瑞下，宜立祠上帝，以合符应”。于是作渭阳五帝庙，同宇，帝一殿，面各五门，各如其帝色。祠所用及仪亦如雍五畤。夏四月，文帝亲拜霸渭之会，以郊见渭阳五帝。……文帝出长安门，若见五人于道北，遂因其直北立五帝坛，祠以五牢具。

可以看出，渭阳五帝庙与此前的五帝畤并不相同，五帝畤在五个地方，而五帝庙不但居于一处，而且处于一庙，只不过开五门而别其帝色。汉文帝还亲自往渭阳拜祭五帝庙，说明其对五帝的重视。后来新垣平事败，汉文帝对于五帝便不重视了，仅令祠官祭祀，“自是之后，文帝怠于改正朔、服色、神明之事，而渭阳长门五帝使祠官领以时致礼，不往焉”。汉武帝时，太一成为最高神，五帝则成太一之佐。《封禅书》说：

亳人谬忌奏祠太一方，曰："天神贵者太一，太一佐曰五帝。古者天子以春秋祭太一东南郊，用太牢，七日，为坛开八通之鬼道。"于是天子令太祝立其祠长安东南郊，常奉祠如忌方。……

其秋，上幸雍，且郊。或曰："五帝，太一之佐也，宜立太一而上亲郊之。"……上遂郊雍，至陇西，西登崆峒，幸甘泉。令祠官宽舒等具太一祠坛，祠坛放薄忌太一坛，坛三垓。五帝坛环居其下，各如其方，黄帝西南，除八通鬼道。……太一祝宰则衣紫及绣。五帝各如其色，日赤，月白。

太一是天神贵者，五帝只是太一之佐。因此，太一坛最高，五帝坛环居其下。这里的五帝是青、赤、黄、白、黑五帝，而非太皞、赤帝、黄帝、少皞、颛顼五帝。

在当时，五方色帝已经同天象联系起来了。《史记·天官书》说：

苍帝行德，天门为之开。赤帝行德，天牢为之空。黄帝行德，天矢为之起。风从西北来，必以庚、辛。一秋中，五至，大赦；三至，小赦。白帝行德，以正月二十日、二十一日，月晕围，常大赦载，谓有太阳也。一曰：白帝行德，毕、昴为之围。围三暮，德乃成；不三暮，及围不合，德不成。二曰：以辰围，不出其旬。黑帝行德，天关为之动。

这里把苍、赤、黄、白、黑五帝与天上星辰对应起来，如苍帝与天门星相对，赤帝与天牢星相对等。各帝行德，则所对之星就会发生相应的变化，否则，则会出现灾异。在《春秋纬》中，我们也能看到类似的思想，如《文曜钩》说："是以赤帝行德，天牢为之空；黄帝行德，天矢为之起；黑帝行德，天关为之運。"《春秋纬》思想可能受到《天官书》的影响。在《天官书》中，五帝星座的看法就已存在，不过五星仅处于南宫朱鸟中，而非与东、南、西、北、中五宫相对，"南宫朱鸟，权、衡。……其内五星，五帝坐"。上面《文曜钩》"太微宫有五帝座星"与此有些不同，不过思想上可能受到《天官书》的影响。

太皞、赤帝、黄帝、少皞、颛顼五帝本是人间的帝王，与四季相配合，有相应的五神，如《吕氏春秋》中的句芒、祝融、蓐收、玄冥、后土，《淮南子》中的岁星、荧惑、镇星、太白、辰星等。但在汉宣帝时，此五帝本身已经由人变成神。《汉书·魏相传》说：“东方之神太昊，乘‘震’执规司春；南方之神炎帝，乘‘离’执衡司夏；西方之神少昊，乘‘兑’执矩司秋；北方之神颛顼，乘‘坎’执权司冬；中央之神黄帝，乘‘坤’、‘艮’执绳司下土。兹五帝所司，各有时也。”

在汉成帝时，五帝仍非最高神。匡衡说：“今既稽古，建定天地之大礼，郊见上帝，青、赤、白、黄、黑五方之帝皆毕陈，各有位馔，祭祀备具。”（《汉书·郊祀志》）五帝从属于上帝，故郊祀上帝则五帝毕陈。这时五帝仍未有具体的名字，《李寻传》说：“臣闻五星者，五行之精，五帝司命，应王者号令为之节度。”这里的“五帝”与“王者号令”相对，显为天上五帝，不过李寻接下来并没有提到五帝的名字，而仅仅提到岁星、填星、荧惑、太白、辰星五星的名字，这说明当时尚未有五帝的名字。

秦之祭祀四帝，似不按方位排列。汉文帝时作五帝庙亦未尝以方位而建，不过依门而别五帝。武帝时所建五帝坛亦在一处，仅以方向而分五色。可以看出，汉之祭祀五帝，皆不别方位，五帝庙皆居一处。但到了平帝时，王莽奏请按照方位来安排五帝。王莽说：

> 谨案《周官》“兆五帝于四郊”，山川各因其方，今五帝兆居在雍五畤，不合于古。……《易》曰“方以类聚，物以群分”。分群神以类相从为五部，兆天地之别神：中央帝黄灵后土畤及日庙、北辰、北斗、填星，中宿中宫于长安城之未坠兆；东方帝太昊青灵勾芒畤及雷公、风伯庙、岁星，东宿东宫于东郊兆；南方炎帝赤灵祝融畤及荧惑星，南宿南宫于南郊兆；西方帝少皞白灵蓐收畤及太白星，西宿西宫于西郊兆；北方帝颛顼黑灵玄冥畤及月庙、雨师庙、辰星，北宿北宫于北郊兆。（《汉书·郊祀志》）

王莽依据《周礼》，认为五帝居于雍五畤，不合古法，因此，五帝应该居于四郊。即中央帝黄灵后土畤应居于长安城未坠，东方太昊青灵勾芒畤应居于东郊，南方炎帝赤灵祝融畤应居于南郊，西方少皞白灵蓐收畤应居于西郊，北方颛顼黑灵玄冥畤应居于北郊。可以看出，太昊、炎帝等五帝在这里已经与勾芒、祝融等五神合二为一。

从上面的考察来看，五方色帝学说起于秦，成于汉初。起初，五方色帝与太昊、炎帝等五帝并未发生关系，似乎二者属于两个系统。到了西汉末年，王莽始把二者合一。然五方色帝仍以五帝、“五正”为名，并未有独立的名字。

在《春秋纬》中，我们能够看到关于五帝的记载，如《元命包》说：“东方，其色青……其帝太昊，太昊者大起，言物动扰之。其神勾芒者始萌。其精青龙，龙之言萌也。……时为夏……位在南方……其帝祝融，祝融者，属续也。……其神朱芒，朱芒者，注芒也。其精赤鸟。……时为秋……名为西方……其帝少皞者，少敛。其神蓐收者，纫收也。……时为冬……其帝颛顼，颛顼者寒缩。其神玄冥，玄冥，入冥也。”这种说法显然受到《吕氏春秋》等书的影响。除此之外，《春秋纬》更多的是五色帝的说法。如《文曜钩》说：

> 太微之座，五帝之廷，苍则灵威仰，白则白招矩，黄则含枢纽，赤则赤熛怒，黑则协光纪。……五行相生不相克，十二次顺行不相逆。于是乎五德所重，五行所降，五帝御世，惑運列宿。是以赤帝行德，天牢为之空；黄帝行德，天矢为之起；黑帝行德，天关为之運。五帝之运，各象其类。

五色帝之名，史籍皆未记载，可能出自纬书作者自造。文中提到的五德终始说是五行相生而非相克，说明其形成于刘歆之后。灵威仰、白招矩等名，除赤帝、白帝外，余名均与颜色无关。王莽所说五色帝之名仅综合五帝、“五正”及五色而成，尚未有具体名字，说明当时尚无五色帝之名。由此推断，五色帝之名可能产生于王莽奏请“兆五帝于四郊”之后，即平帝元始五年（5 年）之后。《春秋纬》也应形成于此后，其下限当在东汉光武帝中元元年（56 年）“宣布图谶于天下”之前。

第八章

《春秋纬》中的春秋学思想

由于《春秋纬》已经佚失，现存内容都是后人从古书中辑出来的，因此，资料分布零散不全。这样我们就不能知道其本来的思想体系。因此，我们在这里主要着重分析其与春秋学有关的思想，从而反映出《春秋纬》在春秋学方面的思想特征。

一　孔子作《春秋》说

最早提出孔子作《春秋》[①] 的是《孟子》，《滕文公下》说：

> 世衰道微，邪说暴行有作，臣弑其君者有之，子弑其父者有之。孔子惧，作《春秋》。《春秋》，天子之事也。是故孔子曰："知我者其惟《春秋》乎！罪我者其惟《春秋》乎！"

在孔子生活的时代，世道衰乱，邪说横行，君臣父子名分遭到破坏。孔子对于这种情况感到恐惧，因此作了一部《春秋》。孔子对于《春秋》

---

① "孔子作《春秋》"有二义：一训为"始"，一训为"为"。古文学家多取后义，如刘师培说："《孟子·滕文公篇》云：'孔子惧，作《春秋》。'后儒据之，遂谓《春秋》皆孔子所作。然'作'兼二义：或训为'始'，或训为'为'。训'始'见《说文》，即创作之作，乃《乐记》所谓'作者之谓圣'也；训'为'见《尔雅》，与创作之作不同。《书》言'汝作司徒'，言以契为司徒，非司徒之官始于契。……盖创作谓之作；因前人之意而为，亦谓之作。孟子言孔子'作《春秋》'，即言孔子因古史以为《春秋》也。"（《刘师培史学论著选集》，上海古籍出版社2006年版，第522页。）今文学家则多取前义，如皮锡瑞说："说《春秋》者，须知《春秋》是孔子作。作是做成一书，不是抄录一过。又须知孔子所作者，是为万世作经，不是为一代作史。经史体例所以异者，史是据事直书，不立褒贬，是非自见；经是必借褒贬是非，以定制立法，为百王不易之常经。"（皮锡瑞：《经学通论四·春秋》，中华书局1954年版，第2页。）此处所论"孔子作《春秋》"取今文"创作"义。

看得很重，因此，他认为后世要通过《春秋》来了解他。孔子认为，《春秋》负有天子的责任，其能起到正名分、别嫌疑、明是非、定犹豫的作用。孟子认为，孔子作《春秋》与大禹治水，周公兼夷狄、驱猛兽一样，有着同等重要的地位，“禹抑洪水而天下平，周公兼夷狄、驱猛兽而百姓宁，孔子成《春秋》而乱臣贼子惧”（《滕文公下》）。

《史记》也记载了孔子作《春秋》的事情，《孔子世家》说：

> 子曰：“弗乎弗乎，君子病殁世而名不称焉。吾道不行矣，吾何以自见于后世哉?”乃因史记作《春秋》，上至隐公，下讫哀公十四年，十二公。据鲁，亲周，故殷，运之三代。约其文辞而指博。故吴楚之君自称王，而《春秋》贬之曰“子”；践土之会实召周天子，而《春秋》讳之曰“天王狩于河阳”，推此类以绳当世。贬损之义，后有王者举而开之。《春秋》之义行，则天下乱臣贼子惧焉。孔子在位听讼，文辞有可与人共者，弗独有也。至於为《春秋》，笔则笔，削则削，子夏之徒不能赞一辞。弟子受《春秋》，孔子曰：“后世知丘者以《春秋》，而罪丘者亦以《春秋》。”

这里明确地记载了孔子根据当时的史书作《春秋》以明其道。《春秋》与一般的史书不同，其不仅仅记录史事，而且还要表明孔子的“贬损之义”。孟子亦说：“王者之迹熄而《诗》亡，《诗》亡然后《春秋》作。晋之《乘》，楚之《梼杌》，鲁之《春秋》，一也。其事则齐桓、晋文，其文则史。孔子曰：‘其义则丘窃取之矣。’”（《离娄下》）晋、楚与鲁的史书，事情可能记载的相同，但其中的“微言大义”则是孔子作《春秋》的独特之处。

到了汉代，董仲舒也认为《春秋》是孔子所作，其说：

> 孔子作《春秋》，先正王而系以万事，见素王之文焉。……孔子作《春秋》，上揆之天道，下质诸人情，参之于古，考之于今。故《春秋》之所讥，灾害之所加也；《春秋》之所恶，怪异之所施也。（《汉书·董仲舒传》）
>
> 仲尼之作《春秋》也，上探正天端王公之位，万民之所欲，下明得失，起贤才，以待后圣。史记十二公之间，皆衰世之事，故门人

惑。孔子曰：吾因行事而加乎王心焉。以为见之空言，不如行事博深切明。(《春秋繁露·俞序》)

董子以为，孔子作《春秋》上本天道，下质人情，参古考今，其目的则是正王公，系万事，明得失，起贤才，以待后世的圣人。司马迁亦说：“余闻董生曰：‘周道衰废，孔子为鲁司寇，诸侯害之，大夫壅之。孔子知言之不用，道之不行也，是非二百四十二年之中，以为天下仪表，贬天子，退诸侯，讨大夫，以达王事而已矣。’子曰：‘我欲载之空言，不如见之于行事之深切著明也。’夫《春秋》，上明三王之道，下辨人事之纪，别嫌疑，明是非，定犹豫，善善恶恶，贤贤贱不肖，存亡国，继绝世，补敝起废，王道之大者也。”(《史记·太史公自序》)史迁之说源于董子，故此亦表明了董子对于《春秋》的看法。在他们看来，《春秋》寄托了孔子的政治理想。孔子虽然仅为鲁国司寇，并且遭到诸侯的排挤，在这种情况下，孔子知道自己的政治思想不能实现，因此，通过作《春秋》来表达自己的政治思想，期待后世圣王来实现他的政治目标。

在《春秋纬》中，我们也能看到孔子作《春秋》的思想。如《演孔图》说：

孔子曰：丘作《春秋》，天授《演孔图》，中有大玉，刻一版曰：璇玑一低一昂，是七期验败毁之征也。

孔子修《春秋》，九月而成，卜之，得阳豫之卦。

哀十四年春，西狩获麟，作《春秋》，九月书成。以其春作秋成，故曰《春秋》也。

《说题辞》说：

伏羲作八卦，丘合而演其文，渎而出其神，作《春秋》，以改乱制。

孔子作《春秋》一万八千字，九月而书成，以授游、夏之徒。游、夏之徒不能改一字。

这些都认为《春秋》为孔子所作。《春秋纬》还认为，因为春天开始创作，秋天完成，所以称作《春秋》。《演孔图》还说："始于春，终于秋，故曰《春秋》。"这与"春作秋成"的说法相同。唐徐彦不同意"春作秋成"的看法，把其解释成"春为生物之始，而秋为成物之终，故云始于春，终于秋，故曰《春秋》也"。徐氏的解释颇为牵强。因为上面明确指出："哀十四年春，西狩获麟，作《春秋》，九月书成。"不过就事实来看，《春秋纬》的这种解释与"春秋"的真正含义并不符合。一般来看，"春秋"是总举一年四季的代称。如杜预《春秋序》说："'春秋'者，鲁史记之名也。……故史之所记，必表年以首事，年有四时，故错举以为所记之名也。"杨士勋《春秋穀梁传注疏》亦说："名曰'春秋'者，以史官编年记事，年有四时之序，春先于夏，秋先于冬，故举'春秋'二字以包之。"《春秋》是鲁国的一部史书，因此，"春秋"是就史官编年记事来讲的。现存《春秋》一万六千多字，《公羊传》则二万余字，可见《说题辞》所说的"孔子作《春秋》"是经而非传。

在孟子、董仲舒等人看来，孔子是在世道衰乱、邪说横行的情况下为了实现王道才创作《春秋》的。《春秋纬》则认为，孔子作《春秋》受到上天的命令。《感精符》说：

> 孔子受端门之命，制《春秋》之义，使子夏等十四人求周史记，得百二十国宝书，九月经立。

所谓"端门之命"是指孔子是在上天命令下制作《春秋》的。《演孔图》说："得麟之后，天下血书鲁端门曰：'趍作法，孔圣没。周姬亡，彗东出。秦政起，胡破术。书纪散，孔不绝。'子夏明日往视之，血书飞为赤乌，化为白书，署曰《演孔图》，中有作图制法之状。"得麟之后，上天在鲁国端门上写有血书，上面写着孔子作图制法的情况。第二天子夏去看，血书飞成赤乌，化成白书，署曰《演孔图》。孔子就是在这种情况下制作《春秋》的。他让子夏等人寻求周史记，得到一百二十个国家的宝书。到了九月，《春秋》便作成了。与孔子根据鲁国史记作成《春秋》不同，这里认为《春秋》是据周史记而作成的。《演孔图》也说："据周史，立新经。"当时周为天子，所以诸侯各国的史书，也可以称作周史记。不过《春秋纬》之所以把鲁史记改成周史记，其原因恐怕还不仅如此。《春秋纬》认为，汉为火德，继周而兴。因此，《春秋》要据周史记而作，这样，汉便可以直接代周而王。《演孔图》说：“经十有四年春，西狩获麟，赤受命，仓失权，周灭火起，薪采得麟。”“麟出周亡，故立《春秋》，制素王授当兴也。”

《春秋纬》作者认为，孔子作《春秋》的目的也是实现王道。《演孔图》说：“麟出周亡，故立《春秋》，制素王授当兴也。”《元命包》说：“孔子曰：丘作《春秋》，始于元，终于麟，王道成也。”这与董仲舒说《春秋》“贬天子，退诸侯，讨大夫，以达王事”的思想相同。所谓“立《春秋》，制素王授当兴也”，是指孔子作《春秋》是为了以素王的身份为后世立法，授予应当兴起的王朝。此即董仲舒所说“仲尼之作《春秋》也，上探正天端王公之位，万民之所欲，下明得失，起贤才，以待后圣”的意思。

孔子作《春秋》虽然期望后世圣人能够实现他未能实现的政治目标，但孔子并未指出后世王朝为何。《春秋纬》认为这个后世的王朝就是汉代。在它看来，孔子作《春秋》的目的就是为汉代制法。《汉含孳》说：

> 经十有四年春，西狩获麟，赤受命，苍失权，周灭火起，薪来得麟。孔子曰：丘览史记，援引古图，推集天变，为汉帝制法，陈叙图录。

哀公十四年春，西狩获麟，这是周亡汉起的预兆。孔子根据史书，推测天意，为汉制法。《尚书纬》明确地指出孔子作《春秋》是为了为汉立法。《考灵曜》说：“孔子为赤制，故作《春秋》”、“丘生仓际，触期稽度，为赤制，故作《春秋》。以明文命，缀记撰书，修定礼义”。孔子生于周之末世，其为水精，周为木德，按照五行相生，其不能直接代替周代为王，因此，其只能以素王的身份为火德王朝立法。汉就是这个火德王朝，因此，孔子就为汉代制法。

在纬书看来，孔子自己虽然不能直接代替周朝而王，但他可以为代替周而王的朝代制法。这样代周而王的朝代就实现了他的政治理想，实际上与他当王没什么区别。《孝经援神契》说：

> 鲁哀公十四年，孔子夜梦三槐之间，沛丰之邦，有赤烟气起。乃呼颜渊、子夏往视之，驱车到楚西北范氏街，见刍儿摘麟，伤其左前足，薪而覆之。孔子曰：“儿来，汝姓为谁？”儿曰：“吾姓为赤诵，

名子乔，字受纪。”孔子曰：“汝岂有所见耶?”儿曰：“见一禽，巨如羔羊，头上有角，其末有肉。”孔子曰：“天下已有主也，为赤刘，陈、项为辅，五星入井，从岁星。”儿发薪下麟示，孔子趋而往，麟蒙其耳，吐三卷图，广三寸，长八寸，每卷二十四字，其言赤刘当起，曰：“周亡，赤气起，火耀兴，玄丘制命，帝卯金。”

不难看出，这段话发挥了《春秋公羊传》“西狩获麟”的思想。鲁哀公十四年，孔子梦见沛丰的地方，有赤烟升起。于是他带着颜渊、子夏坐车到楚西北的范氏街，看见一个小孩捉了一只麟，伤了它的左前足，并且用薪盖着。孔子问小孩姓什么，小孩回答说，他姓赤诵，名字叫子乔，字受纪。孔子又问他看见了什么，他说看见了一个大如羔羊，头上有角，其末有肉的动物。接着孔子说，赤刘当为天下主。小孩让孔子看麟，麟吐了三卷图，上面写着孔子制命，赤刘当起。

在纬书看来，孔子制作《春秋》，并非孔子的主观想法，而是天意的安排，“孔子受端门之命，制《春秋》之义”（《春秋感精符》）。正因为孔子制法是为了完成上天的旨意，所以孔子作完之后，还要向上天汇报。《孝经右契》说：

孔子作《春秋》，制《孝经》，既成，使七十二弟子向北辰星而磬折，使曾子抱《河》、《洛》事北向，孔子斋戒，簪缥笔，衣绛单衣，向北辰而拜。告备于天曰：“《孝经》四卷，《春秋》、《河》、《洛》凡八十一卷，谨已备。”天乃虹郁起，白雾摩地，赤虹自上下，化为黄玉，长三尺，上有刻文。孔子跪受而读之，曰：“宝文出，刘季握。卯金刀，在轸北。字禾子，天下服。”

孔子作完《春秋》和《孝经》之后，便和他的弟子向天汇报。他让七十二弟子面向北辰星鞠躬而立，让曾子抱着《河图》、《洛书》也面北而立，孔子自己在斋戒之后，头上插着白色的笔，穿着红色的衣服，也向北辰而拜。告诉上天，《孝经》四卷、《春秋》、《河图》、《洛书》八十一卷，都已经全部完成。于是天上云气弥漫，白雾滔天，有赤虹从天而下，化为黄玉，长三尺，上面有刻文。孔子跪而受之，玉石上面写着宝文出现之后，刘邦当为天子。“卯金刀”即刘，“禾子”即季，“轸北”即刘邦家乡丰沛的分野。这是说刘邦兴起于轸北，天下大服。这样纬书便把刘汉政权和孔子联系起来，一方面提高了孔子的地位，也为儒家独尊提供了依据；另一方面也论证了汉代统治乃圣人所制，故受命自天，从而论证了刘汉政权的合理性。

二　三科九旨说、七缺说与四部说

纬书是相对经书而言的，因此，我们在《春秋纬》中能够发现很多春秋学的“微言大义”。现存《春秋纬》的春秋学思想主要有三科九旨说、七缺说、四部说等。

我们先来看三科九旨说，《春秋演孔图》说：

> 《春秋》设三科九旨。

三科九旨具体内容如何，由于纬书遗失，其详不得而知。但我们可以从宋均注解中知其内容。宋均注曰：“三科者，一曰张三世，二曰存三统，三曰异外内，是三科也。九旨者，一曰时，二曰月，三曰日，四曰王，五曰天王，六曰天子，七曰讥，八曰贬，九曰绝。时与日、月，详略之旨也。王与天王、天子，是录远近亲疏之旨也。讥与贬、绝，是轻重之旨也。（新周，故宋，）《春秋》当新王，此一科三旨也。所见异辞，所闻异辞，所传闻异辞，是二科六旨也。内其国而外诸夏，内诸夏而外夷狄，是三科九旨也。”不难看出，这里对于三科九旨的解释有两种看法：前一种看法为宋均的看法，后一种看法则应为何休的看法。后一种看法见于何休的《文谥例》。可能后人为了解释三科九旨把何休的看法混入宋均注中。通过比较，二者对于三科的看法基本相似，对于九旨则有所不同。二者的区别在于宋均认为三科九旨是分开来讲的，三科和九旨似乎没有关系。而何休则是合起来讲的，总的来讲是三科，分开来说是九旨。唐徐彦说：“何氏之意，以为三科九旨正是一物，若揔言之，谓之三科，科者，段也；若析而言之，谓之九旨，旨者，意也。言三个科段之内，有此九种之意。”[①] 那么此两种看法，哪种是《春秋纬》的本意呢？我们无从断定。

---

① 《春秋公羊传注疏》，北京大学出版社2000年版，第5页。

徐彦采取了一种折中的办法，认为二者皆有道理。其说：“《春秋》之内，具斯二种理，故宋氏又有此说，贤者择之。”① 不过何休注解《春秋公羊传》，曾大量引用纬文，其“三科九旨”思想可能也源于纬书。而宋均的解释可能是他自己的理解。

我们先来看一下何休的看法。在何休看来，“三科九旨”包括三层意思，每层意思又有三个方面。第一层意思是“新周，故宋，以《春秋》当新王”。此有三个方面，即新周、故宋、以《春秋》当新王。此即宋均所说的“存三统”。所谓“存三统”就是王朝兴起，要“存二王之后”，连同本朝，是为“三统”。《五经异义》说：“《公羊》说存二王之后，所以通天三统之义。”这种思想最先是由董仲舒提出的。其说：

> 《春秋》上绌夏，下存周，以《春秋》当新王。《春秋》当新王者奈何？曰：王者之法，必正号。绌王谓之帝，封其后以小国，使奉祀之。下存二王之后以大国，使服其服，行其礼乐，称客而朝。故同时称帝者五，称王者三，所以昭五端，通三统也。是故周人之王，尚推神农为九皇，而改号轩辕谓之黄帝，因存帝颛顼、帝喾、帝尧之帝号，绌虞而号舜曰帝舜，录五帝以小国。下存禹之后于杞，存汤之后于宋，以方百里，爵号公。皆使服其服，行其礼乐，称先王客而朝。《春秋》作新王之事，变周之制，当正黑统，而殷、周为王者之后，绌夏改号禹谓之帝，录其后以小国，故曰：绌夏，存周，以《春秋》当新王。（《春秋繁露·三代改制质文》）

董仲舒认为，每个王朝兴起，必须改正朔，变制度，以表明其政权受命于天，而非受命于人。那么如何更改制度呢？在他看来，三王之前应该绌退为帝，封其后为小国，使祭祀之。其前面的两个王朝则封为大国，以客礼待之，使其行其制度。董仲舒认为，“绌三之前曰五帝”，即三王之前为五帝，这就是所谓的“昭五端，通三统”。在董仲舒看来，如果再有新王朝出现，五帝则绌退为九皇，九皇则绌退为六十四民，以下依此类推。因此其说：“故圣王生则称天子，崩迁则存为三王，绌灭则为五帝，下至附庸，绌为九皇，下极其为民。”（《三代改制质文》）这样周代为王，则

① 《春秋公羊传注疏》，北京大学出版社 2000 年版，第 6 页。

存夏、商二代之后，录帝轩辕、帝颛顼、帝喾、帝尧、帝舜为五帝，把原来五帝中的神农绌为九皇。到《春秋》作新王的时候，则变成存商、周之后，夏则被绌为五帝，这就是“绌夏，存周，以《春秋》当新王”的意思。

“三统”在董仲舒那里是指黑、白、赤三种制度。它们按照逆行的方式循环，如黑统之前为赤统，赤统之前为白统，白统之前又为黑统，这就是所谓的“逆数三而复”。董仲舒说：

> 故汤受命而王，应天变夏作殷号，时正白统。亲夏，故虞，绌唐谓之帝尧，以神农为赤帝。……文王受命而王，应天变殷作周号，时正赤统。亲殷，故夏，绌虞谓之帝舜，以轩辕为黄帝，推神农以为九皇。……故《春秋》应天作新王之事，时正黑统，王鲁，尚黑，绌夏，亲周，故宋。(《三代改制质文》)

在三统中，商为白统，其存夏、虞二代之后，尧则被绌为五帝，神农为赤帝。到了周代，则为赤统，其存商、夏二代之后，舜则被绌为五帝，轩辕为黄帝，神农就被绌为九皇。到了《春秋》作新王的时候，则应为黑统，其存周、商二代之后，夏则被绌为五帝。孔子之时，天下尚未统一，孔子作《春秋》希望能够取代周朝为“新王”，故称“王鲁”。但实际上，孔子并未称王，所以被称为“素王”。素王者，空王也。但在董仲舒看来，素王并非真正的空王，其在三统中也占有一统。因此，它是实际的代周而王者。在“存二代”中，靠近的称为“亲”，靠远的则称为“故”。因此，上面的“新周”当为“亲周”。司马迁也说：“据鲁，亲周，故殷，运之三代。”

在现存《春秋纬》中，我们虽然不能找到“新周，故宋，以《春秋》当新王”的思想，但可以找到其对黑、白、赤三统的论述。如《春秋感精符》说：“帝王之兴，多从符瑞。周感赤雀，故尚赤；殷致白狼，故尚白；夏锡玄珪，故尚黑。”又说：“天统十一月建子，天始施之端也，谓之天纪者，周以为正；地统十二月建丑，地助生之端也，谓之地统，商以为正；人统十三月建寅，物大生之端也，谓之人统，夏以为正。”

“三科九旨”的第二层意思是“所见异辞，所闻异辞，所传闻异辞”。此即宋均所说的“张三世”。这种学说最早见于《春秋公羊传》。《隐公元年》说：

> 公子益师卒。何以不日？远也。所见异辞，所闻异辞，所传闻异辞。

此外，《公羊传》还有两处提到“三世异辞”说，一处是《桓公二年》说：“三月，公会齐侯、陈侯、郑伯于稷，以成宋乱。内大恶讳，此其目言之何？远也。所见异辞，所闻异辞，所传闻异辞。”一处是《哀公十四年》说：“《春秋》何以始乎隐？祖之所逮闻也。所见异辞，所闻异辞，所传闻异辞。”然对于“三世异辞”的具体内容，《公羊传》并没有明确指出。董仲舒对此则作了详细的论述。他说：

> 《春秋》分十二世以为三等，有见，有闻，有传闻。有见三世，有闻四世，有传闻五世。故哀、定、昭，君子之所见也。襄、成、文、宣，君子之所闻也。僖、闵、庄、桓、隐，君子之所传闻也。所见六十一年，所闻八十五年，所传闻九十六年。于所见微其辞，于所闻痛其祸，于传闻杀其恩，与情俱也。是故逐季氏而言又雩，微其辞也。子赤杀，弗忍书日，痛其祸也。子般杀而书乙未，杀其恩也。屈伸之志，详略之文，皆应之。(《春秋繁露·楚庄王》)

董仲舒把《春秋》十二公分为三等，即所见世、所闻世、所传闻世。所见三世，所闻四世，所传闻五世，即哀、定、昭为所见，襄、成、文、宣为所闻，僖、闵、庄、桓、隐为所传闻。所见共六十一年，所闻共八十五年，所传闻共九十六年，总共二百四十二年。但三世之分并非仅仅是时期的划分，更重要的是它反映了公羊学的春秋笔法。在所见世要“微其辞”，在所闻世要“痛其祸”，在所传闻世则要“杀其恩”。如《昭公二十五年》说：“秋七月，上辛，大雩。季辛，又雩。又雩者何？又雩者，非雩也，聚众以逐季氏也。”按照《春秋》惯例，一月不当再雩，既无再雩，而又举之，表明其实非雩。而是昭公欲依托此事，聚众以逐季氏。这种笔法就是“微其辞”。《文公十八年》说：“冬十月，子卒。子卒者孰谓？谓子赤也。何以不日？隐之也。何隐尔？弑也。弑则何以不日？不忍言也。”子赤之死，不写具体日期，是为了不忍写下子赤被弑的事情。这就是“痛其祸”的笔法。何休注曰：“所闻世，臣子恩痛王父深厚，故不忍言其日，与子般异。”所谓“与子般异”是指《庄公三十二年》“冬十月，乙未，子般卒”。子赤死不书日期，而子般死则写具体日期，这就是“杀其恩”的笔法。可以看出，距离越近，批评的越含蓄；距离越远，则批评的越厉害。这就是“异辞”。所谓“异辞”，就是笔法不同。何休说：“异辞者，见恩有厚薄，义有浅深，时恩衰义缺，将以理人伦，序人类，因制治乱之法。”（《隐公元年注》）《春秋》作者之所以要这样做，一是为了尊君，二是为了保身。何休在《公羊传·定公元年》“定、哀多微辞”下注曰：“上以讳尊隆恩，下以辟害容身，慎之至也。”司马迁也说：“孔氏著《春秋》，隐、桓之间则章，至定、哀之际则微。为其切当世之文而罔褒，忌讳之辞也。”（《史记·匈奴传》）

在《春秋纬》中，对于“三世说”也有论述。《演孔图》说：

> 昭、定、哀为所见，文、宣、成、襄为所闻，隐、桓、庄、闵、僖为所传闻。

可以看出，这种说法与董仲舒相同。何以有此区分？何休说：“所见者，谓昭、定、哀，己与父时事也；所闻者，谓文、宣、成、襄，王父时事也；所传闻者，谓隐、桓、庄、闵、僖，高祖、曾祖事也。”（《隐公元年注》）按照这种看法，所见、所闻、所传闻也是按时间远近区分的。自己和父亲时的事情，能够亲眼所见，故称所见世；祖父时的事情，能够靠听闻来了解，故称所闻世；曾祖、高祖时的事情，则只能靠传说知道，故称所传闻世。这样按照年数来算，所见六十一年，所闻八十五年，所传闻九十六年。

对于三世区分，也有不同的看法，如上一章提到的颜安乐。他认为，传文对襄公二十三年“邾娄鼻我来奔”和昭公二十七年“邾娄鼻快来奔”解释的一样，因此，二者应在同世。而且孔子在襄公二十一年已经出生，出生之后，便不应为所闻世。徐彦以为此为“倍经任意”之说。在他看来，目睹其事，心识其理，方可称所见，故孔子始生不能称为所见。此外，《孝经援神契》还有一种说法：“春秋三世，以九九八十一为限。”郑玄曰：“九者，阳数之极。九九八十一，是人命终矣。”按照这个说法，三世说是把《春秋》二百四十二年平均分为三个阶段，每个阶段八十一年。

即自隐公元年至僖公十八年为一世，自僖公十九年至襄公十二年又为一世，自襄公十三年至哀公十四年又为一世。这样每世八十一年，至第三世还差一年。前人对此解释为“见人命参差，不可一齐之义”①。可以看出，这种划分显得比较牵强，完全以数字为标准。徐彦认为襄公十三年时，孔子尚未出生，不能称为所见。由此可见，《孝经纬》和《春秋纬》出于不同作者之手。在前一章，我们推断《春秋纬》可能与严彭祖一系的公羊学有关，这样《孝经纬》就可能出于颜安乐一系。《孝经纬》这种不守师法的解释与颜安乐是相同的。

何休又把所传闻世称为据乱世，所闻世称为升平世，所见世称为太平世。在他看来，历史是一个不断进步的过程，时代越靠后就变得越好。但事实上却是相反，春秋二百四十二年的历史是越往后变得越乱。可见《春秋》所表明的不过是孔子的理想而已。清儒皮锡瑞说：“存三统、张三世，亦当以借事明义解之，然后可通。隐公非受命王，而《春秋》于隐公托始，即借之以为受命王。哀公非太平世，而《春秋》于哀公告终，即借之以为太平世。故论《春秋》时世之渐衰。春秋初年，王迹犹存，及其中叶，已不逮春秋之初，至于定哀，骎骎乎流入战国矣。而论《春秋》三世之大义，《春秋》始于拨乱，即借隐、桓、庄、闵、僖为拨乱世，中于升平，即借文、宣、成、襄为升平世，终于太平，即借昭、定、哀为太平世。世愈乱，而《春秋》之文愈治，其义与时事正相反。盖《春秋》本据乱而作，孔子欲明驯致太平之义，故借十二公之行事为进化之程度，以示后人治拨乱之世应如何，治升平之世应如何，治太平之世应如何，义本假借，与事不相比附。”②

“三科九旨”最后一层意思是“内其国而外诸夏，内诸夏而外夷狄”。此即宋均所说的“异外内”。此说最早见于《公羊传·成公十五年》，其说：“《春秋》内其国而外诸夏，内诸夏而外夷狄。王者欲一乎天下，曷为以外内之辞言之？言自近者始也。”何休注曰：“明当先正京师，乃正诸夏。诸夏正，乃正夷狄，以渐治之。”董仲舒也说：“亲近以来远，未有不先近而致远者也。故内其国而外诸夏，内诸夏而外夷狄，言自近者始也。”（《春秋繁露·王道》）这说明在《春秋》的作者看来，君王治理国家，应

① 《春秋公羊传注疏》，北京大学出版社 2000 年版，第 4 页。

② 皮锡瑞：《经学通论四·春秋》，中华书局 1954 年版，第 22—23 页。

该由近及远，由内至外，最终实现内外无异，天下一统。何休说：

> 于所传闻之世，见治起于衰乱之中，用心尚粗觕，故内其国而外诸夏，先详内而后治外，录大略小，内小恶书，外小恶不书，大国有大夫，小国略称人，内离会书，外离会不书是也。于所闻之世，见治升平，内诸夏而外夷狄，书外离会，小国有大夫。……至所见之世，著治大平，夷狄进至于爵，天下远近小大若一。（《公羊传·隐公元年注》）

此把“异外内”之说与三世说对应起来。所传闻世，世道衰乱，故先治其国而后方能治外。至所闻世，世道升平，此时诸夏已由外而变为内。至所见世，天下太平，此时天下若一，无有远近小大之分。可见，“异外内”之说不过是孔子推行其政治制度的一种策略而已。

我们下面顺便谈一下宋均对于九旨的看法，其说：“九旨者，一曰时，二曰月，三曰日，四曰王，五曰天王，六曰天子，七曰讥，八曰贬，九曰绝。时与日、月，详略之旨也。王与天王、天子，是录远近亲疏之旨也。讥与贬、绝，是轻重之旨也。”此认为九旨是指时、日、月、王、天王、天子、讥、贬、绝。这九旨分为三类：时与日、月是记录日期详略的笔法，王与天王、天子是记录远近亲疏的笔法，讥与贬、绝则是记录评价轻重的笔法。这九旨如果和三科联系起来，仅仅可以勉强对应到三世说中。

三科九旨之说，未知成于何时。董仲舒时，此思想的三个方面虽然形成，然三者尚未联系到一起。在董仲舒那里，仅有“六科”、“十旨”之说。《春秋繁露·正贯》说：

> 六者之科，六者之恉之谓也，然后援天端，布流物，而贯通其理，则事变散其辞矣。故志得失之所从生，而后差贵贱之所始矣；论罪源深浅，定法诛，然后绝属之分别矣；立义定尊卑之序，而后君臣之职明矣；载天下之贤方，表谦义之所在，则见复正焉耳；幽隐不相逾，而近之则密矣，而后万变之应无穷者，故可施其用于人，而不悖其伦矣。

六科是指差贵贱、绝分别、明君臣、见复正、不悖伦。对于十旨，其说：

> 举事变见有重焉，一指也；见事变之所至者，一指也；因其所以至者而治之，一指也；强干弱枝，大本小末，一指也；别嫌疑，异同类，一指也；论贤才之义，别所长之能，一指也；亲近来远，同民所欲，一指也；承周文而反之质，一指也；木生火，火为夏，天之端，一指也；切刺讥之所罚，考变异之所加，天之端，一指也。(《十旨》)

六科、十旨也是春秋学的微言大义。但与三科九旨说并不相同。苏舆以为，三科九旨之说可能出于胡毋生《条例》，然无实证。在我们看来，“三科九旨”说可能出于纬书，因为何休、宋均之说均与纬书有关。何休受纬书思想甚大，因此，他的三科九旨说应该源于纬书。而宋均则是纬书的注解者，其说虽与何休不同，但受到纬书启发是无疑问的。

下面我们看看《春秋纬》的七缺说。《春秋纬》说：

> 《春秋》书有七缺、八缺之义。

七缺之说，见于徐彦《公羊传注疏》。他说：“七缺者：惠公妃匹不正，隐桓之祸生，是为夫道缺也；文姜淫而害夫，为妇道缺也；大夫无罪而致戮，为君之道缺也；臣而害上，为臣之道缺也；僖五年，晋侯杀其世子申生。襄二十六年，宋公杀其世子痤，残虐枉杀其子，是为父之道缺也；文二年，楚世子商臣弑其君髡。襄三十年，蔡世子般弑其君固，是为子之道缺也；桓六年正月己卯，蒸。桓十四年八月乙亥，尝。僖三年夏四月，四卜郊不从，乃免牲，犹三望郊祀不修，周公之礼缺，是为七缺也矣。”可以看出，七缺之义主要是从道德上讲的。如果他们不能尽到自己应有的责任，就是其道之缺。如君不能尽君道，则是君道之缺；臣不能尽臣道，则是臣道之缺。其他关系亦是如此。不难看出，七缺中的六缺讲的都是三纲关系。最后一缺则讲的礼仪之缺，与前面六缺放在一起，显得不类，有凑数之嫌。

从现有文献来看，“七缺”说可能受到《毛诗序》的影响。《毛诗序》曰：“《鹿鸣》废，则和乐缺矣；《四牡》废，则君臣缺矣；《皇皇者华》废，则忠信缺矣；《常棣》废，则兄弟缺矣；《伐木》废，则朋友缺矣；

《天保》废，则福禄缺矣；《采薇》废，则征伐缺矣；《出车》废，则功力缺矣；《杕杜》废，则师众缺矣；《鱼丽》废，则法度缺矣；《南陔》废，则孝友缺矣；《白华》废，则廉耻缺矣；《华黍》废，则蓄积缺矣……《菁菁者莪》废，则无礼仪矣；《小雅》尽废，则四夷交侵，中国微矣。”（《毛诗正义》卷十之二）可以看出，这里论述了《诗经》各篇相应的作用，如果某篇废弃，则其相应作用也会缺失。其中也提到“君臣之缺”、“礼仪之无”，这与上面说的“七缺”中内容是可以对应的。而“和乐”、“孝友”等德目也可与“夫妇”、“父子”等相联系。据学者考证，《毛诗序》是陆续写成的，作者包括周初的史官、子夏和毛亨等人。[①] 这比《春秋纬》的形成要早，因此，《春秋纬》中的“七缺”说有可能受到《毛诗序》的影响。

八缺之说，纬书未言。赵在翰说：“隐元年不书即位，君道缺；祭伯来非王命，臣道缺；郑伯克段，兄弟道缺；书惠公仲子，夫妇道缺，父子道缺矣。其八缺之义与?”[②] 赵氏所说是否纬书“八缺”之义，尚难断定。不过“八缺”之说可能出于后人误记，因为除此之外，在史书中未闻有八缺之说。且《公羊传注疏》、《孝经援神契》均言“七缺”，而未提“八缺”。

四部说不见于其他典籍，应为《春秋纬》的独创。《考异邮》说：

> 桓五年秋大雩，说雩礼，是一部也；僖二年冬十月不雨，僖三年正月不雨，夏四月不雨，说祷礼，是二部也；文二年、文十年、文十三年，皆云正月不雨，至于秋七月，说旱而不为灾，是三部也；僖十一年秋八月大雩，十三年秋九月大雩，成公三年秋大雩，七年冬大雩，襄五年秋大雩，传曰旱，八年九月大雩，传曰旱，十六年秋大雩，十七年秋九月大雩，二十八年秋八月大雩，传曰旱，昭三年秋八月大雩，传曰旱，六年九月大雩，传曰旱，八年秋大雩，十六年秋九月大雩，传曰旱，二十四年秋八月大雩，传曰旱，二十五年秋七月上辛大雩，季辛又雩，传曰秋书雩，旱甚，定元年秋九月大雩，七年秋大雩，九月大雩，十二年秋大雩，说旱气所由，是四部也。

---

① 徐复观：《徐复观论经学史二种》，上海书店出版社 2005 年版，第 119—126 页。
② 赵在翰：《七纬》，《纬书集成》，上海古籍出版社 1994 年版，第 1004 页。

可以看出四部说是对《春秋》中旱灾的不同类型所作的解释。其把旱灾分为四种类型：第一类是说雩礼的旱灾。如桓五年的“秋大雩”。《公羊传》解释说：“大雩者何？旱祭也。言雩，则旱见。言旱，则雩不见。何以书？记灾也。”第二类是说祷礼的旱灾。如僖公二年、三年所说的“不雨”。《公羊传》说：“何以书？记异也。”第三类是旱而不灾的情况。《考异邮》说它们皆云“正月不雨，至于秋七月”。其实文公二年的原文是“自十有二月不雨，至于秋七月”。《公羊传》说：“何以书？记异也。大旱以灾书，此亦旱也，曷为以异书？大旱之日短而云灾，故以灾书。此不雨之日长而无灾，故以异书也。”《考异邮》作者觉得它与文十年、文十三年的情况相同，都属于长久不雨的情况，因此，把它们放在一起。大旱之日短为灾，不雨之日长为异。第四类也是关于雩礼的旱灾。但在它所举的例子中，传文皆无“传曰旱”、“传曰秋书雩，旱甚”、“旱气所由”等语，此是《考异邮》作者自己的理解。可能他认为这些与桓五年“秋大雩”的情况相似，所以把它们皆理解为旱灾。不难看出，四部说实际上把大旱分为两类：一类是旱灾，一类是旱异。前者的特点是时期较短，在经中多以“大雩”的形式出现；后者的特点是时期较长，在经中多以“不雨”的形式出现。

从上面我们对三科九旨、七缺、四部等学说的分析来看，《春秋纬》并非一无是处，其为我们了解春秋学提供了很多有价值的思想。

三 《春秋纬》与《春秋公羊传》、《春秋繁露》

我们在前面说过，《春秋纬》与春秋公羊学有着密切的关系。其作者可能就出于公羊学后学之手。在前面两节中，我们谈了《春秋纬》关于《春秋》方面的主要思想。除此之外，《春秋纬》在很多地方还对《公羊传》、《春秋繁露》的经文作了直接的解释和发挥。

我们先来看《春秋纬》对于《公羊传》经文的解释。《公羊传·隐公元年》说：

> 元年春，王正月。元年者何？君之始年也。春者何？岁之始也。王者孰谓？谓文王也。

《元命包》说：“元年者何？元宜为一。谓之元何？曰君之始元也。”“据春者，岁之始也，神明推移，精华结纽。”“王者孰谓？谓文王也。疑三代不专谓文王。”两相比较，《春秋纬》显然直接继承了《公羊传》的思想。在春秋学中，“元年、春、王、正月、公即位”又被称为“五始”。《元命包》对此也有论述，其说：“黄帝受图，有五始：元者气之始，春者四时之始，王者受命之始，正月者政教之始，公即位者一国之始。”

《隐公元年》说：

> 賵者何？丧事有賵。賵者盖以马，以乘马束帛。车马曰賵，货财曰賻，衣被曰襚。

《说题辞》说：“知生则賻，知死则賵。賻之为言助也，賵之为言覆也。舆马曰賵；货财曰賻；玩好曰赠，决其意也；衣被曰襚，养死具也。赠，称也；襚，遗也。”此是春秋时丧事礼制。《春秋纬》直接照抄，并加以解释。

《隐公三年》说：

> 曷为或言崩，或言薨？天子曰崩，诸侯曰薨，大夫曰卒，士曰不禄。

《说题辞》说：“天子曰崩，崩之为言陨也。诸侯称薨，薨之为言，奄然而亡。大夫曰卒，精辉终卒，卒之为言绝，绝于邦也。士曰不禄，失其忠也，不禄之言，削名章也。庶人曰死，魂魄去心，死之为言，精爽穷也。”这是对《公羊传》的各类死亡称呼作了进一步的解释。

《僖公三年》说：

> 三年春，王正月，不雨。夏四月，不雨。何以书？记异也。

《感精符》说：“僖公得立欣喜，不恤庶众，比致三年，即能退避正殿，饬过求己，循省百官，放佞臣郭都等，理冤狱四百余人，精诚感天，不雩而得澍雨。”这对僖公三年不下雨的情况作了解释，认为其是僖公不恤民众所致。后来其能改过自新，远离佞臣，为民理冤，感动天地，不用雩礼而得时雨。《考异邮》对此事也作了叙述。其说："僖公三时不雨，帅群臣祷山川，以过自让。"又说："僖公三年，春夏不雨，于是僖公郁闷，玄服避舍，释更徭之逋，罢军寇之诛，去苛刻峻文惨毒之教，所蠲浮令四十五事，曰：方今大旱，野无生稼，寡人当死，百姓何罪，不敢烦人请命，原抚万人害，以身塞无状。祷已，舍斋南郊，雨大澍也。"可见，此时虽没用雩礼，但用了祷礼。前者为求雨之礼，后者有忏悔的意思。这也是上一节四部把二者分开的原因。

《僖公三十三年》说：

> 秦伯将袭郑，百里子与蹇叔子谏曰："千里而袭人，未有不亡者也。"……然而晋人与姜戎，要之殽而击之，匹马只轮无反者。

《感精符》说："西秦东窥，谋袭郑伯。晋、戎同心，遮之殽谷。反呼老人，百里子哭，语之不知，泣血何益。"这对《公羊传》晋、秦殽谷之战作了简单的叙述和总结。

《文公三年》说：

> 雨螽于宋。雨螽者何？死而坠也。何以书？记异也。外异不书，此何以书？为王者之后记异也。

《考异邮》说："螽死而坠于地。"《佐助期》说："螽之为虫，赤头甲身而翼飞行，阴中阳也。螽之为言众，暴众也。"螽为飞虫，本来是一种自然现象，但古人认为其死坠地是一种灾异，象征群臣之间的争强好胜、相互残杀。

《文公五年》说：

> 五年春，王正月，王使荣叔归含且赗。含者何？口实也。

《说题辞》说："口实曰啥，缘生象食。孝子不忍虚其欲，天子以珠，诸侯以玉，大夫以璧，士以贝。啥之为言，含也。"宋均注曰："不忍虚，故欲实其口。生常食，故死亦有所含。"人生之时，靠食而活。人死之后，亦不应虚其口，故含物以象生。

《春秋纬》还有很多地方对《春秋公羊传》作了解释。如《考异邮》说：“僖公九年秋、昭三年冬，并大雨雹，时僖公专乐齐女绮画珠玑之好，掩月光，阴精凝为灾异。昭公事晋，阴精用密，故灾。”这是对僖公、昭公时出现大雨雹的灾异作出的解释。查《公羊传》僖公九年并未发生“大雨雹”，而二十九年发生“大雨雹”。《考异邮》的记录可能有误。又如《考异邮》说：“穆公即位，仲夏霜杀草，见月不消。僖公即位，殒霜不杀草，梅李实。不杀草折，臣威强。梅李大树，比草为贵，是君不能伐也。定公即位，殒霜杀菽。菽者，稼最强，李氏之萌也。”这是对穆公、僖公、定公时发生“霜杀草”现象的解释。又如《感精符》说：“鲁哀公政乱，绝无日食，天不谴告也。”宋均注曰：“哀公时政弥乱，绝不日食。政乱之类，当致日食而不应者，谴之何益，告之不悟，故哀公之篇，绝无日食之异。”哀公之时，没有日食发生，并非政治太平，而是政治极度混乱，已经到了无可救药的地步。上天谴告已经不起作用，因此，没有日食发生。在其他还有很多例子，在这里就不一一列举了。总的来看，《春秋纬》的这些解释与春秋公羊学的精神是完全一致的。它们记录灾异的目的都是影射政治。

不过《春秋纬》对于《公羊传》的思想并非一味照搬。在有些地方，其也提出了自己的看法。如《考异邮》说：“襄公大辱，师败于泓，徒信，不知权谲之谋，不足以交邻国、定远疆也。”此是宋、楚泓水之战的评价。《考异邮》作者认为，宋襄公不知权谋，不足以交邻国、定远疆。这种评价完全是否定的，这与《公羊传》对宋襄公的评价正好相反。《公羊传》说：“故君子大其不鼓不成列，临大事而不忘大礼，有君而无臣。以为虽文王之战，亦不过此也。”《公羊传》认为宋襄公能够在大事面前不忘大礼，可以与文王之战相比。《春秋纬》作者并非一人，出现这种情况也不足为异。

从上面的分析来看，《春秋纬》在对《春秋》思想的解释上基本上同于《公羊传》。但《春秋纬》与《公羊传》的一个重要不同就在于其对“孔子为汉制法”思想的鼓吹。如《演孔图》说：“麟出周亡，故立《春秋》，制素王授当兴也。”《汉含孳》说：“经十有四年春，西狩获麟，赤受命，苍失权，周灭火起，薪来得麟。孔子曰：丘览史记，援引古图，推集天变，为汉帝制法，陈叙图录。”《公羊传·哀公十四年》说：

> 十有四年，春，西狩获麟。何以书？记异也。何异尔？非中国之兽也。然则孰狩之？薪采者也。薪采者，则微者也。曷为以狩言之？大之也。曷为大之？为获麟大之也。曷为为获麟大之？麟者，仁兽也。有王者则至，无王者则不至。有以告者曰："有麕而角者。"孔子曰："孰为来哉！孰为来哉！"反袂拭面，涕沾袍。颜渊死，子曰："噫！天丧予！"子路死，子曰："噫！天祝予！"西狩获麟，孔子曰："吾道穷矣。"《春秋》何以始乎隐？祖之所逮闻也。所见异辞，所闻异辞，所传闻异辞。何以终乎哀十四年？曰："备矣！"君子曷为为《春秋》？拨乱世，反诸正，莫近诸《春秋》，则未知其为是与？其诸君子乐道尧、舜之道与？末不亦乐乎尧、舜之知君子也？制《春秋》之义以俟后圣，以君子之为，亦有乐乎此也。

《公羊传》的作者认为"西狩获麟"，是孔子之道不能实现的象征。因此，孔子要制作《春秋》，拨乱反正，传尧舜之道，以俟后圣。但《公羊传》并未指明"后圣"是谁。而在《春秋纬》中，"西狩获麟"成了周亡汉兴的征兆。周为木德，按照五行相生，木生火，因此，汉为火德。因此，在《春秋纬》中，"后圣"就是指汉王朝。孔子作《春秋》的目的也就是为汉制法。在他们看来，孔子自己虽然不能直接代替周朝而王，但他可以为代替周而王的朝代制法。这样代周而王的朝代就实现了他的政治理想，实际上与他当王没什么区别。这也就是《春秋纬》与《公羊传》的最大不同之处。

下面我们顺便来看一下《春秋纬》与《春秋繁露》的关系。《春秋繁露》是汉代公羊学大师董仲舒的主要著作。我们在前面说过西汉中后期的公羊学代表人物基本上是董仲舒的后学。《春秋纬》与公羊学有着密切关系，其不可避免地要受到《春秋繁露》的影响。

《春秋繁露·楚庄王》说：

> 今所谓新王必改制者，非改其道，非变其理，受命于天，易姓更王，非继前王而王也。若一因前制，修故业，而无有所改，是与继前王而王者无以别。……故必徙居处、更称号、改正朔、易服色者，无他焉，不敢不顺天志而明自显也。

《元命包》说：“王者受命，昭然明于天地之理，故必移居处，更称号，改正朔，易服色，以明天命。”此说法显然受到《春秋繁露》的影响。《二端》说：

是故《春秋》之道，以元之深正天之端，以天之端正王之政，以王之政正诸侯之即位，以诸侯之即位正竟内之治，五者俱正而化大行。

《元命包》说：“王不上奉天文以立号，则道术无原，故先陈春，后言王。天不深正其元，则不能成其化，故先起元，然后陈春矣。”又说：“以元之深，正天之端。以天之端，正王者之政。”二者相比，意思不异。

《春秋纬》不但在思想上受到《春秋繁露》的影响，而且有些地方直接照抄《春秋繁露》中的文字。如《元命包》说：“王者不空作乐。乐者，和盈于内，动发于外。应其发时，制礼作乐以成之。是故作乐者，必反天下之始，乐于己为本。舜之时，民乐其绍尧业。故韶者，绍也；禹之时，民大乐其骈三圣相继。故夏者，大也；汤之时，民大乐其救之于患害，故乐名大濩。濩者，救也；文王之时，民乐其兴师征伐。故武者，伐也。四者，天下所同乐一也。其所同乐之端，不可一也。”此基本上抄自《楚庄王》。此外，在三世说、三统说、天人感应说等方面，《春秋纬》也受到《春秋繁露》的影响，我们在此就不赘述了。如果我们把整个纬书与《春秋繁露》相比，那么前者受后者影响的地方就更多了。①

从我们对《春秋纬》与《春秋公羊传》和《春秋繁露》关系的分析来看，《春秋纬》中有关春秋学的思想基本上属于公羊学一系，这表明《春秋纬》对于公羊学的解释是守师法的。这也证明了《春秋纬》出于严彭祖一系公羊学的推断是正确的。

① 关于这方面的研究，可以参考钟肇鹏的《谶纬论略》和吕宗力的《纬书与西汉今文经学》（载安居香山主编的《谶纬思想の综合的研究》，东京图书刊行社 1984 年版）。

分论三

《尚书纬》《诗纬》

第九章

《尚书纬》的形成与思想

《尚书纬》，据李贤注，有《璇玑钤》、《考灵曜》、《刑德放》、《帝命验》、《运期授》五种。安居香山所辑《纬书集成》又增《帝验期》、《洪范记》两种。然《帝验期》或为《帝命验》的误写。《洪范记》则应该是解释《洪范》的传文，而非《尚书纬》篇名。这样《尚书纬》的篇目实际上只有李贤记载的五种。此外，纬书中与《尚书》有关的还有《尚书中候》。按照《隋书·经籍志》的说法，《尚书中候》不属于《尚书纬》。不过从思维方式和思想内容上看，《尚书中候》与《尚书纬》都有很多相似甚至重复的东西。因此，从广义上讲，《尚书纬》应该包括《尚书中候》。这里的《尚书纬》就是从广义上讲的。

一　西汉尚书学传承与《尚书纬》形成

《尚书纬》是相对《尚书》而言的，其形成必然与西汉尚书学的流传有关。因此，欲明《尚书纬》的形成，必须先了解西汉尚书学的传承情况。

对于西汉尚书学的传承，《汉书·儒林传》说：

> 伏生，济南人也，故为秦博士。孝文时，求能治《尚书》者，天下亡有，闻伏生治之，欲召。时伏生年九十余，老不能行，于是诏太常使掌故朝错往受之。秦时禁《书》，伏生壁藏之，其后大兵起，流亡。汉定，伏生求其《书》，亡数十篇，独得二十九篇，即以教于齐、鲁之间。齐学者由此颇能言《尚书》，山东大师亡不涉《尚书》以教。伏生教济南张生及欧阳生。……欧阳生，字和伯，千乘人也。事伏生，授兒宽。宽又受业孔安国，至御史大夫。……欧阳、大小夏侯氏学皆出

于宽。宽授欧阳生子，世世相传，至曾孙高子阳，为博士。……由是《尚书》世有欧阳氏学。

此与《史记·儒林列传》记载大略相同，显系班固据史迁之文而成。据上面的记载，可以知道西汉尚书学传承始于伏生。伏生是秦朝的博士，其在秦焚书坑儒的情况下，把《尚书》藏在墙壁里。后来遇到大乱，伏生流落他乡。等到汉建国后，伏生求其所藏《尚书》，丢失了数十篇，仅存二十九篇。他即以此教于齐、鲁之间，由是齐国学者颇能言《尚书》之学。到了汉文帝的时候，求能治《尚书》者，天下无有。听说伏生能言《尚书》，欲召其至朝廷，但由于伏生年老，不能应召。于是文帝派晁错到伏生那里受《尚书》。伏生授张生、欧阳生。欧阳生授兒宽，宽又授欧阳生子，于是《尚书》有欧阳氏学。

从上面的记载来看，我们还知道兒宽不但受业于欧阳生，而且还向孔安国问学。孔安国以传古文《尚书》知名。而欧阳生等人所传皆为今文《尚书》。这样就出现一个问题，即尚书学传至兒宽的时候，就已出现今古文融合的情况。而西汉中后期的尚书学传承皆出自兒宽，这说明《尚书》传至兒宽的时候就已经发生了变化。欧阳高授林尊，林尊授平当、陈翁生，由是欧阳有平、陈之学。翁生授殷崇、龚胜，平当授朱普公文、鲍宣。这是欧阳氏学后期的传承情况。

大、小夏侯氏学则始于夏侯都尉。夏侯都尉学于张生，其又授夏侯始昌，始昌授夏侯胜。胜又学于蔺卿。蔺卿者，兒宽弟子也。此为大夏侯氏学。胜又授夏侯建，建又学于欧阳高，此为小夏侯氏学。夏侯胜又授周堪、孔霸，堪授牟卿、许商长伯，霸授孔光，由是大夏侯有许、孔之学。夏侯建授张山拊，山拊授李寻、郑宽中、张无故、秦恭、假仓，由是小夏侯有郑、张、秦、假、李氏之学。这是大小夏侯氏学在西汉中后期的传承情况。

可见，大小夏侯氏之学都不纯粹，皆非学于一师。大夏侯之学源于张生，其又学于兒宽弟子，而兒宽之学源于欧阳生。这说明大夏侯之学同时融入张生、欧阳生两种学说。但对于大夏侯影响最大的还不是这两种思想，而是夏侯始昌的阴阳灾异思想。《汉书·夏侯始昌传》说：

夏侯始昌，鲁人也。通五经，以《齐诗》、《尚书》教授。自董仲舒、韩婴死后，武帝得始昌，甚重之。始昌明于阴阳。先言柏梁台灾日，至期日果灾。

可以看出，夏侯始昌在董仲舒、韩婴之后，得到汉武帝的重用。之所以如此，与其精通阴阳灾异有关。董仲舒借助《春秋》而明灾异，而始昌则以《齐诗》、《尚书》言之。夏侯胜继承了他的阴阳灾异思想。《汉书·夏侯胜传》说：

夏侯胜，字长公。……胜少孤，好学，从始昌受《尚书》及《洪范五行传》，说灾异。后事蔺卿，又从欧阳氏问。为学精孰，所问非一师也。善说礼服。征为博士、光禄大夫。会昭帝崩，昌邑王嗣立，数出。胜当乘舆前谏曰："天久阴而不雨，臣下有谋上者，陛下出欲何之?"王怒，谓胜为袄言，缚以属吏。吏白大将军霍光，光不举法。是时，光与车骑将军张安世谋欲废昌邑王。光让安世以为泄语，安世实不言。乃召问胜，胜对言："在《洪范传》曰'皇之不极，厥罚常阴，时则下人有伐上者'，恶察察言，故云臣下有谋。"光、安世大惊，以此益重经术士。

夏侯胜从夏侯始昌学《尚书》和《洪范五行传》，其学亦以说灾异为主。从其根据《洪范》推断天久阴不雨是臣下谋上的征兆来看，其说灾异是从《尚书》而来。《洪范五行传》是《尚书大传》的一篇。《尚书大传》据说乃是伏生弟子张生、欧阳生根据伏生口说而成。《洪范五行传》主要讲君主的貌、言、视、听、思五事要符合它们自己的性质，如貌要恭、言要从、视要明、听要聪、思要容。如果君主貌不恭、言不从、视不明、听不聪、思不容，就会出现灾异。如其说：

一曰貌。貌之不恭，是为不肃，厥咎狂，厥罚常雨，厥极恶。时则有服妖，时则有龟孽，时则有鸡祸，时则有下体生于上之痾，时则有青眚青祥，维金沴木；次二曰言。言之不从，是谓不艾，厥咎僭，厥罚常阳，厥极忧。时则有介虫之孽，时则有犬祸，时则有白眚白祥，维木沴金……①

① 陈寿祺：《尚书大传》，中华书局1985年版，第63—65页。

这是说，如果君主貌不恭敬，则会有雨灾，还会有服妖、龟孽等怪异现象；如果君主言语不顺，则会有旸灾，还会有虫孽、犬祸等怪异现象。其他视不明，则有燠灾；听不聪，则有寒灾；思不容，则有风灾。“五事”出于《尚书·洪范》，不过《尚书大传》把其同灾异联系起来。夏侯胜所说“皇之不极”显然是根据《洪范》“皇极”来阐发灾异思想的。此说不见陈寿祺所辑《尚书大传》，应为《洪范五行传》佚文。不过我们可以通过《汉书·五行传》来了解此思想。其说：“《传》曰：皇之不极，是谓不建。厥咎眊，厥罚恒阴。……时则有下人伐上之痾。”此《传》可能即为《洪范五行传》。此说与夏侯胜相同，可能即是夏侯胜所言之本。

这里的《洪范五行传》到底是伏生本来所传，还是夏侯始昌自己改师法而作。徐复观认为此为夏侯始昌自造。其说：

> 《洪范五行传》乃出于夏侯始昌，为他这一系统的《尚书》家所传承。夏侯始昌为张生的再传弟子，为伏生的三传弟子。他的《洪范五行传》，为张生及夏侯都尉所未闻，为欧阳生系统的《尚书》家所不习，更何能推及伏生？①

徐氏所说似乎有理，然史籍未有夏侯始昌改师法的记载。如果始昌自立门户，史书必有记载，如《易》之孟喜。何况《汉书·五行传》亦说“孝武时，夏侯始昌通五经，善推《五行传》”。从“善推《五行传》”来看，《五行传》在始昌之前就已存在。从尚书学传承的记载来看，伏生当时传授的弟子有张生和欧阳生二人。夏侯始昌之学源于张生，或者可以认为讲灾异的尚书学出于张生一系。但欧阳生一系的尚书学也是讲灾异的，如平当说：“今圣汉受命而王，继体承业二百余年，孜孜不怠，政令清矣。然风俗未和，阴阳未调，灾害数见，意者大本有不立与？何德化休征不应之久也？”（《汉书·平当传》）平当之学出于兒宽，属于欧阳生一系。这说明欧阳生一系的尚书学也是讲灾异的，不过没有夏侯始昌那么明显而已。而且刘向也曾撰《洪范五行传论》。《汉书·楚元王传》说：“向见《尚书·洪范》箕子为武王陈五行阴阳休咎之应。向乃集合上古以来历春

① 徐复观：《徐复观论经学史二种》，上海书店出版社 2005 年版，第 97 页。

秋、六国至秦、汉符瑞灾异之记，推迹行事，连传祸福，著其占验，比类相从，各有条目，凡十一篇，号曰《洪范五行传论》，奏之。”班固赞曰：“刘氏《洪范论》，发明《大传》，著天人之应。”《洪范论》即《洪范五行传论》，《艺文志》录有《刘向五行传记》十一卷，即是此书。可见班固之时，《传论》尚存。因此，班氏的说法是可信的。这说明《尚书大传》本来就有讲阴阳灾异的内容。

从上面分析来看，伏生所传尚书学本来就有讲灾异的传统，夏侯始昌不过将其发扬光大而已。到了夏侯胜则以阴阳灾异作为自己学派的特点。除了夏侯胜外，其后学皆讲灾异学说。如许商撰《五行论》，其性质当与刘向《洪范论》相似。孔光亦大谈灾异。《汉书·孔光传》说：

> 臣闻日者，众阳之宗，人君之表，至尊之象。君德衰微，阴道盛强，侵蔽阳明，则日蚀应之。《书》曰“羞用五事”，“建用皇极”，如貌、言、视、听、思失，大中之道不立，则咎征荐臻，六极屡降。皇之不极，是为大中不立，其传曰“时则有日月乱行”，谓朓、侧匿，甚则薄蚀是也……

可见孔光之谈灾异，完全以《尚书》为基础。其说“大中之道不立，则咎征荐臻，六极屡降。皇之不极，是为大中不立”等亦本于《洪范五行传》。可以看出，大夏侯一系的尚书学以阴阳灾异思想为主。

小夏侯一系的尚书学则为章句之学。《汉书·夏侯建传》说：

> 胜从父子建，字长卿，自师事胜及欧阳高，左右采获，又从《五经》诸儒问与《尚书》相出入者，牵引以次章句，具文饰说。胜非之曰：“建所谓章句小儒，破碎大道。”建亦非胜为学疏略，难以应敌。建卒自颛门名经。

小夏侯之学以章句为主。其弟子张无故善修章句，守小夏侯说。另一弟子秦恭则增师法至百万言。小夏侯之学可能源于欧阳氏。《后汉书·牟长传》说：“牟长……著《尚书章句》，皆本之欧阳氏，俗号牟氏章句。”《桓郁传》也说：“荣受朱普学章句四十万言，浮辞繁长，多过其实。及荣入授显宗，减为二十三万言。郁复删省定成十二万言。由是有《桓君大小太常章句》。”朱普所传乃欧阳氏《尚书》，则桓荣父子所删亦为欧阳一系。这说明欧阳氏本来就有以章句解《尚书》的倾向。小夏侯的另外一个弟子李寻则讲灾异。《汉书·李寻传》说：“李寻，字子长，平陵人也。治《尚书》，与张孺、郑宽中同师。宽中等守师法教授，寻独好《洪范》灾异，又学天文、月令、阴阳。”李寻的同门皆遵守师法，唯其喜言《洪范》灾异。由此可以看出，小夏侯一系是不讲灾异的。

从上面的分析来看，西汉的尚书学主要有三个系统，即欧阳氏学、大小夏侯氏学。其中大夏侯氏学以言灾异为主。小夏侯氏学则为纯粹章句之学，不言灾异。欧阳氏之学的内容不易断定，但从上面分析来看，其包含章句和灾异两方面的内容。《尚书纬》中有很多讲灾异的内容，因此，可以推断其可能出于欧阳氏、大夏侯氏或李寻之手。其中平当之徒鲍宣，许商之徒吴章、炔钦在当时徒弟甚多，影响甚大，因此，《尚书纬》可能出于他们之手。

二　从“百二《尚书》”看《尚书纬》的形成

在上一节我们主要从西汉尚书学的传承情况考察了《尚书纬》的形成，在这一节中，我们将通过“百二《尚书》”来考察《尚书纬》的形成。《尚书纬》说：

> 孔子求书，得黄帝玄孙帝魁之书，迄于秦穆公，凡三千二百四十篇。断远取近，定可以为世法者百二十篇，以百二篇为《尚书》，十八篇为《中候》。

据《古微书》、《纬攟》、《七纬》等书，此为《璇玑钤》中的文字。这是说孔子从三千多篇的古书中，选取一百二十篇作为后世之法。其中一百零二篇为《尚书》，十八篇为《中候》。

据史书记载，“百二《尚书》”乃张霸所作。《汉书·儒林传》说：

> 世所传百两篇者，出东莱张霸，分析合二十九篇以为数十，又采《左氏传》、《书叙》为作首尾，凡百二篇。篇或数简，文意浅陋。成帝时求其古文者，霸以能为百两征，以中书校之，非是。霸辞受父，

父有弟子尉氏樊并。时太中大夫平当、侍御史周敞劝上存之。后樊并谋反，乃黜其书。

这里明确指出百二篇乃张霸根据《尚书》二十九篇、《左传》、《书序》等而作。他把《尚书》二十九篇分成数十，然后又采取《左传》、《书序》作为首尾，这样就凑成百二之数。汉成帝时，求知古文《尚书》之人，张霸以“百二”应征。成帝以所藏中秘本校之，二书完全不同。因此此事败露。

王充对于此事也有论述。《论衡·佚文篇》说：

孝成皇帝读百篇《尚书》，博士郎吏莫能晓知，征天下能为《尚书》者。东海张霸通《左氏春秋》，案百篇序，以《左氏》训诂，造作百二篇，具成奏上。成帝出秘《尚书》以考校之，无一字相应者。成帝下霸于吏，吏当器辜大不谨敬。成帝奇霸之才，赦其辜，亦不减（灭）其经，故百二《尚书》传在民间。

《正说篇》亦说：

至孝成皇帝时，征为古文《尚书》学。东海张霸案百篇之序，空造百两之篇，献之成帝。帝出秘百篇以校之，皆不相应，于是下霸于吏。吏白霸罪当至死。成帝高其才而不诛，亦惜其文而不灭。故百两之篇传在世间者，传见之人则谓《尚书》本有百两篇矣。

王充的记载较《儒林传》详细。按照《儒林传》的看法，张霸似乎在汉成帝求征能通古文《尚书》之前就已经造好了“百二《尚书》”。按照《论衡》的说法，张霸造“百二《尚书》”的动因是成帝征求天下通古文《尚书》之人。后种说法比较合理，因为张霸编造“百二《尚书》”显然出于利益的驱使。张霸自己通晓《左氏春秋》，因此其在根据百篇《书序》伪造“百二《尚书》”的时候，融入了《左传》的思想。可以看出，百篇《书序》在当时已经流行，但古文《尚书》尚未流行，不然张霸不会冒险去造“百二《尚书》”。

在上一节中，我们曾说过西汉尚书学出于伏生。伏生当时在墙壁中藏了《尚书》，但后来丢了数十篇，仅存二十九篇。后来孔安国根据今文来识读其家所藏古文《尚书》，多出十余篇。这些都说明《尚书》的篇数原本不止二十九篇。按照《书序》的看法，《尚书》有百篇。前人多认为《书序》是孔子所作。如班固说：“故《书》之所起远矣，至孔子纂焉。上断于尧，下迄于秦，凡百篇而为之序。”（《汉书·艺文志》）此是根据《史记》而来。《孔子世家》说：“孔子之时，周室微而礼乐废，《诗》、《书》缺。追迹三代之礼，序书传，上纪唐虞之际，下至秦缪，编次其事。……故《书传》、《礼记》自孔氏。”然此处“序书传”的“序”是排列之意，并非“书序”之“序”。因此，孔子作《书序》之事尚乏证据。不过《尚书》百篇的说法在汉成帝之时就已有之。如《艺文志》在《尚书》类中录有“《周书》七十一篇”颜师古注曰：“刘向云，周时诰誓号令也。盖孔子论百篇之余也。”此七十一篇与伏生二十九篇相合，恰好百篇。据此，刘向之时已有百篇之说。这说明在张霸之前《书序》百篇的说法就已经流行了。但据孔安国所传古文《尚书》，仅比二十九篇多出十余篇，离百篇之数相差甚远。不过按照《汉书·儒林传》和《论衡》的说法，古文《尚书》与百篇《尚书》所指的是同一部书。

在西汉历史上，对于古文《尚书》出现的记载曾有数次：一次是孔安国的家藏本，一次是鲁恭王坏孔子屋所得，一次是河间献王通过民间献书所得。不过这几次所得古文《尚书》皆未言百篇。史书所记，孔安国、鲁恭王所得皆比今文二十九篇多出十余篇。唯独王充《论衡·佚文篇》所记鲁恭王所得逸《尚书》为百篇，未知何据？盖受《书序》百篇之影响也。这样看来，秘府所藏的《尚书》百篇应该是今文二十九篇和《周书》七十一篇的合称。如果秘府所藏不是百篇，而是今文二十九篇加上十六篇的四十五篇，则张霸一开始造伪就露出破绽了。因为篇数的差别是很明显的。

从上面的分析来看，张霸之前只有《尚书》百篇，而未有“百二《尚书》”。因此，“百二《尚书》”出于张霸伪造是确信无疑的。

因为张霸和《尚书纬》都言“百二《尚书》”，那么二者关系到底如何？孔颖达认为纬书的“百二《尚书》”的看法受到张霸的影响。其说：“或云百二篇者，误有所由。以前汉之时，有东莱张霸伪造《尚书》百两篇，而为纬者附之。”（《尚书序疏》）皮锡瑞不同意孔氏的说法，认为张霸伪造“百两篇”受到纬书的影响。其说：

> 纬书所出甚古，并非始于哀、平。张霸造百两篇，必因纬书。本有百二篇之说，故分析篇数以当之。孔疏拘于纬始于哀、平，故反以为霸伪造百两篇而为纬者附之，然则从古并无此说，霸何敢凭空撰造乎?《春秋说题辞》曰:“《尚书》凡百二篇，第次委曲而不紊。”是《春秋纬》与《书纬》合百二篇，除《书序》百篇之外，不知增益何篇?(《六艺论疏证》)

张西堂也说:

> 孔《疏》假定纬书是:“通人考正，伪起哀、平。”纬书后起，所以说:“而为纬者附之。”但依清儒的考订，纬说非起于哀、平，而在哀、平以前，既已有纬说，则正恐张霸之伪百两篇，是依附纬说而来，纬说以百二篇为《尚书》，十八篇为《中候》，《中候》后来流行于世，其篇数既实在，而与百二篇配合，较有理由。张霸之伪百两篇依附纬说，也是较有理由的。张霸之伪百两，在当时即已发觉，造纬说者，又何必依此伪说呢?孔《疏》所云，实臆断不足信。①

皮、张二人所说似乎有理，然仔细分析则是站不住脚的。其一，从前面分析来看，《汉书》明确指出张霸分析今文二十九篇以为数十，又采《书序》、《左传》等书以作首尾凑成“百两篇”。皮氏还疑百篇外，不知增益何篇?可知其未细读《汉书》。其二，清儒考订纬书非起哀、平，是否正确，尚需论证。因此，不能据此断定张霸“百二”《尚书》与《尚书纬》形成之先后。其三，以十八篇与百二篇相配合合理作为理由显然牵强。其四，张霸伪书虽然在当时就被发现了，但并未遭到禁绝，其在民间尚有流行。因此，《尚书纬》成书于张霸伪造“百两篇”之后。既然《尚书纬》已经提到《尚书中候》，则可以推断《尚书中候》形成于《尚书纬》之前。

此外，我们还有一条证据证明《尚书纬》出于张霸之后。《尚书中候·杂篇》说:

① 张西堂:《尚书引论》，陕西人民出版社1958年版，第68—69页。

星孛房，四邦灾。

郑玄注曰：“按《春秋》鲁昭公十七年冬，有星孛于大辰，鲁大夫申须曰：诸侯其有火灾乎？明年五月，郑四国同日火。”郑玄以《左传》解释《中候》，显然符合《中候》本意。因为《公羊传》和《穀梁传》对此的解释，皆未涉及四国火灾。如《公羊传》说：“冬，有星孛于大辰。孛者何？彗星也。其言于大辰何？在大辰也。大辰者何？大火也。大火为大辰，伐为大辰，北奈亦为大辰。何以书？记异也。”《穀梁传》则说：“冬，有星孛于大辰。一有一亡曰有。于大辰者，滥于大辰也。”这种在《尚书》中融入《左传》思想，应该受到张霸的影响。考虑张霸上书事败，平当等人曾劝说成帝保存“百两篇”，由此可以推断《尚书纬》最有可能出于平当后学之手。

除了上面所说的理由外，《尚书纬》中还有很多关于火德说、五帝说等思想的论述，如《尚书考灵曜》说：“河图子提期地留，赤用藏，龙吐珠。”《尚书中候》说：“尧火德，故赤龙应焉”、“卯金刀帝出，复尧之常”。《尚书帝命验》说：“帝者，承天立府，以尊天重象，赤曰文祖，黄曰神斗，白曰显记，黑曰玄矩，苍曰灵府。”《尚书纬》对于五帝的名称虽然与《春秋纬》不同，但在思想上二者形成应该大致相同。最后我们再来看一下《尚书纬》对于河图、洛书的论述：

伏羲氏有天下，龙马负图出于河，遂法之画八卦。又龟书，洛出之也。（《尚书中候》）

神龙负图出河，虙犧受之，以其文画八卦。（《尚书中候·握河纪》）

乃受舜禅，即天子之位。天乃悉禹洪范九畴，洛出龟书五十六字（按：当为六十五字），此谓洛出书也。《尚书中候·考河命》

以八卦为河图、九畴为洛书的说法出于刘歆。《汉书·五行志》说：“《易》曰：‘天垂象，见吉凶，圣人象之；河出图，洛出书，圣人则之。’刘歆以为虙犧氏继天而王，受河图则而画之，八卦是也；禹治洪水，赐洛书法而陈之，洪范是也。”《尚书纬》的说法显然受到刘歆的影响，因此，《尚书纬》必定形成于刘歆之后，这与《春秋纬》形成大致同时。

三 《尚书纬》中的尚书学思想

《尚书纬》是相对《尚书》而言的，因此，《尚书纬》中有很多解释和阐发《尚书》思想的内容。就现有材料来看，其关于尚书学方面的内容主要有七政、六宗等思想，以及对《尚书》经文的零散解释。

“七政”最早见于《尚书》，《尧典》说：“在璇玑玉衡以齐七政。”对此解释历来众说纷纭、莫衷一是。对于“璇玑玉衡”的解释，主要有两种：一是认为其为北斗七星，一是认为其为玉制的浑天仪。前者以司马迁、班固等人为代表，如《史记·天官书》说：“北斗七星，所谓旋玑玉衡以齐七政”；后者以马融、郑玄为代表，如马融说：“璿，美玉也。玑，浑天仪，可转旋，故曰旋玑。衡，其中横筩。以璿为玑，以玉为衡，盖贵天象也。”郑玄亦说：“浑仪，其中筩为璿玑，外规为玉衡者是也。”（以上见《天官书索隐》）实际上，浑天仪等天文仪器直到汉代的落下闳时才开始出现。[①] 扬雄说：“或问浑天，曰：落下闳营之，鲜于妄人度之，耿中丞象之，几乎几乎，莫之能违也。”（《法言·重黎》）皮锡瑞说：“古无测天仪器，故《大传》、《史记》不以机衡为浑仪；古无测五星法，故《大传》、《史记》不以七政为七纬。考两汉人所引经义皆以机衡为星。”[②] 这样看来，“璇玑玉衡”在《尧典》中本意应为北斗七星。对于“七政”，历来也有不同的解释。据刘起釪的统计，至少有以下四种说法：一是指四季、天文、地理和人道。如《尚书大传》说：“七政者，谓春、秋、冬、夏、天文、地理、人道，所以为政也。”二是指北斗七星，如《天官书》中所说。三是指天、地、二十八宿、十母、十二子。《史记·律书》赞曰：“在旋玑玉衡以齐七政，即天、地、二十八宿、十母、十二子。”按未知此说与七政如何相应。四是指日、月、五星。马融《尚书》注云：“七政者，北斗七星各有所主。……日月五星各异，故名曰七政也。”由于对“璇玑玉衡”和“七政”的看法不同，对于“在璇玑玉衡以齐七政”的作用也有不同说法。刘起釪认为今文说是就星斗以观天道，来察人间政事，如《天官书》说：“斗为帝车，运于中央，临制四乡，分阴阳，建四时，均五

① 顾颉刚、刘起釪：《尚书校释译论》（第一册），中华书局2005年版，第115页。
② 皮锡瑞：《今文尚书考证》，中华书局1989年版，第47页。

行，移节度，定诸纪，皆系于斗。”古文说则着重就星象吉凶，审思自己政事之是否，如马融说：“日月星皆以璇玑玉衡度知其盈缩进退失政所在，圣人谦让犹不自安，视璿玑玉衡以验齐日月五星行度，知其政是与否，重审己之事也。”（《孔疏》引）① 既然《尧典》的“璇玑”是指北斗七星，那么“在璇玑玉衡以齐七政”的意思就应是根据北斗七星的运行规律来安排一年四季的政事活动。

在《尚书纬》中，对于“璇玑玉衡以齐七政”也有两种解释：一种认为是指北斗七星。《尚书纬》说：

> 璇玑斗魁四星，玉衡拘横三星，合七，齐四时五威。五威者，五行也。五威在人为五命，七星在人为七瑞。北斗居天之中，当昆仑之上，运转所指，随二十四气，正十二辰，建十二月。又州国分野年命，莫不政之，故为七政。

这里“璇玑玉衡”显然指北斗七星。这与《春秋纬》的说法相同，《春秋运斗枢》说：“北斗七星，所谓璇玑玉衡以齐七政”，“北斗七星，第一天枢，第二璇，第三机，第四权，第五玉衡，第六闿阳，第七瑶光。第一至第四为魁，第五至第七为杓，合为斗。居阴布阳，故称北”。《文曜钩》说：“斗者，天之喉舌。玉衡属杓，魁为璇玑。”可以看出，北斗七星有着规范四时、五行和十二辰的作用。其不但主管着天下州国的治乱，而且也掌控着每个个体的命运。

另外一种解释则认为是浑天仪。《尚书考灵曜》说：

> 在璇玑玉衡，以齐七政。璇玑未中而星中，是急。急则日过其度，月不及其宿；璇玑玉衡中而星未中，是舒。舒则日不及其度，月过其宿；璇玑中而星中，是周。周则风雨时，风雨时则草木蕃盛而百谷熟。

这里的“璇玑玉衡”应是观测天象的仪器，“七政”是指日月五星。纬书把“璇玑玉衡以齐七政”分为三种情况，即“急”、“舒”、“周”。

---

① 顾颉刚、刘起钎：《尚书校释译论》（第一册），中华书局2005年版，第118—119页。

“急”和“舒”都是不好的情况，它们或“过”或“不及”，都将有灾害发生。只有“周”才是好的情况，“周”又作“调”（按：疑“周”为“调”之坏写），“璇玑中而星中，为调，调则风雨时，庶草蕃芜，而五谷登、万事康也”（《考灵曜》）。这是说“璇玑”和“星”的运行很协调，所以会出现风调雨顺的结果。

可见，在《尚书纬》中，“七政”是指日、月、五星。《考灵曜》说：“七政曰：日、月者，时之主也，五星者，时之纪也。”《尚书纬》认为，日月五星的变化对于人间的政治有着重大的影响。《考灵曜》说：“岁星得度，五谷孳。荧惑顺行，甘雨时。镇星得度，地无灾。太白出入当，五谷成熟，人民昌。”五星顺行，则风调雨顺，五谷丰登。否则，则会出现灾异。反之，人间政治的好坏也会影响日月五星的变化。《考灵曜》说：

> 岁星为规，荧惑为矩，镇星为绳，太白为衡，辰星为权。权、衡、规、矩、绳，并皆有所起，周而复始，故政失于春，岁星满偃，不居其常。政失于夏，荧惑逆行。政失于季夏，镇星失度。政失于秋，太白失行，出入不当。政失于冬，辰星不效其乡。五政俱失，五星不明。春政不失，五谷孳。夏政不失，甘雨时。季夏政不失，时无灾。秋政不失，人民昌。冬政不失，少疾丧。五政不失，日月光明。此则日月五星共为七政之道，亦名七曜，以其是光曜运行也。

五星分别与春、夏、秋、冬及季夏五政相对，具体来说，岁星与春政相对，荧惑与夏政相对，镇星与季夏政相对，太白与秋政相对，辰星与冬政相对。在纬书看来，帝王一年四季安排政事都有相应的要求，“春发令于外，行仁政，从天常，其时衣青。夏可以毁清销铜，使备火，敬天之明，其时衣赤。中央土，举有道之人，与之虑国，可以杀罪，不可起土功，犯地之常，其时衣黄。秋无毁金铜，犯阴之刚，用其时持兵，宜杀猛兽，其时衣白。冬无使物不藏，毋害水道，与气相保，其时衣黑”（《考灵曜》）。如果不按照季节的要求行使政令，则会引起五星失行，出现灾异。反之，则日月五星合度，天下太平。

从上面的分析来看，对于“璇玑玉衡以齐七政”的解释虽然有不同看法，但其目的实际上都是相同的。即通过观察天象的变化来安排人间的各种活动，从而达到国家的治理。

“六宗”之说出于《尧典》的“禋于六宗”。对于“六宗”历来也有很多解释。据刘起釪统计，至少有二十多种看法。现择其要者，略述如下：1. 天、地、四时（伏生、马融、高诱等）；2. 乾坤六子（刘歆、王莽等）；3. 天宗：日、月、星辰（或为北辰）；地宗：岱、河、海（贾逵、马融等）；4. 太一与五帝六神（刘向等）；5. 星、辰、司中、司命、风师、雨师（郑玄、范宁等）；6. 四时、寒暑、日、月、星、水旱（王肃、朱熹等）；7. 四方、上、下的“方明”之祀（姚鼐、汪中等）；8. 三昭三穆（张髦、王安石等）；9. 五行及社稷之神（陈世镕）；10. 六代帝王：黄帝、少昊、颛顼、帝喾、伏羲、神农（王庭植）。此外，还有很多说法，我们就不一一列举了。[①] 可以看出，由于对于“六宗”理解和利用目的的不同，从而产生不同的看法。刘起釪说：“古代把祭祀看成头等大事，只有战争同样重要，但还列在它的后面。所以无怪乎历代统治者都极端重视而经师们都要绞尽脑汁为寻解释了。而且对六宗的解释，古代往往成为政争的工具，或者为经师们争学术地位的资本，就是由于它与古代政治密切相关之故。”[②] 这样看来，“六宗”的本义如何似乎已经显得不重要了。

我们现在来看一下《尚书纬》对于“六宗”的解释：

> 六宗，天地神之尊者。天宗三，地宗三。天宗：日、月、北辰；地宗：河、岱、海。日、月为阴阳宗，北辰为星宗，河为水宗，海为泽宗、岱为山宗。祀天则天文从祀，祀地则地理从祀。

这里的六宗分为天宗和地宗，天宗包括日、月、北辰，地宗包括河、岱、海。而且六宗各有自己的名字，如日、月为阴阳宗、北辰为星宗、河为水宗、海为泽宗、泰山为山宗等。在祭祀的时候，天宗要从属于天，地宗要从属于地。不难看出，这种解释与上面的第三种看法相同，贾逵、马融的说法可能受到纬书的影响。

我们曾在前面指出，《尚书纬》形成于刘歆之后，大概与王莽同时。从上面可以看出，王莽认为“六宗”指乾坤六子。《汉书·郊祀志》说：

① 对此问题有兴趣的读者，可参看顾颉刚、刘起釪《尚书校释译论》中的相关论述。

② 顾颉刚、刘起釪：《尚书校释译论》（第一册），中华书局2005年版，第124页。

《书》曰“类于上帝，禋于六宗”。欧阳、大小夏侯三家说六宗，皆曰上不及天，下不及坠，旁不及四方，在六者之间，助阴阳变化，实一而名六，名实不相应。《礼记》祀典，功施于民则祀之。天文，日、月、星、辰所昭仰也；地理，山、川、海、泽所生殖也。《易》有八卦，乾坤六子，水火不相逮，雷风不相悖，山泽通气，然后能变化，既成万物也。……又日、月、雷、风、山、泽，《易》卦六子之尊气，所谓六宗也。星、辰、水、火、沟、渎，皆六宗之属也。

在欧阳、大小夏侯那里，六宗实际上指一个东西。王莽认为，根据今文三家的说法，六宗不应包括天、地、四方。又因为日、月、山、川等对人民生活皆有功劳，因此这些都应是祭祀的对象。在八卦中，乾坤代表天地，因此，它们不在六宗之内。但乾坤六子对于万物生长皆有作用，因此，它们也应为祭祀的对象。日、月、雷、风、山、泽是六子的基本卦象，因此，他把这些称为“六宗”，其余星、辰、水、火、沟、渎则为六宗的从属。可见，在当时尚无天宗、地宗的说法。因此，《尚书纬》的说法应该是在此基础上形成的。上面已有天文、地理的看法，《尚书纬》作者把星、辰合二为一，与日、月构成天宗。大概因为泰山为五岳之尊，因此，其以此代表山、川。然后又以河代替泽。这样河、岱、海就代替山、川、海、泽成为地宗了。

我们现在来看一下《尚书纬》对《尚书》篇题的解释。《尚书璇玑钤》说：

《尚书》，篇题号。尚者，上也。上天垂文象，布节度。书者，如天行也。

书者，如也。书务以天言之，因而谓之书，加“尚”以尊之。

这里认为“尚”指上天，“书”则是对上天文象的摹写。“尚书”的意思就是模仿上天之文而成的书。对于《尚书》篇名，历来有很多解释。如马融说：“上古有虞氏之书，故曰《尚书》。”王肃说：“上所言，史所书，故曰《尚书》。”郑玄说：“尚者，上也，尊而重之，若天书然，故曰

《尚书》。”（以上见孔颖达《尚书序疏》）王充说：“《尚书》者，以为古帝王之书。”（《论衡·正说篇》）又说：“或说《尚书》曰：‘尚者，上也。上所为，下所书。’”（《须颂篇》）刘熙《释名》说：“《尚书》，尚，上也。以尧为上始而书其事也。”孔安国《尚书序》说：“济南伏生，年过九十，失其本经，口以传授。裁二十余篇。以其上古之书，谓之《尚书》。”可以看出，上面的解释大致可以分为三种：一种把“尚”解释为上古。“尚书”的意思就是上古之书，如孔安国、马融、刘熙、王充等；一种把“尚”解释为帝王。“尚书”的意思就是记载帝王之言的史书，如王肃、《须颂》等。另外一种就是郑玄的解释，其也认为“尚”指上天，这显然受到《尚书纬》的影响。这三种解释以第一种最为恰当。“书”的本义就是写的意思，如《说文·自序》说：“著于竹帛谓之书，书者，如也。”《释名·释书契》说：“书，庶也，纪庶物也，亦言著也。”后来史官把帝王的言语行为记录下来，编在一起，也称为“书”。这时书就由动词变成名词了。“尚”字应是后来才加上去的。

在《春秋纬》中，我们还能看到对《尚书》篇题的另外一种解释。《说题辞》说：

> 《尚书》者，二帝之迹，三王之义，所推期运，明受命之际。
>
> 《尚书》者，二帝之迹，三王之义，明天下情，帝王之功。尚，上也，上帝之书。
>
> 《书》之言信，而明天地之情，帝王之功，凡百二篇，第次委曲。尚者，上也，上帝之书。

这里一方面认为《尚书》是古代帝王的史书，记载着“二帝之迹，三王之义”。二帝指尧、舜，三王指夏、商、周。另一方面则认为《尚书》是“明受命之际”的书。这种解释显然与《尚书纬》有关，如《帝命验》、《运期授》以及《尚书中候》都记载了帝王受命的内容。这里还提到“百二篇”，说明《尚书纬》此时已经形成。《说题辞》最后把《尚书》解释成“上帝之书”。然据《初学记》所引，此语作“上世帝王之遗书”。这两种解释完全不同，那么二者哪个正确呢？从纬书内容来看，“上世帝王之遗书”的说法更为合适。《尚书璇玑钤》说：“帝者天号，王者人称。天有五帝以立名，人有三王以正度。”《春秋说题辞》说：“合天者称帝，河洛受瑞，可放仁义。合□者称王，符瑞应，天下归往。”帝、王虽有天号、人称之别，但二者都是指人间的帝王，而非天上的上帝。因此，这里不应解释为“上帝之书”。而且从《说题辞》本身来看，“尚”也不应指“上帝之书”。其前面说到“二帝之迹，三王之义”、“帝王之功”，又说到“受命之际”，这些都是相对人间帝王而言的。《孝经援神契》也说：“书考命行授河。”宋均注曰：“授河者，授河洛以考命行也。”这与《说题辞》的说法相同。既然帝为天号，那么也可以说“书者如天行”了。

除了上面所说之外，《尚书纬》中还有一些对《尚书》经文零散解释的内容。如《尚书纬》说：“若稽古帝尧。稽，同也；古，天也。”这是对《尧典》“曰若稽古帝尧”的解释。《考灵曜》说：“放勋，钦命文思晏晏。”此亦抄于《尧典》，“晏晏”古文作“安安”，这说明《尚书纬》同于今文说。《考灵曜》说：“七戎、六蛮、九夷、八狄，行类不同，而总谓之四海，言皆近海。海之言晦，昏无所见也。”这是对《皋陶谟》“外薄四海，咸建五长”中“四海”的解释。《考灵曜》说：“春、夏民欲早作，故令民先日出而作，是谓‘寅宾出日’。秋、冬民欲早息，故令民候日入而息，是谓‘寅饯纳日’。春迎其来，秋送其去，无不顺矣。”这是对《尧典》“寅宾出日”、“寅饯纳日”的解释。《尚书纬》说：“时雨、时旸、时燠、时寒、时风，此休征也。人主五事修明，则杂星之吉者出而应之；恒雨、恒旸、（恒燠）、恒寒、恒风，此咎征也。人主五事失道，则杂星之凶者出而应之。”这是对《洪范》“休征”、“咎征”思想的进一步解释和发挥。从现存材料来看，《尚书纬》对《尚书》的解释基本上符合经文的思想，其并没有借此而作过多的引申和发挥。

四 《尚书中候》研究

我们曾在前面说过，在《尚书纬》外，与《尚书》有关的还有一部称作《尚书中候》的书。《隋书·经籍志》认为，《尚书中候》与《洛罪级》、《五行传》、《诗推度灾》、《汜历枢》、《含神雾》、《孝经钩命决》、《援神契》、《杂谶》等一样，皆在七经纬之外。这种看法显然是有问题的，因为这样《诗纬》、《孝经纬》等皆被排除在七纬之外。安居香山、中村璋八《纬书集成》说：“检阅《中候》的篇名，象《洛予命》、《洛师谋》、《摘洛戒》等使用‘洛’字者很多，象《握河纪》、《考河命》等使用‘河’字或象《敕省图》那样使用‘图’字的篇名也能看到。这些‘洛’、‘河’、‘图’等字在《尚书纬》的篇名中没有使用。从这一事实推论，有种观点认为，与其说《中候》类似七经之纬，不如说它更类似《河图》、《洛书》。”① 对于这种观点，安居香山和中村璋八提出异议，认为“现存《河图》、《洛书》佚文主要论述的是天文、历法、星占、地理等，因而它与《中候》之间虽有某些共同点，但从整体看，上述疑问是很难成立的”②。在他们看来，《尚书中候》不但与《河图》、《洛书》不同，而且与《尚书纬》也有很大的区别。“《尚书纬》主要是经文的释义。与此不同，《尚书中候》是一部符命之书。”③ 尽管如此，安居香山和中村璋八也不能否认《尚书中候》与《尚书》的关系，说它想“仿照《尧典》、《舜典》等《尚书》各篇，作成以符命为中心的帝王的谱系”④。

无论如何，从篇名上看，《尚书中候》显然与《尚书》有关。那么它究竟是纬书中的一种，还是另外一种解释《尚书》的书。从内容上看，《尚书中候》应该是纬书中的一种，因为其有很多与《尚书纬》相似甚至重复的内容。如《尚书中候·杂篇》说：“初尧在位七十载矣，见丹朱之不肖，不足以嗣天下，乃求贤以巽于位，至梦长人见而论治。舜之潜德，尧实知之，于是畴咨于众，询四岳，明明扬侧陋，得诸服泽之阳。”《尚书纬》说：“初尧在位七十载矣，见丹朱之不肖，不足以嗣天下，乃求贤以巽于位，至梦长人见而论治。”《尚书纬》与《中候》的前半部分完全相同。《尚书纬》的后半部分可能佚失。此语亦见于《尚书帝命验》，不过仅存“尧梦长人见而论治”。通过比较，我们知道二者内容完全相同。又如《尚书中候·我应》说：“季秋之月甲子，赤雀衔丹书，入丰，止于昌户。再拜稽首，受最曰：姬昌苍帝子。”《尚书帝命验》说：“季秋之月甲子，有赤雀衔丹书入丰，止昌户，拜稽首，至于磻西谿之水。吕尚钓涯，王下趣拜曰：公望七年，乃今见光景于斯。答曰：望钓得玉璜，刻曰：‘姬受命，吕佐旌。’遂置车左，王躬执躯，号曰师尚父。”二者虽然叙述详略不同，但意思并无大异。可以看出，《尚书中候》与《尚书纬》性质

① 安居香山、中村璋八：《纬书集成》，河北人民出版社 1994 年版，第 32 页。

② 同上书，第 38 页。

③ 同上书，第 41 页。

④ 同上。

相同，从广义上讲，二者都应归入解释《尚书》的纬书。

既然《尚书纬》与《尚书中候》都是解释《尚书》的纬书，那么二者何以不像其他纬书一样直接称作《尚书纬》？其何以又单单列出一部《尚书中候》出来？《尚书纬》说：

> 孔子求书，得黄帝玄孙帝魁之书，迄于秦穆公，凡三千二百四十篇。断远取近，定可以为世法者百二十篇，以百二篇为《尚书》，十八篇为《中候》。

据《古微书》、《纬攟》、《七纬》等书，此为《璇玑钤》中的文字。按照这种说法，《中候》和《尚书》一样，都是孔子从古代帝王书中选出来的为后世立法的书。

从上面论述来看，《中候》与《尚书》似乎没有什么区别。那么“中候”在这里是什么意思呢？陈槃认为，“候”可兼有“纬”或“图谶”之称，不必专指《中候》。在谶纬中，言望候之术者很多，皆可以称“候”。[①] 据此，“候”为类名，不是特称，因此，与“谶”、“纬”等名称异名同实。陈槃以应劭所说为据。《续汉书·百官志》注曰：

> 应劭曰：自上安下曰尉，武官悉以为称。《前书》曰秦官，郑玄注《月令》，亦曰秦官。《尚书中候》云：舜为太尉。束皙据非秦官，以此追难玄焉。臣劭曰：纬候众书，宗贵神诡。图谶纷伪，其俗多矣。

从前后文可知，应劭所说“纬候”即指《尚书中候》。因此，陈槃以此推断“候”与“谶”、“纬”等互文，并不确切。查《汉书·艺文志》、《隋书·经籍志》等书，以“候”为名的书还有很多，如《艺文志》杂占中的《泰壹杂子候岁》、《子赣杂子候岁》，《经籍志》中的《五行候气占灾》、《候云气》、《风角要候》、《周易飞候》等书。这些书多与占候、天文、五行等术数类的书放在一起，可见它们性质相同。从名称上看，“候”与“占”、“望”等词相近，有观察、推算等意。《艺文志》说：“杂占者，纪百事之象，候善恶之征。《易》曰：占事知来。”但《尚书中候》在

---

① 陈槃：《谶纬命名及其相关之诸问题》，《中央研究院历史语言所集刊》1948年第21本。

《经籍志》中并非在这些术数类书中，而是与《尚书纬》、《易纬》等书列在一起。从《艺文志》、《经籍志》等记载的以“候”为名的书来看，其大多与“云气”、“五行”、“风角”、“日食”等连在一起，而这些都是可以通过观察或推算来进行预测的。与经书相连的只有《周易》，而《周易》本就是卜筮之书，其与“候”放在一起，不足为异。但《尚书》并非卜筮之书，如何能作为占候的依据。可见，《尚书中候》与术数之书并不相同，而应是纬书中的一种。

除上面的说法外，对“中候”还有一种解释，即认为其指官名。《汉书·张苍传》说：“苍任人为中候。”张晏注曰：“所选举保任也。按中候，官名。”《续汉书·百官志四》说：“右属执金吾。本注曰：本有式道、左右中候三人，六百石。”又说：“北军中候一人，六百石。本注曰：掌监五营。”据此，有人推断“尚书”与“中候”相对，亦是官名。章太炎说：“哀、平以后，纬书渐出，有所谓《中候》者。‘中候’，官名。以中候对尚书，则以尚书为官名矣。”[①]“中候”虽然是官职名称，但在《尚书中候》中绝非此意。如果“尚书”、“中候”皆指官名，则二者连在一起如何解释？此与《尚书》又有何种关系？可见把“尚书”、“中候”解释成官名是望文生义。

从上面的分析来看，《尚书中候》既非术数之书，又非官职名称。那么“中候”的含义具体应该作何解释，还需要我们进一步探讨。从上面所引《尚书纬》的文字来看，其与《尚书》都是孔子从三千二百四十篇的古帝王书中删减出来的。其为什么删减一百二十篇呢？可能与“百二十国宝书”的说法有关。《春秋说题辞》说：

> 昔孔子受端门之命，制《春秋》之义，使子夏等十四人求周史记，得百二十国宝书，九月经立。

这里说的虽然是孔子根据“百二十国宝书”作《春秋》。但子夏所求的“周史记”，应该包括周以前的书，如黄帝玄孙帝魁之书。我们前面说过《春秋纬》与《尚书纬》形成大概同时。《尚书纬》“百二十篇”的说

① 章炳麟：《国学讲演录》，江苏文艺出版社2007年版，第56页。

法可能受到“百二十国宝书”的影响。[①] 其又受到“百二《尚书》”的影响，因此，把“百二十篇”分成两部分，一部分为《尚书》，一部分为《中候》。至于二者区分的标准，则不得而知了。这样看来，“中候”与“尚书”一样，都是一种书名。至于其含义如何，由于文献无征，就不必强解了。

按照上面的说法，《尚书中候》有十八篇。安居香山等所辑《纬书集成》列有二十一篇，除《尚书中候》泛称外，尚有二十篇。其具体篇目为：《握河纪》、《我应》、《考河命》、《洛予命》、《洛师谋》、《摘洛戒》、《仪明》、《敕省图》、《稷起》、《准谶哲》、《合符后》、《运衡》、《契握》、《苗兴》、《赤雀命》、《日角》、《霸免》、《题期》、《亶甫》、《杂篇》。孔广森在《尚书中候郑注序录》中去掉《赤雀命》、《日角》、《亶甫》、《杂篇》四篇，添加《题期》、《立象》二篇，认为这是《尚书中候》的“十八篇”。皮锡瑞的《尚书中候疏证》亦以此为准。按《尚书中候》原来的十八篇具体为何，由于现存材料太少，我们无从断定。不过《题期》、《立象》见于《尚书纬》，《帝命验》说：“顺尧考德，题期立象。”宋均注曰：“舜受禅后，习尧礼得之，演以为《考河命》，题五德之期，立将起之象，凡三篇，在《中候》也。”宋均之时，《中候》尚存，因此，可以证明《题期》、《立象》是《中候》本有的篇目。安居香山等认为，以《赤雀命》、《日角》、《亶甫》等作为《中候》篇名缺乏根据。[②] 而《杂篇》与其他篇名不类，断非原名。这样看来，孔广森所说的十八篇还是可信的。

从内容来看，《尚书中候》是一部符命之书，其主要以五行相生说为基础，模仿《尚书》的《尧典》、《舜典》等篇，论述了尧、舜、禹、汤、文、武等各王朝帝王或其祖先的性格、行为及祥瑞，由此确立这些帝王兴

---

① 皮锡瑞认为，《春秋纬》所说的“百二十国宝书”即是《墨子》所讲的“百国《春秋》”，他还引用了苏轼《春秋列国图说》的说法来说明《春秋》所列诸国确有百二十余个，以此证明《春秋》乃孔子据“百二十国宝书”而作。见氏著《经学通论四·春秋》，中华书局1954年版，第31—33页。章太炎认为“百二十国宝书”与侯国御史的人数有关。其说：“宝书剂以百二十国也，何故？侯国之祝宗卜史，皆自天子赐之。虽楚，则有周太史。惟晋董氏，亦以辛有之二子出于成周。春官有御史，掌邦国鄙及万民之治令，以赞冢宰。其史百二十人，盖乘轺而出，分趋于邦国，以书善败，归而藏诸册府，所谓周太史也。御史所不至者，其书不登。故宝书之数，视其员矣。”见《章太炎学术论著》，浙江人民出版社1998年版，第61页。

② 安居香山、中村璋八：《纬书集成》，河北人民出版社1994年版，第37页。

起的正统性，从而证明汉王朝出现的必然性和正当性。①《握河纪》说：

> 尧即政十七年，仲月甲日，至于稷，沈璧于河。青云起，回风摇落，龙马衔甲，赤文绿色，自河而出，临坛而止，吐甲迴滞。甲似龟，广九尺，有文言虞、夏、商、周、秦、汉之事。帝乃写其文，藏之东序。

《春秋命历序》说：“河图，帝王之阶，图载江河山川州界之分野。后尧坛于河，受龙图，作《握河纪》。逮虞舜、夏、商，咸亦受焉。”这里虽然仅仅提到《握河纪》，但这却说出了《尚书中候》的总体内容。从此我们还可以推断，《命历序》形成于《尚书中候》之后。“藏之东序”出于《尚书·顾命》：“大玉、夷玉、天球、河图在东序。”《顾命》中的河图与大玉等放在一起，可能也是玉石一类的东西。但纬书作者却借此把它演绎为受命之书，这或许是《中候》与《尚书》结合的原因。

根据上面所说，我们可以推断《中候》十八篇的篇次应以时代为序。孔广森说：

> 以《宋书·符瑞志》参校，略为比次其文。盖《宋志》说尧、舜、禹、汤、文、武符命，皆取诸《中候》也。其篇第则以时代序焉。《敕省图》总叙帝皇，其最先者，故以为首。承帝之德，启王之运者，尧、舜、禹也。《命历序》云“尧修坛于河，受龙图，作《握河纪》”，《帝王世纪》云“禅后二年刻璧为书，沈洛，今《中候·运衡》是也”。然则未禅作《握河纪》，既禅作《运衡》，故先《握河纪》而次《运衡》。《帝命验》云：“顺尧《考德》、《题期》、《立象》。”宋均云：“舜受禅，习尧礼，得之演以为考河命，题五德之期，立将起之象，凡三篇。”是舜事也，故继之。绍帝者王，故继之以《义明》。义明，《洞五九》注以为“三王世，各九百年也”。三王之祖，并立尧庭，并有异征，故继之以《苗兴》。苗兴者，泝三王之自出也。缵禹者汤，汤之先契，故继之以《契握》，而《洛予命》次之。商废周兴，肇基后稷，故继之以《稷起》。受命者文，助化者尚，故

① 安居香山、中村璋八：《纬书集成》，河北人民出版社1994年版，第41页。

继之以《我应》、《洛师谋》。卒文业者武，故继之以《合符后》。成文、武之德者周公，故继之以《摘洛戒》。周道鞠草，王灵下替，由是五霸兴焉，故继之以《霸免》。五霸桓公为盛，故继之以《准谶哲》。踵桓而霸，继周而王者秦，故终之以《顗期》。(《尚书中候郑注序录》)

孔氏所说是有道理的，这可能即是《中候》本来的篇次。安居香山和中村璋八也有类似的看法，他们说："总括前述诸篇，可以认为《敕省图》论述了三皇五帝的一般性质，是《中候》的总叙；《握河纪》、《运衡》论述了帝尧，《考河命》、《题期》、《立象》论述了帝舜，《义明》论述了夏禹、殷汤、周文武等三王，《苗兴》论述了三王之祖，并叙述了这些后裔兴起的必然性；《契握》论述了殷汤之祖契，《洛予命》论述了殷汤，《稷起》论述了周文武之祖后稷，《我应》论述了文王，《合符后》论述了武王，这几篇在论述各代帝王的同时，将这些帝王应当兴起且已经兴起的事实，依据以五行说为主的祥瑞进行了证明，并使这些王朝的受命正统化；进一步，《摘洛戒》论述了周公，《洛师谋》论述了吕公，《霸免》论述了五霸，《准谶哲》论述了霸主桓公，《顗期》论述了霸者秦公，即论述了帝王的辅佐或霸王的事迹，据此使那些帝王的受命更确定化，从而使民众接受那些王朝的受命和交替。"① 可以看出，安居等人基本上承续了孔广森的看法，而给予理论上的说明。

《尚书中候》历来受到学者重视。东汉经学大师郑玄曾为其作注。清代学者皮锡瑞则对其作了详细的疏证。他认为《中候》与《尚书》同出一源，因此其对《中候》评价颇高。"《中候》之文，与《书》同出。……例以《春秋》，宜存外传。超诸纬而独出，纪实为多；拟《逸周》之删余，征文尤信。"(《尚书中候疏证自序》) 皮氏所说显然夸大了《中候》的作用。《中候》与《尚书》同出于"百二十篇"乃纬书作者杜撰，并不足信。而且从内容来看，《中候》并非"纪实为多"、"征文尤信"，其虚构编造之处较诸纬有过之而无不及。

① 安居香山、中村璋八：《纬书集成》，河北人民出版社 1994 年版，第 37—38 页。

第十章

《诗纬》的形成与思想

《诗纬》，据李贤注，有《推度灾》、《记历枢》（按：记又作纪、氾、汎）、《含神务》（按：务又作雾）三种。《隋书·经籍志》中有《诗纬》宋均注十八卷，《旧唐书·经籍志》中有《诗纬》郑玄注三卷、宋均注十卷，《新唐书·艺文志》中郑、宋二注皆三卷。安居香山所辑《纬书集成》中《诗纬》与李贤所说一致。《隋志》还把《诗纬》诸篇与《尚书中候》、《洛罪级》、《五行传》、《杂谶》等放在一起，把它排除在八十一篇之外。这种说法显然与其前面所说矛盾。而且从现存内容来看，《诗纬》与其他纬书在性质上并没有什么不同。

一　西汉诗学传承与《诗纬》形成

汉代今文诗学有齐、鲁、韩三家，《汉书·儒林传》说："言《诗》于鲁则申培公，于齐则辕固生，燕则韩太傅。"鲁诗始于申培公，齐诗传自辕固生，韩诗则源乎韩婴。一般认为，《诗纬》的形成与齐诗有密切关系。[①] 我们先来看西汉齐诗的传承谱系及其思想特点，然后在此基础上分析其与《诗纬》形成的关系。

齐诗始于辕固。辕固为齐人，景帝时为博士。他曾与黄生论汤武革命于景帝前，认为汤武革命是受命而非弑君。后又因轻视《老子》而惹怒窦太后。武帝时，辕固与公孙弘皆征，辕固曾劝公孙弘"务正学以言，无曲学以阿世"。自是之后，齐地言《诗》者皆本于辕固生。

---

① 对于《诗纬》与齐诗的关系，可参看安居香山《纬书の成立とその展开》（东京图书刊行社 1979 年版）第 149—191 页；及王长华、刘明《〈诗纬〉与〈齐诗〉关系考论》（《文学评论》2009 年第 2 期）的相关论述。

对于辕固以后的齐诗传承，《汉书·儒林传》说：

> 诸齐以《诗》显贵，皆固之弟子也。昌邑太傅夏侯始昌最明，自有传。后苍，字近君，东海郯人也。事夏侯始昌。始昌通《五经》，苍亦通《诗》、《礼》，为博士，至少府，授翼奉、萧望之、匡衡。奉为谏大夫，望之前将军，衡丞相，皆有传。衡授琅邪师丹、伏理、斿君、颍川满昌君都。君都为詹事，理高密太傅，家世传业。丹大司空，自有传。由是《齐诗》有翼、匡、师、伏之学。满昌授九江张邯、琅邪皮容，皆至大官，徒众尤盛。

在辕固的弟子中，以夏侯始昌最为著名。始昌授后苍，苍授翼奉、萧望之、匡衡，衡授师丹、伏理、斿君、满昌，于是齐诗有翼、匡、师、伏之学。满昌授张邯、皮容，二人皆至大官，弟子甚众。这是齐诗在西汉的基本传承情况。

可以看出，齐诗自辕固之后基本上都属于夏侯始昌的系统。我们在前面说过，夏侯始昌精通五经，是尚书学传承中的重要人物，其学以阴阳灾异为主。在董仲舒、韩婴之后，始昌受到汉武帝的重任，这说明夏侯始昌的思想对于当时的统治阶级有着非常重要的影响。夏侯始昌不但对当时尚书学的发展有着重要影响，而且也是齐诗传承中的中坚人物。因此，其思想对于齐诗的发展也有很大的影响。

始昌授《诗》于后苍。后苍治学亦非常广博，其不但精通诗学，而且颇明礼学。后苍的礼学学于孟卿。孟卿者，孟喜之父也。在西汉中后期，礼学的传承基本上都属于后苍一系，著名的礼学家戴德、戴圣、庆普等皆其弟子。而诗学在西汉中后期的传承亦属于后苍一系，后苍授《诗》于翼奉、萧望之、匡衡。此三人中，以翼奉的学问最为专门。《汉书·翼奉传》说：

> 翼奉，字少君，东海下邳人也。治《齐诗》，与萧望之、匡衡同师。三人经术皆明，衡为后进，望之施之政事，而奉惇学不仕，好律历阴阳之占。

可以看出，翼奉的学问亦以阴阳灾异为主，这显然继承了夏侯始昌的传统。

翼奉的思想主要是以阴阳五行为基础的四始、五际、六情等学说。对于“六情”，《翼奉传》说：

> 臣闻之于师，治道要务，在知下之邪正。人诚乡正，虽愚为用；若乃怀邪，知益为害。知下之术，在于六情十二律而已。北方之情，好也。好行贪狼，申子主之；东方之情，怒也。怒行阴贼，亥卯主之。贪狼必待阴贼而后动，阴贼必待贪狼而后用，二阴并行，是以王者忌子卯也。《礼经》避之，《春秋》讳焉。南方之情，恶也。恶行廉贞，寅午主之；西方之情，喜也。喜行宽大，巳酉主之。二阳并行，是以王者吉午酉也。《诗》曰：“吉日庚午。”上方之情，乐也。乐行奸邪，辰未主之；下方之情，哀也。哀行公正，戌丑主之。辰未属阴，戌丑属阳，万物各以其类应。

这是把喜、怒、哀、乐、好、恶六情和十二地支配合起来，并配以六方、六德。翼奉认为，君主如果知道六情、十二律，就可以知道人的邪正，因为人的性情和律历是相通的。所以翼奉说：“《诗》之为学，情性而已。五性不相害，六情更兴废，观性以历，观情以律。”（《翼奉传》）“五性”指仁、义、礼、智、信五常。所谓“观性以历”是指通过五行、十天干来了解“五性”。

对于“五际”，《翼奉传》说：“《易》有阴阳，《诗》有五际，《春秋》有灾异，皆列终始，推得失，考天心，以言王道之安危。”又说：“臣奉窃学《齐诗》，闻五际之要，《十月之交》篇，知日蚀、地震之效昭然可明。”然对于“五际”的具体内容，翼奉却未明言。应劭认为“五际”指君臣、父子、兄弟、夫妇、朋友，此以五伦解释五际，显然与齐诗之说不符。孟康注曰：“《诗内传》曰：‘五际：卯、酉、午、戌、亥也。’”《诗内传》即《齐诗内传》。不过在《后汉书·郎顗传》中李贤注引孟康说却作《韩诗外传》。后人根据这两点推断齐诗和韩诗都有五际说。然而从内容来看，二书所引孟康之说完全相同，故应出于同一著作，也就是说《诗内传》和《韩诗外传》必有一误。我们在前面指出，五际学说与齐诗有着密切的关系。从现有资料来看，我们不能发现韩诗也讲五际说的文献。因此，这里的《诗内传》应是《齐诗内传》。其实清代学者臧镛堂已经指出这一错误，陈乔枞说："孟注所引《诗内传》，臧氏镛堂云是《齐诗内传》之文也。班志虽不载而《汉纪》谓辕固生作《诗》内、外传可证齐诗有《内传》矣。《后汉书·郎顗传》注引孟康说作《韩诗外传》，盖即《齐诗内传》之讹。臧说是也。"（《齐诗翼氏学疏证》卷下）臧氏虽然指出《诗内传》是《齐诗内传》，但把作者说成辕固则是有问题的，因为《史记》和《汉书》对辕固作《诗》内、外传的情形都没有丝毫的记载。我们在下面将论证五际说是翼奉的创造，这样《诗内传》便应出于翼奉或其后学。然而史书对于翼奉的著作也未曾记载。这样看来，孟康所引的《诗内传》很可能就是《诗纬》。我们知道，纬学在汉代曾被崇为"内学"，因此，纬书被称作"内传"，如《郎顗传》把《易纬》称作《易内传》就是一个明显的证据。

对于"四始"，翼奉则完全没有提及，其最早出现在《后汉书·郎顗传》中，《郎顗传》说："四始之缺，五际之厄。"这样就出现一个问题，就是翼奉有没有提出四始的思想。从思想内容来看，四始、五际属于一个思想体系，因此，既然五际说出于翼奉，那么四始说也应出于翼奉。正如清代学者迮鹤寿所说："五际之说，出于齐诗，则四始之说亦出于齐诗。五际必兼四始言之，盖四始为之纲，五际为之际也。"（《齐诗翼氏学》卷一）

以上是翼奉的四始、五际、六情思想。这些思想也是《诗纬》的主要内容，《诗纬·汎历枢》说："卯酉为革政，午亥为革命。神在天门，出入候听。""卯，《天保》也；酉，《祈父》也；午，《采芑》也；亥，《大明》也。""然则亥为革命，一际也；亥又为天门，出入候听，二际也；卯为阴阳交际，三际也；午为阳谢阴兴，四际也；酉为阴盛阳微，五际也。"这是《诗纬》的五际学说。《诗纬·汎历枢》曰："《大明》在亥，水始也；《四牡》在寅，木始也；《嘉鱼》在巳，火始也；《鸿雁》在申，金始也。"这是《诗纬》的四始学说。对于"六情"，纬书亦有提及，《春秋演孔图》说："《诗》含五际六情"。但纬书中很多内容已经佚失，"六情"所指为何，已不得而知。不过应该与齐诗的"六情"说相似。

齐诗与《诗纬》都讲四始、五际、六情等思想，那么二者的关系如何呢？是齐诗受到《诗纬》的影响，还是《诗纬》受到齐诗的影响。清儒陈乔枞说：

汉儒如翼奉、郎顗之说《诗》，多出于纬，盖齐学所本也。郑君笺《诗》于《十月之交》篇主纬说，《六艺论》亦据而用之。魏晋改代，齐学就湮。隋火之余，《诗纬》渐佚。间有存者，或与杂谶比例齐观，学者弃置勿道，书遂尽亡。夫齐学湮而《诗纬》存，则齐诗虽亡而犹未尽泯也。《诗纬》亡而齐诗遂为绝学矣。①

陈氏认为，汉代齐诗之学大多出于纬书，齐学亡而《诗纬》存则齐学犹未灭，而《诗纬》亡则齐诗就成为绝学了。陈氏指出《诗纬》与齐诗的关系是值得肯定的，但其弄反了二者的关系。因为齐、鲁、韩三家诗汉初便已存在，如果据此推断，则《诗纬》便应形成于西汉之前了。这显然与历史事实不符。

从《翼奉传》来看，《诗纬》的思想显然受到齐诗的影响。翼奉所说皆冠以“臣闻之于师”，这说明他的这些思想是从他老师那里来的。我们知道，翼奉的老师是后苍，后苍学于夏侯始昌，而始昌的老师则是齐诗始祖辕固。那么这些思想是齐诗本来固有的传统，还是出于辕固后学的篡改师法。吴承仕认为，齐诗中本来就有占候灾变之学，其说：“五际、六情之义始于翼奉，奉说本之于师，然辕固生尝以曲学阿世讽公孙弘矣。则占候灾变之学虽或讬始于辕，要不如后师所言之具可知也。”② 徐复观则认为此思想出于夏侯始昌的篡改。他说：“翼奉‘四始五际六情’之说，乃受夏侯始昌以阴阳五行傅会《洪范》言灾异的影响，他把这一趋向拓展于《诗》的领域，而更向旁枝曲径上推演，以成怪异不经之说，既无与于《诗》教，亦非辕固之所及料。”③ 由于文献佚失，我们无从得知辕固是否讲四始、五际等思想。不过《诗经》中本来就有灾异思想，而非仅仅受到《尚书·洪范》的影响，如《十月之交》说：“日月告凶，不用其行。四国无政，不用其良。彼月而食，则维其常。此日而食，于何不臧！烨烨震电，不宁不令。百川沸腾，山冢崒崩。”而且除齐诗外，韩诗也讲阴阳灾异思想，如《韩诗外传》说：“百礼洽则百意遂，百意遂则阴阳调，阴阳调则寒暑均，寒暑均则三光清，三光清则风雨时，风雨时则群生宁。如是

① 陈乔枞：《诗纬集证自叙》，《纬书集成》，上海古籍出版社 1994 年版，第 1129 页。
② 吴承仕：《经典释文序录疏证》，中华书局 1984 年版，第 82 页。
③ 徐复观：《徐复观论经学史二种》，上海书店出版社 2005 年版，第 116—117 页。

而天道得矣。”[1] 这说明诗学本来就有讲灾异的传统，不过这种传统在齐诗那里尤为明显而已。正如吴承仕所说，在辕固那里占候灾异学说还不明显，后来经过夏侯始昌、后苍、翼奉等人才把它发扬光大。

齐诗中有阴阳灾异的传统，并不代表它们一开始就有四始、五际、六情的思想。翼奉说这些思想是从他老师那里学来的，翼奉学于后苍，则这些思想在后苍时就已经存在了。不过从史书来看，事实恐怕并非如此。

我们在前面说过，后苍的弟子除翼奉外，还有萧望之和匡衡。二人虽未专于学，但他们皆身居要位，对于当时政治有着重要的影响。他们二人皆以灾异思想劝说当时皇帝，如萧望之说：“《春秋》昭公三年大雨雹，是时季氏专权，卒逐昭公。乡使鲁君察于天变，宜无此害。今陛下以圣德居位，思政求贤，尧、舜之用心也。然而善祥未臻，阴阳不和，是大臣任政，一姓擅势之所致也。”（《汉书·萧望之传》）匡衡也说：“臣闻教化之流，非家至而人说之也。贤者在位，能者在职，朝廷崇礼，百僚敬让，道德之行，由内及外，自近者始，然后民知所法，迁善日进而不自知。是以百姓安，阴阳和，神灵应，而嘉祥见。《诗》曰：‘商邑翼翼，四方之极；寿考且宁，以保我后生。’此成汤所以建至治，保子孙，化异俗而怀鬼方也。”（《汉书·匡衡传》）在二人思想中，我们丝毫不能看到四始、五际以及六情的思想。如果这些思想是齐诗的主要内容，那么二人在谈灾异的时候似乎不应同时遗漏。

而且从《匡衡传》来看，匡衡所说的“四始”与翼奉并不相同。他说：

> 臣又闻之师曰：“匹配之际，生民之始，万福之原。”婚姻之礼正，然后品物遂而天命全。孔子论《诗》以《关雎》为始，言太上者民之父母。后夫人之行，不侔乎天地，则无以奉神灵之统而理万物之宜。故《诗》曰：“窈窕淑女，君子好仇。”

同为“闻之师”，匡衡和翼奉的看法截然不同。匡衡也认为《关雎》为《诗》始。这显然与《史记·孔子世家》中“《关雎》之乱以为风始，《鹿鸣》为小雅始，《文王》为大雅始，《清庙》为颂始”的说法相同。

---

[1] 许维遹：《韩诗外传集释》，中华书局1980年版，第190页。

在性情说上，匡衡与翼奉也不相同。《汉书·匡衡传》说：

> 传曰：“审好恶，理情性，而王道毕矣。”能尽其性，然后能尽人、物之性；能尽人、物之性，可以赞天地之化。治性之道，必审已之所有余，而强其所不足。盖聪明疏通者戒于大察，寡闻少见者戒于雍蔽，勇猛刚强者戒于大暴，仁爱温良者戒于无断，湛静安舒者戒于后时，广心浩大者戒于遗忘。必审已之所当戒而齐之以义，然后中和之化应，而巧伪之徒不敢比周而望进。唯陛下戒所以崇圣德。臣又闻室家之道修，则天下之理得，故《诗》始《国风》，《礼》本《冠》、《婚》。始乎《国风》，原情性而明人伦也；本乎《冠》、《婚》，正基兆而防未然也。福之兴莫不本乎室家，道之衰莫不始乎阃内。故圣王必慎妃后之际，别适长之位。礼之于内也，卑不逾尊，新不先故，所以统人情而理阴气也。

我们在前面说过，在翼奉那里人的五性要通过十天干来了解，而六情则要通过十二地支来认识，这就是他所谓的“观性以历，观情以律”。而匡衡认为治理人性之法在于反求诸已，也就是通过反省来了解自已身上的“过”与“不足”，然后以义节制，使其达到中和的状态，如聪明通达的人要戒以苛察，寡闻少见的人要戒以闭塞，勇猛刚强的人要戒以暴虐，仁爱温和的人要戒以寡断，清静安闲的人要戒以散漫，粗心大意的人要戒以遗忘，等等。只有完善自已的“性”，才能进一步完善他人和万物的“性”，最后才能参与到天地万物化育之中，与天、地相参。而人情则需要通过礼来统领。情是人的阴气，有着自私的一面，如果不加以规范则人与人之间的关系就会乱套，因此需要礼来统领。由此我们可以得出，匡衡对于性情的看法与翼奉完全不同。这样看来，四始、五际、六情等思想可能出于翼奉自已的创造。

如果上面推断正确的话，那么《诗纬》很可能就出于翼奉后学之手。考虑到《诗纬》中提及“火德说”和“五帝说”，如《含神雾》说：“五精星坐，其东苍帝坐，神名灵威仰，精为青龙。其中黄帝坐，神名含枢纽……”“含始吞赤珠，刻曰玉英，生汉皇。后赤龙感女媪，刘季兴。”我们可以推断其形成大概与《春秋纬》同时。

二 《诗纬》的四始五际说

《诗纬·含神雾》说:“诗者,天地之心,君德之祖,百福之宗,万物之户也。集微揆著,上统元皇,下序四始,罗列五际。”可以看出,四始、五际在《诗纬》中有非常重要的地位。我们下面来分析一下四始、五际的具体内容。

对于四始,《汎历枢》说:

> 《大明》在亥,水始也。《四牡》在寅,木始也。《嘉鱼》在巳,火始也。《鸿雁》在申,金始也。

《推度灾》对此还作了进一步解释:“立火于《嘉鱼》,万物成文。金立于《鸿雁》,阴气杀,草木改。水立气周,刚柔战德。《四牡》,草木萌生,发春近气,役动下民。”根据文意,“水立气周”应作“水立于《大明》,气周。”《嘉鱼》与火相对,火用事,成文饰,故曰“万物成文”。《鸿雁》与金相对,金用事,阴气盛,草木衰。《大明》与水相对,水用事,阴阳二气运行一周,于此相会,故相互作用也。《四牡》与木相对,木用事,大地回春,万物萌生。不难看出,四始说显然受到阴阳五行思想的影响。它从《诗》中选出四篇,然后分别与水、木、火、金相对,从而形成四始说。陈乔枞说:“四始者,五行本始之气也。亥地西北,坎水居之;寅地东北,震木居之;巳地东南,离火居之;申地西南,兑金居之。少阳见于寅,故寅为木始。少阴见于申,故申为金始。离,太阳也。太阳之气见于巳,故为火始。坎,太阴也。太阴之气见于亥,故为水始。”①

《诗纬》何以选取《诗经》中《大明》、《四牡》、《嘉鱼》、《鸿雁》四篇与水、木、火、金相对?胡薇元解释说:“凡推数皆从亥之仲起,《大明》之诗,‘明明在下,赫赫在上’。天命难忱,殷数将终,周运方始,如数之终于亥,‘在洽’、‘在渭’,亦水象也。《四牡》则‘周道倭迟’,若日之寅。骓骓骁骁,不可止遏。寅,木象也。……《嘉鱼》,《毛传》‘江汉之间,鱼所产也’。巳属南方,故为火象。《鸿雁》西征,西金之象。鸿

① 陈乔枞:《诗纬集证》卷二,《纬书集成》,上海古籍出版社1994年版,第1153页。

雁知辟阴阳寒暑，喻民之去无道以就有道耳。”（《〈诗纬·氾历枢〉训纂》）按照胡氏的解释，《诗纬》之所以选取此四篇，因其寓意能与水、木、火、金相合也。对此孙蓉蓉作了进一步的研究，认为《诗纬》“四始”选择《诗经》中的四篇为例，意在说明周朝的兴盛衰亡的历史过程：“《大明》表现殷商‘天位殷适，使不挟四方’的衰落，而周朝则‘文王初载，天作之合’的初兴情景，这是新旧两个朝代更替迭陈之际，即为‘亥’。……《四牡》是一首君王慰劳使臣之诗。……《四牡》配为‘寅’……春季万物勃发，周朝乘势发展。《嘉鱼》描写‘乐与贤也，太平君子至诚，乐与贤者共之也’。周朝进入太平盛世，故配之以‘巳’……盛极而衰，周朝繁盛的背后又隐含衰弱的危机，故君主宴贤者，共商国是。……《鸿雁》写万民劳役之苦……周室开始衰落，配之以‘申’。”①

郜积意则认为“四始”说的篇名取象与干支有着直接关系，他说：“从顺序看，水始为‘四始’第一，为何系诸《大明》呢？疑此与篇名取象相关。《大明》在亥，因《乾卦·彖辞》有‘大明终始，六位时成’之语，而大雅有《大明》篇，合于此义，故借为四始之起。《南有嘉鱼》，是因为篇名之‘南’，于五行属火，故以之为巳始。《鸿雁》，乃秋之物候，故为申始。从诗篇与四始干支的分配看，相同的特征是，篇名取象与干支有直接联系。但《四牡》为何在寅，却无合理解释。因为，从两汉关于五行之数的编排看，均为水一、火二、木三、金四、土五。四为金数，不为木数。不过，据张尔岐《风角书》所载，在数与五行、五声的搭配上却有差异，其论‘五音所主’云：‘宫数一，徵数三，羽数五，商数七，角数九。’又云‘商金’、‘宫土羽水’、‘宫为土，角为木’等，则是木数为四，金数为二。如果说五行、五声之数的编排存有异说，那么，据木数四之例，《四牡》在寅即可解，‘四始’诗篇与干支的配合可以得到恰当的解释。”② 郜氏之说虽有一定道理，但同一学说解释不能用不同的编排标准。因此，还是胡薇元、孙蓉蓉的解释较为合理。

据以上所说，我们可以绘制一幅四始图：

---

① 孙蓉蓉：《论〈诗纬〉对〈诗经〉的阐释》，《求是学刊》2011 年第 1 期。

② 郜积意：《两汉经学的历术背景》，北京大学出版社 2013 年版，第 87 页。

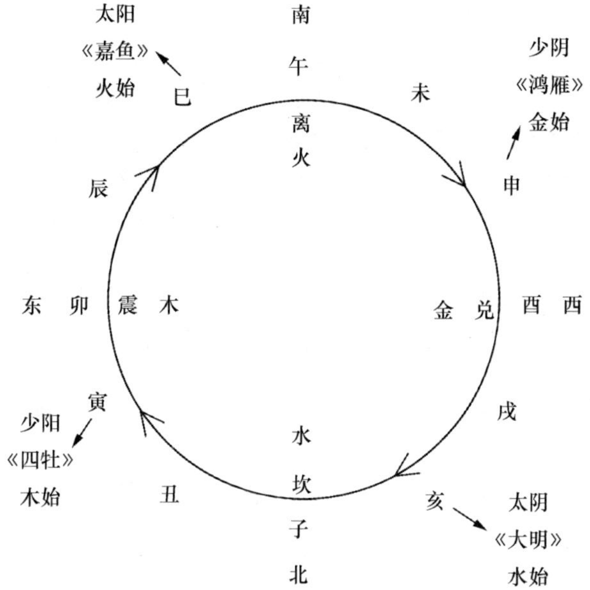

图 10－1　四始图

从图 10－1 可以看出，四始实际指的是水、木、火、金四行之始。因为子、卯、午、酉为四行之正，所以四行之始分别位于它们的前一位置。与八卦相配，子配坎，卯配震，午配离，酉配兑。“以阴阳言之，太阴者，北方。……太阳者，南方。……少阴者，西方。……少阳者，东方。”（《汉书·律历志》）因此，子为太阴之气，其始见于亥，故亥为水始；卯为少阳之气，其始见于寅，故寅为木始；午为太阳之气，其始见于巳，故巳为火始；酉为少阴之气，其始见于申，故申为金始。土为五行之尊，不在循环之内，故无始。《律历志》说：“中央者，阴阳之内，四方之中，经纬通达，乃能端直，于时为四季。土稼啬蕃息。”

对于五际，《汎历枢》说：

卯、酉为革政，午、亥为革命。神在天门，出入候听。

卯，《天保》也；酉，《祈父》也；午，《采芑》也；亥，《大明》也。

然则亥为革命，一际也；亥又为天门，出入候听，二际也；卯为阴阳交际，三际也；午为阳谢阴兴，四际也；酉为阴盛阳微，五际也。

不难看出，此“五际”仅有卯、酉、午、亥，而未涉及戌。陈乔枞说：“然《齐诗内传》并数‘戌’而冲远不及之，于义为疏。戌、亥皆为天门，亥为革命当一际，则天门候听宜以戌当一际矣。”（《诗纬集证》卷一）上面最后一节为孔颖达（字冲远）《毛诗正义》所引，因此，陈乔枞说“冲远不及之”。陈氏所说有些道理。然“神在天门”，《诗·国风·关雎》疏引作“辰在天门”，这样“五际”就成了卯、酉、午、亥、辰，则“亥又为天门”应为“辰为天门”。这样“五际”便有四种说法：一是卯、酉、午、亥、戌；二是亥与亥、卯、酉、午；三是卯、酉、午、亥、辰；四是卯、酉、午、亥、神。

我们先来看第一种看法，这种看法见于《翼奉传》的颜师古注。颜师古说：“孟康曰：《诗内传》曰，五际，卯、酉、午、戌、亥也。阴阳终始际会之岁，于此则有变改之政也。”

上面仅列出四际，即卯为《天保》、酉为《祈父》、午为《采芑》、亥为《大明》。对于第五际，《诗纬》佚失或者未言。迮鹤寿认为第五际应是戌为《十月之交》。他说：“翼氏曰：‘窃学齐诗，闻五际之要，《十月之交》篇。’戌即《十月之交》是也。”（《齐诗翼氏学》卷一）

第二种说法见于前引《氾历枢》第三句。可以看出，在这里五际指卯、酉、午、亥与亥。与第一种看法不同的是这里出现了两个“亥”，“亥为革命，一际也；亥又为天门，出入候听，二际也”。从孔颖达《毛诗正义》引文来看，这段文字并无错误，可以证明出现两“亥”并非文字上讹写。古人认为天倾西北，地陷东南，如《河图·括地象》说：“天不足西北，地不足东南。西北为天门，东南为地户。天门无上，地户无下。”这样看来，在方位上西北为天门，东南为地户。从图 10－1 可以看出，亥确实处于天门的位置，这说明此说法也是有根据的。不过在同一思想体系出现两个相同的内容，似乎不太妥当。

第三种说法是卯、酉、午、亥、辰。这种说法见于《诗·国风·关雎》疏。此与上面两种说法不同主要在“辰”上。从图 10－1 来看，“辰”处于地户的位置，而非处于天门的位置，因此，这种说法是不正确的。

最后一种说法是卯、酉、午、亥、神，其见于前引《氾历枢》第一句。

这种说法显然是有问题的，因为其余四际都是地支的内容，把“神”放在里面显得不类。不过在《后汉书·郎顗传》中就已经出现这种说法了，郎顗在引完《汎历枢》后说：“言神在戌、亥，司候帝王兴衰得失，厥善则昌，厥恶则亡。”后来宋均注释《诗纬》的时候也说：“神，阳气君象也。天门，戌、亥之间，乾所据者。”二人未明《诗纬》的五际说，便望文生义地给以解释和发挥。

从上面的分析来看，“五际”应该指卯、酉、午、亥、戌。迮鹤寿说：

> 五际始终皆阳，中间皆阴，自亥至寅，渐入阳刚，亥为阳水，以一阳起群阴之中，君子所以经纶草昧，开国承家，故亥为一际也；自寅至酉，正在光明，卯为阴木，午为阴火，酉为阴金，其象暗昧，国家于此当有变改之政，故卯、午、酉各为一际也；自酉至戌，渐入阴柔，戌为阳土，以一阳陷群阴之内，国家于此必有灾异之应，故戌为一际也。
>
> 亥为革命，一际也；卯为阴阳交际，二际也；午为阳谢阴兴，三际也；酉为阴盛阳微，四际也；戌为极阴生阳，五际也。若子、丑、寅、辰、申不在阴阳际会之交，故不为际。（《齐诗翼氏学》卷一）

可以看出，五际学说完全是按照阴阳二气变化来划分的。对于《诗经》篇目与“五际”相配的原因，胡薇元也作了解释：“《天保》，赓《伐木》之章，木之属，卯门。《祈父》，定司马之职，酉司金革。《采芑》，纪宣王之征，值中兴之午运。《大明》，方文王之初载，当殷土之亥交也。”（《〈诗纬·氾历枢〉训纂》）对于“五际”，历来有不同的解释，黄道周说：

> 盖纬书之于经，犹《公》、《穀》之解义，有口授而无笔证，略闻绪论，沿积丛讹，其实圣言有线未绝。今考其法，二《雅》大小百十一篇，亡篇者六，为百有五。上自文、武，至于幽、平，三百八十年。《文王》至《思齐》六篇，在文王庚寅，火始之岁，日在癸亥，《鹿鸣》至《湛露》十四篇应之。癸亥，甲木之始，紫宫为至，天廐应之，为一际。《皇矣》至《行苇》六篇，在成王丙午，火盛之岁，日在辛丑，《彤弓》至《行野》十四篇应之。辛丑，水德之宅，太微

为治，天市应之，是为二际。《既醉》至《卷阿》六篇，在穆王壬戌，内火之岁，日在己卯，《斯干》至《蓼莪》十四篇应之。己卯，木德之荣，天廐为治，太微应之（，是为三际）。《民劳》至《云汉》六篇，在懿王戈寅，火始之岁，日在丁巳，《大东》至《鸳鸯》十四篇应之。丁巳，木之再荣，紫宫为治，太微应之，是为四际。《崧高》至《召旻》七篇，在宣王甲午，火盛之岁，日在乙未，《頍弁》至《何草》十八篇应之。乙未，木德之宅，大微为治，五车应之，是为五际。五际不当其世，而意义可通。述事之作，或有因时，而道古之篇，要唯自昔也。(《三易洞玑·杂图经下》)

可以看出，黄氏解释颇难理解。郜积意认为这种解释有许多可疑之处，如其以文、武至幽、平为三百八十年的根据不明，黄氏系诸干支的理据不明，纬书所据之《诗》皆为单篇而黄氏以大、小《雅》诸篇系之，等等。因此，其认为黄氏未能揭示《诗纬》的“五际”说。[①] 郜氏的批驳相当有力，这说明黄道周对于“五际”的解释并不恰当。

孙蓉蓉亦从周王朝的兴盛衰亡的历史过程来解释，其说：“根据天干地支阴阳的推演，‘五际’中‘卯’时，旭日初生，夜终昼始，为阴阳交际之时；‘午’时，日中而昃，阳初谢而阴始兴之时；‘酉’时，太阳落山，阴大盛而阳已微也；‘亥’时，由极阴转为生阳，亥终子始。而从《诗经》所配的诗篇来看，配‘卯’的《天保》，描写了周公继承文武事业，又有上天的保佑……奠定了王朝盛世的基础。配‘午’的《采芑》，以南征荆蛮，赞宣王中兴之功。……配‘酉’的《祈父》……兵士怒于久役，指责周宣王用人不当，周王朝由盛而衰。配‘亥’的《大明》，‘有命自天，命此文王’，殷周革命，周朝受命而王。配‘戌’的《十月之交》，刺幽王昏庸，小人当道……国运尚存，但灭亡将至。”[②] 与“四始说”相比，其解释从《天保》开始，而没有从《大明》开始，应该说是错误的，因为到了《祈父》周王朝已经由盛而衰，下面何以又接以殷周革命的《大明》？而描写周公继承文武事业的《天保》也应在描写文武事业的《大明》之后。因此，“五际说”也应从配亥的《大明》开始。

① 郜积意：《两汉经学的历术背景》，北京大学出版社2013年版，第57页。

② 孙蓉蓉：《论〈诗纬〉对〈诗经〉的阐释》，《求是学刊》2011年第1期。

根据上面所说，我们可以绘制一幅五际图：

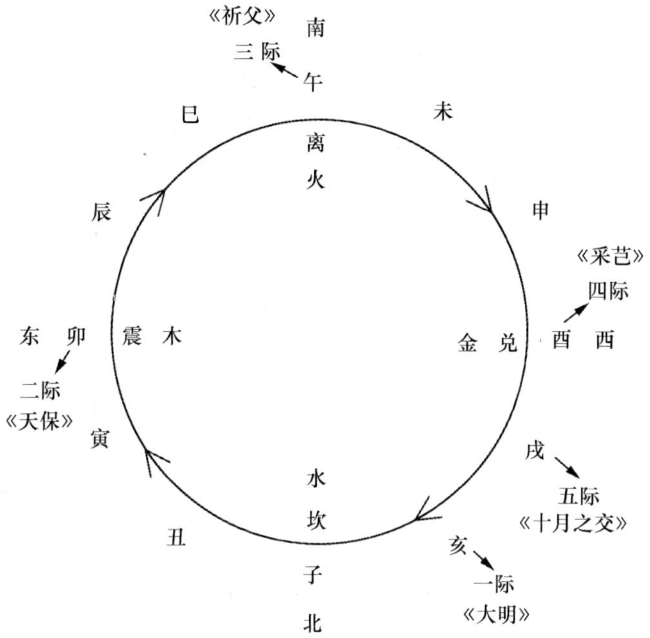

图 10－2　五际图

从图 10－2 可以看出，在五际中，除亥、戌外，卯、午、酉三际皆处于东、南、西三方的正位。按照这种分法，则处于正北方的子亦应为一际。亥为一际，因为处于天门的位置。但戌为什么也在五际之内？因为天门中已有一际，似乎不应再有一际。在《诗纬》中，我们也能发现子为一际的思想，如其说："十周参聚，气生神明，戊午革运，辛酉革命，甲子革政。"我们前面说过，五际是"阴阳终始际会之岁，于此则有变改之政也"。因此，《汎历枢》说："卯、酉为革政，午、亥为革命。"这样看来，与"戊午革运，辛酉革命"一样，"甲子革政"也是"阴阳终始际会之岁"，因此，子也应为一际。

从上面的分析来看，四始、五际说实际上是阴阳五行思想影响下的产物。二者虽然是两种学说，但实际上属于一个体系，《推度灾》说："建四始、五际而八节通。"所谓八节就是四始、五际把一年十二地支分为八部分，即亥、寅、卯、巳、午、申、酉、戌，因"亥"为二者所共有。据此，我们可以绘制一幅四始五际图：

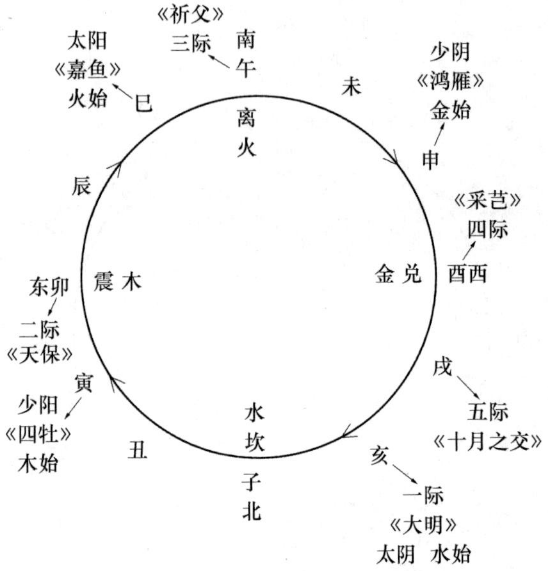

图 10－3　四始五际图

不难看出，它主要是对“小雅”、“大雅”篇目安排的一种解说。无论四始，还是五际，都仅仅涉及二“雅”，而未尝涉及“风”、“颂”。迮鹤寿说：“十五国风，诸侯之风也。三颂，宗庙之乐也。唯二雅皆述王者之命运政教，四始五际，专以阴阳之终始际会推度国家之吉凶休咎，故止用二雅。”（《齐诗翼氏学》卷一）这是说，在《诗》的风、雅、颂中，只有雅涉及国家的吉凶休咎，因此，四始、五际仅用二雅。

按照《诗》序，《文王》是大雅之始，《鹿鸣》是小雅之始。但在四始说中，此二篇为何不为始？迮鹤寿说：

> 《大雅》始于《文王》，《小雅》始于《鹿鸣》，犹《易》之有乾、坤也。乾为君道，而《文王》一篇述周家受命之由；坤为臣道，而《鹿鸣》一篇叙嘉宾式燕之事。四始不以此为始者，文王未尝履帝位，至武王始有革命之事。《诗纬·汎历枢》曰：“午、亥之际为革命。”《诗》称“肆伐大商，会朝清明”即其事也，故以《大明》为始，此如《易》之有屯，所以经纶草昧也。《大雅》既不以《文王》为始，

> 则《小雅》亦不以《鹿鸣》为始。《鹿鸣》言饮食宴乐，至《四牡》乃为臣子勤劳王事。郎顗谓四始之缺，《诗》称“王事靡盬，我心伤悲”，“靡盬”则有缺限矣，故以《四牡》为始，此如《易》之有蒙，所以击蒙御寇也。四始专论木、火、金、水之始，故别有取义，非《关雎》、《鹿鸣》、《文王》、《清庙》各举首篇之谓也。（《齐诗翼氏学》卷一）

迮氏认为，《诗》的《文王》、《鹿鸣》二篇就如《周易》的乾、坤二卦一样。乾为君道，然文王未曾登上帝位，至武王始有革命之事，所以《大明》为大雅之始；坤为臣道，然《鹿鸣》叙述嘉宾饮食宴乐之事，至《四牡》才说臣子勤劳王事，所以《四牡》为小雅之始。这里讲的是木、火、金、水之始，而非首篇之谓，因此，不以《关雎》、《鹿鸣》、《文王》、《清庙》四篇为始。

对于四始、五际说与《诗》篇的配合，前人曾有探讨。孔广森说：

> 始、际之义，盖生于律。《大明》在亥者，应钟为均也；《四牡》则太簇为均；《天保》夹钟为均；《嘉鱼》仲吕为均；《采芑》蕤宾为均；《鸿雁》夷则为均；《祈父》南吕为均。汉初古乐未湮者如此。……古之作乐，每三诗为一终。经传可考者，有升歌《文王》之三，升歌《鹿鸣》之三，间歌《鱼丽》之三，然《采薇》、《出车》、《杕杜》，皆所以劳将士；《常棣》、《伐木》、《天保》，皆所以燕朋友兄弟；《蓼萧》、《湛露》、《彤弓》，皆所以燕诸侯，亦三篇同奏，确然可信者也。说始、际者则以与三期相配，如《文王》为亥孟，《大明》为亥仲，《緜》为亥季，其水始独言《大明》，犹三期之先仲、次季而后孟也；故《鹿鸣》、《四牡》、《皇华》同为寅宫，举《四牡》以表之；《鱼丽》、《嘉鱼》、《南山》同为巳宫，举《嘉鱼》以表之。卯不言《伐木》而言《天保》，容三家诗次不尽与毛同耳。[①]

这就是说四始、五际说是根据十二乐律而来的。根据《月令》和《史

---

① 孔广森：《经学卮言》卷三，《续修四库全书》第173册，上海古籍出版社2002年版，第281页。

记·律书》,[1] 亥与孟冬相对，故《大明》与应钟相配。依此类推，则《四牡》与太簇相配，《天保》与夹钟相配，《嘉鱼》与仲吕相配，《采芑》与蕤宾相配，《鸿雁》与夷则相配，《祈父》与南吕相配。《诗》在古代是配乐的，与乐相配，每三诗为一组。这样四始、五际实际上有二十四篇诗，这种分法与“三期”法相配。所谓“三期”法，是指《诗纬》对于年岁的一种推算方法。《汎历枢》说：“凡推其数，皆从亥之仲起，此天地所定位。阴阳气周而复始，万物死而复苏，大统之始，故王命一节为之十岁也。”孔广森解释说：“其法以卅年管一辰，凡甲子、甲午旬首者为仲，甲戌、甲辰旬首者为季，甲申、甲寅旬首者为孟，率十年一移，故谓之三期。”[2] 这是说，把十二辰中的每辰都分为孟、仲、季三节，每节十年，每辰三十年，是为三期。何以从“亥仲”开始推算呢？陈乔枞说：“凡推三期之数，皆从亥仲起者，阴阳之气，分于西北。西北者，乾位，万物之所资始，故以是起数。”[3] 可以看出，这种推算受到当时易学卦气说的影响。

这样推算岁数，则从亥之仲开始，依次类推。因此，每乐三诗也用中间一首代表。这中间“卯不言《伐木》而言《天保》”是个例外，可能因为三家诗与毛诗的次序不同所致。可以看出，孔氏的解释还是有道理的，不过语焉不详。

黄以周对此作了进一步的探讨，他说：

> 窃考古人作乐三终，三终之诗必连类相及，如乡乐歌《周南》《关雎》、《葛覃》、《卷耳》三篇，又歌《召南》《鹊巢》、《采蘩》、《采蘋》三篇是也。四始、五际即以三诗当一辰，一辰分孟、仲、季以配三诗，寅、申、巳、亥为四始，始必资于中气，故皆取其仲；子、午、卯、酉为四际，际为交代之义，故皆取其季。(《群经说·论六情五际》)

我们前面曾说过，按照五际说的原理，子应为一际，黄以周即是这种看法。与孔广森一样，黄氏认为，与乐相配，三诗一组，因此，四始、五

① 关于《史记·律书》中十二辰与十二律相配的情况，可参考下一节的相关论述。

② 孔广森：《经学卮言》卷三，《续修四库全书》第173册，上海古籍出版社2002年版，第281页。

③ 陈乔枞：《诗纬集证》卷二，《纬书集成》，上海古籍出版社1994年版，第1156页。

际也是三诗一辰，每辰分孟、仲、季配以三诗。四始必资于中气，故皆取辰仲之诗；际为交替之义，故四际皆取辰季之诗，如《鹿鸣》、《四牡》、《皇华》为升歌之三，于四始属寅，《四牡》居中，故曰“《四牡》在寅，木始也”。接下来三篇为《常棣》、《伐木》、《天保》，于五际属卯，《天保》居末，故《天保》属卯，其余依此类推，中间有不在四始、五际者，则以相对之辰配之；有不合者，则因三家诗与毛诗次第不同所致。

可以看出，孔、黄二人所说有一定道理，不过一遇解释不通的地方，就以今古文篇次不同说明，似乎不太妥当，这表明二人的解释还是有问题的。清人迮鹤寿在《齐诗翼氏学》中曾对四始、五际的计算方法也作过探讨，[1] 不过过于牵强和烦琐，同样未必符合四始、五际说的本意。今人郜积意从历术的角度对纬书的“五际”说进行了深入的分析，认为其可能与“殷历”有关，以此为基础，其认为“《大明》在亥”是指丁亥岁成王正式践祚即位之年，其含义是说周代的江山经过文、武、周公的苦心经营，终于稳固，从而与“际会之岁，有变改之政”合。而《汉书·翼奉传》引《十月之交》篇在初元二年，此岁年名为甲戌，与五际中的“戌，《十月之交》也”合。[2] 此种说法可备一说，但仍有难解之处，如除此二者之外的其他篇目的王世尚难以断定。

虽然我们不清楚四始、五际说与《诗》篇相配的具体根据如何，但有一点是可以肯定的，那就是四始、五际说的形成与西汉易学的八卦卦气说有着密切关系。所谓八卦卦气说，就是把《周易》的八卦与一年的月份配合起来。具体来说，乾在十月，坎在十一月，艮在十二月，震在二月，巽在四月，离在五月，坤在六月，兑在八月。对此《易纬》有所说明，我们在前面已经说过，此不赘述。我们上面说过，四始、五际皆始于亥。为什么呢？这是受到《乾凿度》的影响。《乾凿度》说：“乾坤者，阴阳之主也。阳始于亥，形于丑，乾位在西北，阳祖微据始也。阴始于巳，形于未，据正立位，故坤位在西南，阴之正也。”四始、五际皆始于阳，故二者皆以亥为始。从内容来看，《诗纬》的确受到《易纬》的影响，如《推度灾》说：“阳本为雄，阴本为雌，物本为魂，雄生八月仲节，号曰太初，

---

① 关于此方面的研究，可参看郜积意《两汉经学的历术背景》，北京大学出版社 2013 年版，第 49—56 页。

② 同上书，第 48—88 页。

行三节。雄雌俱行三节，而雄合物魂，号曰太素。三气未分别，号曰浑沦。”这显然受到《乾凿度》宇宙论的影响。

三 《诗纬》的天干地支说

在上一节谈四始、五际学说的时候，实际上已经涉及地支的问题。在这一节我们来详细分析一下《诗纬》的天干地支学说。

《推度灾》说：

> 夫王者布德于子，治成于丑，与運于寅，施化于卯，成纪于辰，威震于巳，德王于午。……故子者孳也，自是渐孳生也；丑者钮也，万物之生已定枢钮也；寅者演也，物演渐大，少阳之气也；卯者茂也，物茂渐成也；辰者震也，物振而運也；巳者次也，渐次而进也；午者甫也，其时可以哺也；未者味也，别其滋味，异其美恶也；申者伸也，至是而万物大舒精也；酉者丑也，物至是而形不嘉，凋残老丑也；戌者灭也，物至是而衰灭也；亥者太也，既灭既尽，将复又有始者也。甲者甲也，万物孚甲，犹包幕也；乙者屈也，屈折而起也；丙者炳也，万物明见，无有所隐也；丁者劲也，正强壮也；戊者富也，庶类富满也；己者起也，万物壮起也；庚者更也，物至是而改，将更之也；辛者兵也，物至是而残笃也；壬者任也，至精之专；癸者揆也，谓可度其将生之理也。①

不难看出，这段文字并不完整，“王者布德于子”一节仅叙至午，缺少午以后的五个地支和天干部分。不过这并不影响我们对其思想的分析。这段话的大意是说，君主要按照一年节气的变化治理国家，子、丑、寅、卯等十二地支代表着十二月，君主在每个月都有其应该施行的政令，如布德于子、治成于丑之类。这显然受到《月令》的影响。

在《诗纬》作者看来，十二地支都有其独特的含义，每一个都代表万物生长的一个阶段，子代表万物开始孳生，丑代表万物长出躯干，经过

---

① 原文次序有所错乱，如“丁”误在“申”前，“亥”误在“壬”前，“己”误在“丙”前，因此根据文意作了调整。

寅、卯等阶段，最后以亥结束，亥代表万物灭尽而又重新开始。天干的道理与此相同，不过是另外一种循环。

《诗纬》的这种思想实际上受到当时律历学的影响。《史记·律书》说：

> 《书》曰“七正”、二十八舍。律历，天所以通五行、八正之气，天所以成孰万物也。舍者，日月所舍。舍者，舒气也。
>
> 不周风居西北，主杀生。东壁居不周风东，主辟生，气而东之，至于营室。营室者，主营胎阳气而产之。东至于危。危，垝也，言阳气之危垝，故曰危。十月也，律中应钟。应钟者，阳气之应，不用事也。其于十二子为亥。亥者，该也，言阳气藏于下，故该也。
>
> 广莫风居北方。广莫者，言阳气在下，阴莫阳广大也，故曰广莫。东至于虚。虚者，能实能虚，言阳气冬则宛藏于虚，日冬至则一阴下藏，一阳上舒，故曰虚。东至于须女。言万物变动其所，阴阳气未相离，尚相如胥也，故曰须女。十一月也，律中黄钟。黄钟者，阳气踵黄泉而出也。其于十二子为子。子者，滋也。滋者，言万物滋于下也。其于十母为壬癸。壬之为言任也，言阳气任养万物于下也。癸之为言揆也，言万物可揆度，故曰癸。东至牵牛。牵牛者，言阳气牵引万物出之也。牛者，冒也，言地虽冻，能冒而生也。牛者，耕植种万物也。东至于建星。建星者，建诸生也。十二月也，律中大吕。大吕者。其于十二子为丑。丑者，纽也，言阳气在上未降，万物厄纽未敢出。
>
> ……

下面还有其他六方的情况，这里就不一一引用了。根据《尚书》“璇玑玉衡以齐七政”及二十八舍的思想，律历是天用来通五行和八正之气的，同时也反映了天地万物的变化过程。二十八舍代表着天的一种气，它的运行能够反映天地之间的变化。这种气的变化始于不周风。二十八舍位于不周风之东，然后东至营室，至危为十月，与律相对为应钟。然后气从危东行至虚，再东行至须女，这时便处于正北方，与广莫风相对，处于十一月，与律相对为黄钟。这样按照顺行的方向，依次运行，最后至危，便完成一个循环。

根据《律书》所说，我们可以把天干地支、二十八舍、十二律、八风之间的相配用图 10 - 4 表示：

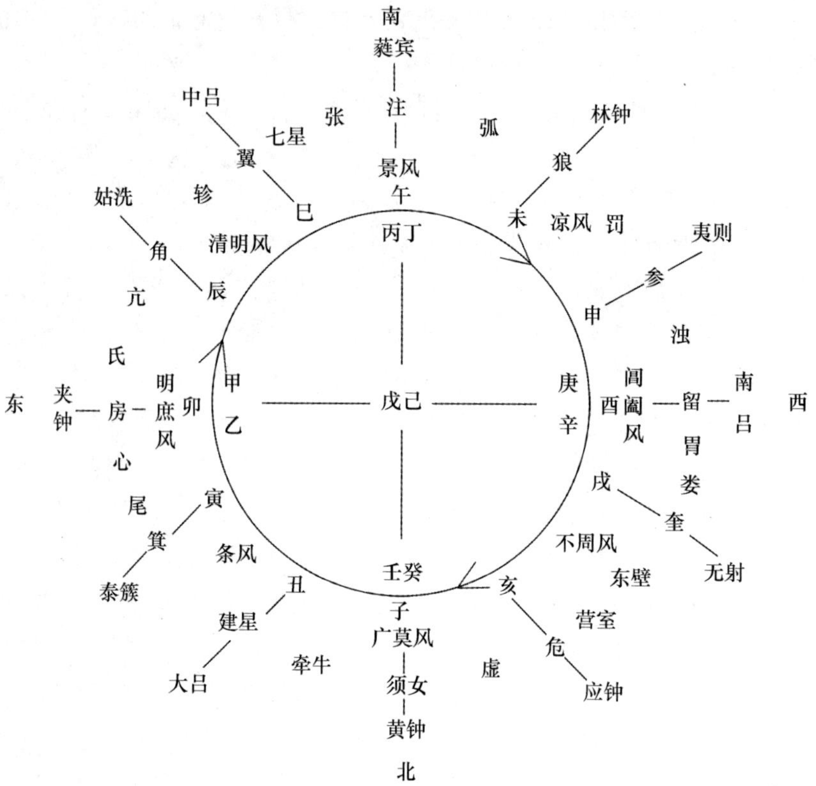

图 10-4 天干地支、二十八舍、十二律、八风相配图

《诗纬》的天干地支说完全受到《律书》的影响，除了上面所说之外，《诗纬》也记载了二十八舍的运行情况。《推度灾》说：

> 气东北（按：当为西北）行于壁，壁主辟生。东而之营室，营室主舍产。东而之危，危主垝危。东而之虚，虚主宛藏。东而之须女，须女主变胥。东而之牵牛，牵牛主牵冒。东至于建星，建主生出。南而之箕，箕主发滨。南而之尾，尾主挥条。南而之心，心主华荣。南而之房，房主门户。南而之氐，氐主抵触。南而之亢，亢主康见。南而之角，角主触逋。西而之轸，轸主天乔。西而之翼，翼主羽飞。西而之七星，七星主立阳。西而之张，张主普遍。西至于注，注主垂下。西至于弧，弧主柔落。西至于狼，狼主败毁。北而之罚，罚主削夺。北而之参，参主参杀。北而之浊，浊主死伤。北而之昴，昴主稽

据。北而之胃，胃主藏伏。北而之娄，娄主内护。北而之奎，奎主毒螫。风气周通，形体匝顾也。

不难看出，除了昴的名称不同外，其余各星与《律书》完全相同，而且在顺序和意义上也基本相同。

我们还可以看出，《诗纬》在天干地支的解释上也基本沿袭了《律书》的说法。我们可以通过表 10－1 来加以说明：

表 10－1　**天干、地支解释表**

天干	《律书》	《诗纬》	地支	《律书》	《诗纬》
甲	言万物剖符甲而出也	甲也，万物孚甲，犹包幕也	子	滋也，言万物滋于下也	孳也，自是渐孳生也
乙	言万物生轧轧也	屈也，屈折而起也	丑	纽也，言阳气在上未降，万物厄纽未敢出	钮也，万物之生已定枢钮也
丙	言阳道著明	炳也，万物明见，无有所隐也	寅	寅言万物始生螾然也	演也，物演渐大，少阳之气也
丁	言万物之丁壮也	劲也，正强壮也	卯	卯之为言茂也，言万物茂也	茂也，物茂渐成也
戊	无	富也，庶类富满也	辰	言万物之蜄也	震也，物振而運也
己	无	起也，万物壮起也	巳	言阳气之已尽也	次也，渐次而进也
庚	言阴气庚万物	更也，物至是而改，将更之也	午	阴阳交	甫也，其时可以哺也
辛	言万物之辛生	兵也，物至是而残笃也	未	言万物皆成，有滋味也	味也，别其滋味，异其美恶也
壬	任也，言阳气任养万物于下也	任也，至精之专	申	言阴用事，申贼万物	伸也，至是而万物大舒精也
癸	揆也，言万物可揆度	揆也，谓可度其将生之理也	酉	万物之老也	丑也，物至是而形不嘉，凋残老丑也
			戌	言万物尽灭	灭也，物至是而衰灭也
			亥	言阳气藏于下	太也，既灭既尽，将复又有始者也

可以看出，在解释上二者大部分是相同的，而且解释特点是完全一样的，即结合一年四季节气的变化，然后以音同或意近的文字给予解释。

除此之外，《诗纬》还从阴阳的角度对天干地支作了解释，如《汎历枢》说：

戊者，贸也。阴贸阳，柔变刚也。

己者，纪也。阴阳造化，臣子成道。

壬者，任也。阴任事于上，阳任事于下，阴为政，民不与，阳持为政，王天下，故其立字，壬似王也。

丑者，好也。阳施气，阴受道，阳好阴，阴好阳，刚柔相好。品物厚，制礼作乐，道文明也。

寅者，移也。阳气动从内戏，盍民执功，天兵修。

巳者，已也。阳气已出，阴气已藏，万物出，成文章。

与上面的解释相比，这里不仅突出了阴阳二气的变化，而且更把这种解释推衍到政治和人事上，从而说明了天干、地支不仅反映了自然万物的生长变化，而且是人类社会遵守的法则。

四　论《诗纬》的解释特点

由于与《诗经》的关系，现存《诗纬》中也有很多解释《诗经》的内容。我们先来看一下其对《诗》的名称和含义的论述，《含神雾》说：

《诗》者，天地之心，君德之祖，百福之宗，万物之户也。……集微揆著，上统元皇，下序四始，罗列五际。

孔子曰：诗者，天地之心，刻之玉版，藏之金府。

陈乔枞曰：“《诗》之为学，情性而已。情性者，人所禀天地阴阳之气也。天地之气，分为阴阳，列为五行。人禀阴阳而生，内怀五性六情。仁、义、礼、智、信谓五性，喜、怒、哀、乐、好、恶谓六情。六情所以扶成五性，性情各正，万化之原也。……王者承天地，理阴阳，法五行，修五事，以成民之性而顺民之情者也。……《诗》正性情而厚人伦，美教化而移风俗，推四始之义，明五际之要，此圣人所以统天地之心，顺阴阳之理，慎德行之用，著善恶之归，为万物获福于无方之原。”① 陈氏主要从性情的角度对《诗纬》的“天地之心”的说法进行解释，但这似乎降低了《诗纬》对《诗》的地位。《诗纬》作者认为《诗》本身就是天地的核心，君主之德、天下之福、万物之生皆由其决定也。因此要“刻之玉版，藏之金府”，使之代代流传，永为世法。《春秋说题辞》又说：“《诗》者，天文之精，星辰之度，人心之操也。在事为诗，未发为谋，恬澹为心，思虑为志，故《诗》之为言志也。”这与上面的意思基本相同，不过更突出了《诗》与人的关系。在《说题辞》看来，《诗》是表明人心之志的。

“诗言志”，最早见于《尚书》，《尧典》说：“诗言志，歌永言，声依永，律和声。”这种说法后来成了古人对《诗》的一个基本看法，如《庄子·天下》说：“《诗》以道志。”郭店楚简《语丛》说：“《诗》，所以会古今之志也者。”上博楚简《孔子诗论》也说：“诗无吝志，乐无吝情，文无吝言。”许慎《说文·言部》则直接以“志”释“诗”：“诗，志也。从言、寺声。”杨树达《释诗》进一步解释说：“古文作訨，从言、㞢声。按志字从心㞢声，寺字亦从㞢声。㞢、志、寺古音盖无二。古文从言㞢，言㞢即言志也。篆文从言寺，言寺亦言志也。……盖《诗》以言志为古人通义，故造文者之制字也，即以言志为文。其以㞢为志，或以寺为志，音同假借耳。”② 这说明古代“诗”、“志”二字本来就可以相通。二字后来才逐渐分开，朱自清说：“‘诗’这个字不见于甲骨文、金文，《易经》中也没有。《今文尚书》中只见了两次。……《尧典》晚出，这个字大概是周代才有的。……‘志’字原来就是‘诗’字，到这时两个字大概有分开的必要了，所以加上‘言’字偏旁，另成一字；这‘言’字偏旁正是《说文》所谓‘志发于言’的意思。”③ 二字分开之后，各自含义也更加明晰，在心为志，发见为言则曰诗。孔颖达在《毛诗序》“《诗》者，志之所之也，在心为志，发言为诗”的解释中说：“诗者，人志意之所之适也。虽有所适，犹未发口，蕴藏在心，谓之为志。发见于言，乃名为诗。”④

---

① 陈乔枞：《诗纬集证》卷三，《纬书集成》，上海古籍出版社 1994 年版，第 1164—1165 页。

② 杨树达：《积微居小学金石论丛》，科学出版社 1955 年版，第 25—26 页。

③ 朱自清：《诗言志辨》，开明书店 1947 年版，第 11 页。

④ 阮元校刻：《十三经注疏（清嘉庆刊本）》（一），中华书局 2009 年版，第 563 页。

除了"志"外，《诗》还有"持"的意思。《含神雾》说：

> 诗者，持也，以手维持，则承负之义，谓以手承下而抱负之。在于敦厚之教，自持其心，讽刺之道，可以扶持邦家者也。

这是说"诗"有维持、承接的意思，这是从训诂的角度对"诗"义作的解释。"诗"本来有承接的意思，如郑玄在《礼记·内则》"诗负之"下注曰："诗之言承也。"《仪礼·特牲馈食礼》"诗怀之"郑注曰："诗犹承也，谓奉纳之怀中。"这样看来，"诗者，持也"一句并不是解释《诗》的，而是说明"诗"这个字含义的，然后由这一含义引申出对《诗》的解释。"在于敦厚之教"一句，陈乔枞解释说："人心者，天地之精，群生之本，故政之治乱，由于君之心也。能自持其心，则可以扶持邦家矣。"[①] 可见，此句主要针对君主而言，让其注重《诗》的教化作用。"持"在此是"把持"之意，与上句"以手维持"之说不同。

对于"诗"的这两种含义的不同，唐代孔颖达作了一种融通性的解释。他在《毛诗正义》中说：

> 名为《诗》者，《内则》说"负子之礼"云"诗负之"，注云"诗之言承也"。《春秋说题辞》云："在事为诗，未发为谋，恬淡为心，思虑为志，《诗》之为言志也。"《诗纬含神务》云："诗者，持也。"然则诗有三训：承也，志也，持也。作者承君政之善恶，述己志而作《诗》，为《诗》所以持人之行，使不失队，故一名而三训也。[②]

前面已经指出，承、持实际上是对"诗"这个字含义的解释，与《诗》其实并无必然联系。《诗纬》作者把对"诗"的字义解释引申到对《诗》的解释，实际上是望文生义。孔颖达更是把三者牵强联系，更属附会，因为其混淆了"诗"的字义和《诗》的本义。而且孔氏释"持"为"持人之行"，与《诗纬》中"维持"、"把持"二义又有所不同。

---

① 陈乔枞：《诗纬集证》卷三，《纬书集成》，上海古籍出版社 1994 年版，第 1165 页。

② 阮元校刻：《十三经注疏（清嘉庆刊本）》（一），中华书局 2009 年版，第 554 页。

《诗纬》还对风、颂等含义作了解释，《含神雾》说：

颂者，王道太平，成功立而作也。

上以风化下，下以风刺上，主文而谲谏，言之者无罪，闻之者足以戒。

治世之音温以裕，其政平。乱世之音怨之怒，其政乖。《诗》道然。

这些解释可能受到毛诗的影响。《毛诗序》说："《诗》者，志之所之也，在心为志，发言为诗。……治世之音安以乐，其政和。乱世之音怨以怒，其政乖。亡国之音哀以思，其民困。……上以风化下，下以风刺上，主文而谲谏，言之者无罪，闻之者足以戒，故曰风。……颂者，美盛德之形容，以其成功，告于神明者也。"通过比较我们可以看出二者在很多方面相似，这里就出现一个谁影响谁的问题。毛诗相传传自子夏，后来大毛公亨作《毛诗故训传》，于是有毛诗一系。一般认为，毛诗属于古文系统。据学者考证，《毛诗序》是陆续写成的，作者包括周初的史官、子夏和毛亨等人。[①] 这说明《诗序》的内容很早就形成了。因此，《诗纬》内容应受到《毛诗序》的影响。

我们知道《诗经》有十五国风，分别记录当时各国的民俗歌谣。《诗纬》对这些国名也作了论述，如《含神雾》说：

齐地处孟春之位，海岱之间，土地污泥，流之所归，利之所聚，律中太簇，音中宫角。

陈地处季春之位，土地平夷，无有山谷，律中姑洗，音中宫徵。

曹地处季夏之位，土地劲急，音中徵，其声清以急。

邶、鄘、卫、王、郑，此五国者，千里之城，处州之中，名曰地轴。

这显然受到《月令》的影响，然后把国家与一年四季及音律等配合起来。

---

① 徐复观：《徐复观论经学史二种》，上海书店出版社 2005 年版，第 119—126 页。

除此之外，《诗纬》还从分野的角度对各国国名作了论述，《推度灾》说：

> 邶国结蝓之宿，鄘国天汉之宿，卫国天宿斗衡，王国天宿箕斗，郑国天宿斗衡，魏国天宿牵牛，唐国天宿奎、娄，秦国天宿白虎，气生玄武，陈国天宿大角，桧国天宿招摇，曹国天宿张、弧。

古人认为，天上的星宿与地上的地区有某种对应关系，如果天上的星宿出现某种变异，那么其所对应的地区就会相应地出现某种灾害，反之亦然，这就是所谓的分野说。如《周礼·春官·宗伯》说：“保章氏掌天星，以志星辰日月之变动，以观天下之迁，辨其吉凶；以星土辨九州之地，所封封域，皆有分星，以观妖祥。”《春秋元命包》说：“王者封国，上应列宿之位。其余小国，不中星辰者，以为附庸。”这说明地上封地与天上星宿皆有对应，从而使它们之间形成一种相互感应的关系。

除了上面所说之外，现存《诗纬》中还有一些对《诗经》零散解释的内容。《推度灾》说：

> 《关雎》知原，冀得贤妃，正八嫔。
>
> 关雎恶露，乘精随阳而施，必下就九渊，以复至之月，鸣求雄雌。

这是对《国风·周南·关雎》的解释。第一句是对《关雎》这首诗宗旨的解释，第二句则是对关雎这种动物的解释。在《诗纬》看来，《关雎》这首诗是表明王道之原的，意思是希望得到贤妃，以正宫内。其实这种解释是《诗经》的通义，并非《诗纬》的独特看法。如鲁《诗》说《关雎》是“后妃之制，夭寿治乱存亡之端也。……故咏淑女，几以配上，忠孝之笃、仁厚之作也”。齐《诗》曰：“孔子论《诗》，以《关雎》为始。言太上者民之父母，后夫人之行不侔乎天地，则无以奉神灵之统而理万物之宜，故《诗》曰：‘窈窕淑女，君子好仇。’言能致其贞淑，不贰其操，情欲之感无介乎容仪，宴私之意不形乎动静，夫然后可以配至尊而为宗庙主。此纲纪之首、王教之端也。”韩《诗》曰：“诗人言雎鸠贞洁慎匹，以声相求，隐蔽于无人之处，故人君退朝入于私宫，后妃御见有度，应门击柝，鼓人上堂，退反宴处，体安志明。今时大人内倾于色，贤人见其明，故咏《关雎》，说淑女、正容仪以刺时。”（以上见王先谦《诗三家义集疏》卷一）《毛诗序》说：“《关雎》，后妃之德也，风之始也，所以风天下而正夫妇也，故用之乡人焉，用之邦国焉。”可以看出，四家解释虽然表述不尽相同，但根本宗旨则是一致的。

《推度灾》说：

> 十月之交，气之相交。周十月，夏之八月，及其食也，君弱臣强，故天垂象以见征。辛者，正秋之王气；卯者，正春之臣位。日为君，辰为臣。八月之日交，卯食辛也。辛之为君，幼弱而不明；卯之为臣，秉权而为政。故辛之言新，阴气盛而阳微生，其君幼弱而任卯臣也。

这是对《小雅·十月之交》的解释。《十月之交》说：“十月之交，朔日辛卯。日有食之，亦孔之丑。”意思是说十月辛卯之日，日月交会而成日食，这是大恶的表现。《推度灾》对此进行了详细的解释，辛代表君，卯代表臣，这是阴盛阳微、君弱臣强的表现。因此，上天要出现日食以警告之。《春秋潜潭巴》亦云：“日辛卯蚀，臣伐其主”。对于此种解释，汉儒多有持同之论，如《汉书·翼奉传》曰：“臣奉窃学齐诗，闻五际之要，《十月之交》篇，知日蚀地震之效，昭然可明。”《后汉书·丁鸿传》亦曰：“日蚀者，臣乘君，阴凌阳。昔周衰季，皇甫之属专权于外，党类强盛，侵夺主势，故《诗》曰：‘十月之交，朔日辛卯。日有食之，亦孔之丑。’”相比之下，毛诗解释则没这么详细，其说：“之交，日月之交会。丑，恶也。”郑玄笺曰：“周之十月，夏之八月也。八月朔日，日月交会而日食，阴侵阳，臣侵君之象。日辰之义，日为君，辰为臣。辛，金也。卯，木也。又以卯侵辛，故甚恶也。”可以看出，郑玄的注解显然受到《诗纬》的影响。

对于《十月之交》的其他章节，《诗纬》也有解释，如其说：

> “烨烨震电，不宁不令。”此应刑政之大暴，故震电惊人，使天下不安。（《含神雾》）
>
> “百川沸腾”，众阴进，“山冢崒崩”，人无仰，“高岸为谷”，贤者退，“深谷为陵”，小（人）临。（《推度灾》）

这是对“烨烨震电，不宁不令。百川沸腾，山冢崒崩。高岸为谷，深谷为陵”的解释。《诗经》原文只是对自然现象的一种描述，并没有把隐含的意思明确表达出来。而《诗纬》则把这种微言大义明确表达出来。我们再来看一下毛诗的解释：“烨烨，震电貌。震，雷也。沸，出。腾，乘也。山顶曰冢。言易位也。”相比之下，毛诗的解释仅仅是一种字意上的阐发。

在《诗纬》中还有一些随文解意的内容，我们可以通过表 10 – 2 来说明：

表 10 – 2　**《诗纬》解释《诗经》表**

《诗经》	《诗纬》
维鹊有巢，维鸠居之 （《国风·召南·鹊巢》）	鹊以复至之月，始作室家，鸤鸠因成事，天性如此也 （《推度灾》）
彼茁者葭，一发五豝 （《国风·召南·驺虞》）	“彼茁者葭，一发五豝。”孟春，兽肥草短之候也
日之夕矣，羊牛下来 （《国风·王·君子于役》）	杨柳惊春，牛羊来暮
蟋蟀在堂，岁聿其莫 （《国风·唐·蟋蟀》）	“蟋蟀在堂”，流火西也
蒹葭苍苍，白露为霜 （《国风·秦·蒹葭》）	蒹葭秋水，其思凉，犹秦西气之变乎 [阳气终，“白露为霜”。(《含神雾》)]
鸿雁于飞，肃肃其羽 （《小雅·彤弓之什·鸿雁》）	天霜树落叶，而鸿雁南飞
济济辟王，左右奉璋 （《大雅·文王之什·棫朴》）	王者受命，必先祭天，乃行王事。《诗》曰：“济济辟士，左右奉璋。”此文王之郊也
经始灵台，经之营之 （《大雅·文王之什·灵台》）	灵台候天意也。“经营灵台”，天下附也
佛时仔肩，示我显德行 （《周颂·闵予小子·敬之》）	事人事，明义以炤耀其所闇，故民不陷。《诗》云：“示我显德行”（以上《汎历枢》）
月离于毕，俾滂沱矣 （《小雅·都人士之什·渐渐之石》）	“月离于毕，俾滂沱矣！”言毕主雨，月离其舍，大雨必行，象人君心术慈和，有贤良之臣佐之，思膏下流，若甘霖之大霈也（《诗纬》）

可以看出，这些解释大多根据经文进行解释，虽有一些发挥的东西，但在根本上并没有违背经义。

从上面分析来看，《诗纬》对于《诗经》的解释分为两类：一类是以阴阳灾异为主的神秘主义解释，如对《诗》义和“十月之交”的解释，这是齐诗影响的结果。另一类是根据经文文意的解释，这类解释一方面受到《诗经》经文的限制，另一方面可能受到毛诗解诗方式的影响。

分论四

《礼纬》《乐纬》

第十一章

《礼纬》、《乐纬》的形成与思想

礼乐是儒家思想的重要内容。儒家经典中讲“礼”的有《礼记》、《周礼》和《仪礼》，讲“乐”的有《乐经》，然《乐经》在汉之前就已经佚失。在古代，广义上的礼，包括礼和乐。因此，古代儒家关于“乐”的思想主要保存在《礼记》、《周礼》等著作中。既然《乐经》在汉之前就已经佚失了，那么汉代儒家乐学思想则主要是通过礼学家来传续的。这样看来，不但《礼纬》是当时礼学影响下的产物，而且《乐纬》的形成也与当时礼学传承有着密切关系。因此，我们把《礼纬》、《乐纬》放在一起研究。

据李贤注，《礼纬》有《含文嘉》、《稽命征》、《斗威仪》（斗又作记）三种，《乐纬》有《动声仪》、《稽耀嘉》、《叶图征》（叶又作协）三种。《隋书·经籍志》、《旧唐书·经籍志》、《新唐书·艺文志》等对于《礼纬》、《乐纬》皆各录三卷。安居香山《纬书集成》所辑篇目亦与上述相同，这说明《礼纬》、《乐纬》的篇目前后没有发生多大变化。《隋书·经籍志》中还记有“《礼记默房》二卷”，由于文献无征，我们无从断定其性质。不过从篇名来看，其似乎与《礼纬》无关，可能是解释《礼记》的著作。另外，《隋志》在《乐纬》后引《七录》中还列了“《乐五鸟图》一卷”。从名称来看，其应是一幅关于音乐的图画。仅凭此点，我们无从得知其与《乐纬》之间的关系。

一　西汉礼学传承与《礼纬》、《乐纬》形成

对于汉代礼学传承，《汉书·儒林传》说：

汉兴，鲁高堂生传《士礼》十七篇，而鲁徐生善为颂。孝文时，

> 徐生以颂为礼官大夫，传子至孙延、襄。襄，其资性善为颂，不能通经；延颇能，未善也。襄亦以颂为大夫，至广陵内史。延及徐氏弟子公户满意、桓生、单资皆为礼官大夫。而瑕丘萧奋以礼至淮阳太守。诸言《礼》为颂者由徐氏。

所谓《士礼》十七篇指的就是现在的《仪礼》。从上面我们可以知道，汉代的《仪礼》传自高堂生。徐生则因善于礼的实际运用而为礼官大夫，徐生然后传给其子孙。其孙徐襄、徐延以及徐氏弟子公户满意等皆为礼官大夫，萧奋则以礼为淮阳太守。可以看出，徐氏一系的礼学主要在于礼的实践方面，对于礼的理论方面则不甚精通。

这里有一个问题需要辨明，就是徐生所传是否来自高堂生。对于这个问题，《儒林传》说得不是很清楚，似乎二者源于不同系统。不过从《史记·儒林列传》、《汉书·儒林传》、《艺文志》来看，徐生所学应该源于高堂生。《史记·儒林列传》说：“诸学者多言礼，而鲁高堂生最本。礼固自孔子时而其经不具，及至秦焚书，书散亡益多，于今独有《士礼》，高堂生能言之。而鲁徐生善为容。”这说明汉代礼学皆本自高堂生。《艺文志》说：“汉兴，鲁高堂生传《士礼》十七篇，讫孝宣世，后仓最明，戴德、戴圣、庆普皆其弟子。”这说明后仓等人的礼学与高堂生是一脉相承的。由此我们可以知道，徐生的礼学也是来自高堂生，不过其仅注重礼的运用而已。

对于萧奋以后的传承，《儒林传》说：

> 孟卿，东海人也。事萧奋，以授后仓、鲁闾丘卿。仓说《礼》数万言，号曰《后氏曲台记》，授沛闻人通汉子方、梁戴德延君、戴圣次君、沛庆普孝公。孝公为东平太傅。德号大戴，为信都太傅；圣号小戴，以博士论石渠，至九江太守。由是《礼》有大戴、小戴、庆氏之学。通汉以太子舍人论石渠，至中山中尉。普授鲁夏侯敬，又传族子咸，为豫章太守。大戴授琅邪徐良斿卿，为博士、州牧、郡守，家世传业。小戴授梁人桥仁季卿、杨荣子孙。仁为大鸿胪，家世传业，荣琅邪太守。由是大戴有徐氏，小戴有桥、杨氏之学。

萧奋传孟卿，卿传后仓、闾丘卿，仓传通汉子方、戴德、戴圣、庆普，于是《礼》有大戴、小戴、庆氏之学。庆普传夏侯敬、庆咸。大戴传徐良，是为徐氏学。小戴传桥仁、杨荣，是为桥、杨之学。这是礼学在西汉中后期的基本传承。

从上面我们可以看出，在西汉中后期，礼学传承都出于萧奋一系。在徐氏弟子中，萧奋或许是个异数。其他弟子皆为礼官大夫，独萧奋出为淮阳太守。所谓礼官大夫主要看重的是礼“颂（容）”的一面，也就是礼的实际操作的层面。萧奋没有当上礼官大夫，或许因为其对礼的实际运用并不注重。萧奋的兴趣可能在于礼的理论方面，因此，《儒林传》说他以“礼”而不以“颂”至淮阳太守。这里的“礼”应该不仅包括礼的运用方面，而且也应包括礼的理论方面。因此，萧奋一系的礼学后来在理论上能够有所创新。

萧奋传礼于孟卿。孟卿不仅是礼学大家，而且是春秋学的重要人物。其传《春秋》于疏广，传礼于后仓。《汉书·儒林传》说：“世所传《后氏礼》、《疏氏春秋》，皆出孟卿。”后仓不仅传《礼》，而且传《诗》，其诗学源自夏侯始昌。我们知道，夏侯始昌精通五经，是诗学和尚书学的主要传承人物。可以看出，后仓之学的来源颇为繁杂，其中既有礼学、春秋学，又有诗学和尚书学。而春秋学、尚书学都有讲阴阳灾异的传统，这对于礼学应该有非常重要的影响。后仓的《后氏曲台礼》应该受到这些思想的影响。

我们知道，汉初高堂生所传《士礼》仅有十七篇。《史记·儒林列传》说：“《礼》固自孔子时而其经不具，及至秦焚书，书散亡益多，于今独有《士礼》，高堂生能言之。”这说明经过秦火之后，先秦礼学著作丧失殆尽，仅剩《仪礼》十七篇。但在汉武帝的时候，河间献王从民间得到很多先秦旧书，其中有“《周官》、《尚书》、《礼》、《礼记》、《孟子》、《老子》之属，皆经、传、说、记，七十子之徒所论”（《汉书·景十三王传》）。另外，鲁恭王坏孔子旧宅，又得到很多古文经传。《汉书·艺文志》说：“武帝末，鲁共王坏孔子宅，欲以广其宫而得《古文尚书》，及《礼记》、《论语》、《孝经》凡数十篇，皆古字也。”又说：“《礼古经》者，出于鲁淹中及孔氏，与十七篇文相似，多三十九篇。”经过这两次发现，《礼》书的篇数大大增多，据《艺文志》有“《礼古经》五十六卷，《经》十七篇，《记》百三十一篇”等。后仓活动的时候，这些《礼》书已经被收集到皇家秘府中，因此，其作《后氏曲台礼》的时候应该吸收了这些《礼》书的思想。

后仓传大戴、小戴和庆普等人，后来三家皆各自名学。大戴曾从古《礼》二百多篇中选出八十五篇编成《大戴礼记》，小戴又在大戴的基础上选出四十九篇编成《小戴礼记》。现在流传的《礼记》即是《小戴礼记》。二戴虽然传经，但主要思想还是表现在《礼记》上。因为在《仪礼》内容方面，二戴与庆氏并无根本差别。1957 年，在甘肃省武威县的汉墓中发现了一批《仪礼》的木简，据研究者考证，这批汉简可能是庆氏所传的本子。[①] 日本学者安居香山推断，《礼纬》的形成与庆氏礼学有着密切的关系。他的依据是东汉曹充父子习庆氏礼，他们又同时根据谶纬改制，因此，推断二者有密切的关系。[②] 然仅从这一点并不能推断《礼纬》与庆氏礼学有着直接关系。因为东汉谶纬已经被官方化了，当时今文学者多遵从谶纬。

实际上从思想内容来看，《礼纬》与二戴礼学的关系更为密切。从武威汉简来看，庆氏《仪礼》尽管与二戴本篇目次序和文辞字句上有所不同，但根本大义则无大异。因为《仪礼》仅仅记录古代礼制，在思想上并无多大意义。因此，今文礼学的思想主要还表现在《礼记》上。二戴《礼记》中有很多关于月令、明堂、阴阳灾异等方面的思想，这对于纬书的形成有着重要影响。

那么《礼纬》形成于何时呢？从内容来看，其大概形成于平帝元始五年（5 年）之后。因为《礼纬·含文嘉》中提到“五祀”的思想，其说：“五祀：南郊、北郊、西郊、东郊、中郊兆正谋。”郑玄注曰：“东郊去都城八里，南郊九里，北郊六里，西郊去城五里。”我们在《春秋纬》形成部分曾经说过，汉代祭祀五帝皆在一处。后来王莽依据《周礼》，认为五帝居于雍五畤，不合古法，因此，五帝应该居于四郊。而此时大概为平帝元始五年（5 年）之后。因此，我们可以断定《礼纬》形成大概与《春秋纬》同时。

我们现在顺便来看一下《乐纬》的形成。由于《乐经》在汉前已经佚失，所以《乐经》在汉没有传承。不过汉武帝时，河间献王与毛生等人曾根据《周官》以及诸子言乐事的内容作成《乐记》。后来传给王定，定又

① 《武威汉简》，中华书局 2005 年版，第 14 页。

② 安居香山：《纬书の成立とその展开》，东京图书刊行社 1979 年版，第 315—316 页。

传王禹，在汉成帝的时候，王禹曾献二十四篇。刘向校书又得《乐记》二十三篇，与王禹不同，因此，王禹所传就逐渐衰微了。我们无从断定二者有何不同。不过刘向所得《乐记》与河间献王《乐记》应该是同一部著作，因为河间献王曾把所得古书献给宫廷，这也就是后来秘府古书的一部分。王禹所传可能是自己解说《乐记》的著作，即《艺文志》的"《王禹记》二十四篇"，因此与秘府《乐记》不同。后来二戴编订《礼记》收入的《乐记》应该就是河间献王本，因此，乐学成为礼学的一部分。从内容来看，《乐纬》的形成与《礼纬》大致同时，因为其也提到"五祀"，如《稽耀嘉》说到"用鼓和乐于东郊"、"用声和乐于中郊"等。

二 《礼纬》、《乐纬》论礼乐制度

就现有材料来看，《礼纬》、《乐纬》主要记载了灵台、祭祀、九赐等古代制度，此外，还有一些零星的记载，如旗、射、乐等。

"灵台"出于《诗经·大雅·灵台》，是古代天子用来观测天象预测吉凶的地方。《礼纬》对灵台也作了解释，其说："天子有灵台，以候天地。诸侯有时台，以候四时。"这是说灵台是帝王用来观察天地的地方。因此，《诗纬·汎历枢》说："灵台参天意"，"灵台候天意也。'经营灵台'，天下附也。"《礼纬》对灵台的作用也作了论述，《含文嘉》说：

> 礼：天子灵台，所以观天人之际、阴阳之会也。揆星度之验征、六气之瑞应、神明之变化，睹因气之所验，为万物获福于无方之原。招太极之清泉，以兴稼穑之根。仓廪实，知礼节；衣食足，知荣辱。天子得灵台之则，五车三柱，明制可行，不失其常。

这是说，灵台是用来观察天人关系、阴阳交会的。通过观测天象的变化和征验来求得人间的幸福。如果天子知道灵台的规律，则政治能得到正常的运作。《孝经援神契》说："灵台考符居高显，圣王所以宣德察微。"这认为灵台是圣王用来宣德化、察微妙的。

祭祀也是纬书的重要内容。《礼纬》对祭祀作了解释，其说："祭者，所以追养继孝也。"这是说祭祀是为了思念父母养育之恩以培养孝心也。这显然继承了儒家的祭祀思想，如《论语·学而》说："慎终追远，民德归厚也。”《大戴礼记·盛德》说：“丧祭之礼，所以教仁爱也。”

《礼纬》对于国家的祭祀制度也有论述。我们先来看五祀之礼，《礼纬·含文嘉》说：

> 五祀：南郊、北郊、西郊、东郊、中兆，正谋。

郑玄注曰：“东郊去都城八里，南郊七里，西郊九里，北郊六里，中兆，西南去城五里。兆者，作封畔兆域也。谋者，方欲迎气，斋戒自端正，谋虑其事也。”“谋者”当作“正谋者”。五祀指东、南、西、北、中，其中以“中兆”为正。所谓“正谋”，是指处于中郊之地，斋戒其身，谋划其事也。《乐纬》对此作了进一步的论述，《稽耀嘉》说：

> 用鼓和乐于东郊，为太皞之气，勾芒之音。歌随行，出云门，致魂灵，下太一之神；用声和乐于中郊，为黄帝之气，后土之音。歌黄裳从容，致和散灵；用动和乐于郊，为颛项之气，玄冥之音。歌北凑大闰，致幽明灵。

宋均注曰：“动当为𤇾，𤇾，土乐也。”且“郊”当为“北郊”。东郊、中郊、北郊各有其礼乐、神灵和作用。纬书还认为，郊祀所祭之天、地分别位于南、北郊，《孝经钩命决》说：“郊祀后稷，以配天地。祭天于南郊，就阳位；祭地于北郊，就阴位。后稷为天地主，文王为五帝宗。”

《礼纬》还提到天、社稷、宗庙、六宗等在祭祀上的不同，如《稽命征》说：

> 礼祭，天牲角蠒栗，社稷宗庙角握，六宗、五岳、四渎角尺，其余山川视卿大夫。

这说明祭祀的时候，天、社稷、宗庙、六宗、五岳等皆有不同的礼制。“六宗”出于《尚书》，《尧典》说：“禋于六宗”。对于“六宗”，历来有不同的解释，如马融认为是天、地、四时，郑玄认为是星、辰、司中、司命、风伯、雨师。《尚书纬》对此也作了解释：“六宗，天地神之尊者。天宗三，地宗三。天宗：日、月、北辰；地宗：河、岱、海。日、月为阴阳宗，北辰为星宗，河为水宗，海为泽宗、岱为山宗。祀天则天文从祀，祀地则地理从祀。”这认为六宗分为天宗和地宗，天宗包括日、月、北辰，地宗包括河、岱、海。而且六宗各有自己的名字，如日、月为阴阳宗、北辰为星宗、河为水宗、海为泽宗、泰山为山宗等。在祭祀的时候，天宗要从属于天，地宗要从属于地。我们在其他纬书中还可以知道，祭祀有其严格的等级制度，如《春秋纬》说：“礼祭，天子九鼎，诸侯七，卿大夫五，元士三。”《春秋考异邮》说：“天子祷九州山川，诸侯祷封内，大夫祷所食邑。”

《礼纬》对宗庙也作了论述，其说：

> 唐虞五庙，亲庙四，始祖庙一；夏四庙，至子孙五；殷五庙，至子孙六；周六庙，至子孙七。(《稽命征》)
>
> 夏无太祖，宗禹而已，则五庙；殷人祖契而宗汤，则六庙；周祖后稷，宗文王、武王，则七庙。自夏及周，少不减五，多不过七。(《礼纬》)

这是说在祭祀的时候，虞、夏有五庙，商有六庙，周有七庙。纬书对“五庙”还作了说明，《礼纬》说：“天子五庙，二昭二穆，与始祖而五。”昭穆是指庙次中除始祖外的排序，双数为昭，单数为穆。如始祖下来二世为昭，三世则为穆，四世又为昭，五世则为穆，依次交替不已。夏五庙是说夏无太祖，禹为宗，加上二昭二穆，则为五庙。殷人祖契宗汤，加上二昭二穆，故为六庙。周祖后稷，宗文、武，加上二昭二穆，故为七庙。纬书还提到元士、上士、中下士宗庙的不同，《稽命征》说：“天子之元士二庙，诸侯之上士亦二庙，中下士一庙。一庙者，祖祢共庙。”二庙是指祖、祢各一庙，一庙则指祖、祢共庙。

我们现在来看一下祫、禘之礼。《稽命征》说：

> 三年一祫，五年一禘，以衣服想见其容色。三日齐，思亲志意，想见所好意喜，然后入庙。
>
> 三年一闰，天气小备；五年再闰，天气大备。故三年一祫，五年一禘。禘之为谛，谛定昭穆尊卑之义也。禘祭以夏四月，夏者阳气在上，阴气在下，故正尊卑之义也。祫祭以冬十月，冬者五谷成熟，物

备礼成，故合聚饮食也。

袷、禘在古代是非常重要的祭祀制度，但对二者的具体内容，历来则有很多争论。大致看来有两种观点：一派认为禘指祭祀上天，如郑玄说：“禘谓祭昊天圜丘也。”（《礼记祭法》注）一派认为禘指祭祀宗庙、祖宗，如王肃认为禘是祭祀宗庙之名。对于禘、袷，有的认为二者没有区别，仅仅是名称不同，如贾逵、刘歆等人认为二者“一祭二名，礼无差降”，都是祭祀祖庙的礼制；有的则认为二者有很大的差别，如马融、王肃等人认为“禘大袷小”。[①] 可以看出，在《礼纬》那里，禘、袷是指祭祀祖宗。二者根据天气的变化而有不同，袷礼在冬十月举行，三年一次；禘礼则在夏四月举行，五年一次。

《礼纬》还对“九赐”作了论述，《含文嘉》说：

> 九赐：一曰车马，二曰衣服，三曰乐则，四曰朱户，五曰纳陛，六曰虎贲，七曰弓矢，八曰铁钺，九曰矩鬯。

宋均注曰：“进退有节，行步有度，赐以车马，以代其步；言成文章，行成法则，赐以衣服，以表其德；长于教诲，内乐至仁，赐以乐则，以化其民；居处修理，房内不渫，赐以朱户，以明其别；尊贤达德，动作有礼，赐以纳陛，以安其体；勇猛劲疾，执义坚强，赐以虎贲，以备非常；内怀仁德，执义不倾，赐以弓矢，使得专征；亢扬威武，志在宿卫，赐以铁钺，使得专杀；亲睦九族，孝慈父母，赐以鬯矩，使之祭祀。”九赐是古代帝王对于有功德大臣的最高赏赐。因此，《含文嘉》说：“诸侯有德，当益其地，不过百里。后有功，加以九赐。”其实九赐之制的渊源颇早，在《尚书大传》中就有零散的论述，如《唐传》说：“诸侯赐弓矢者得专征伐，赐铁钺者得专杀，赐圭瓒者得为鬯以祭。”《周礼》则有“九命”的说法，《春官》说：“上公九命为伯，其国家宫室、车旗、衣服、礼仪皆以九为节。”后来张纯等九百多人根据此语认为应该给王莽加“九命之赐”。当时王莽所受九赐有“绿韨衮冕衣赏，玚琫玚珌，句履，鸾路乘马，龙旂九旒，皮弁素积，戎路乘马，彤弓矢，卢弓矢，左建朱钺，右建金

① 王葆玹：《今古文经学新论》，中国社会科学出版社 2004 年版，第 342—347 页。

戚，甲胄一具，秬鬯二卣，圭瓒二，九命青玉珪二，朱户，纳陛，署宗官、祝官、卜官、史官，虎贲三百人”（《汉书·王莽传上》）。可以看出，这些基本上与《礼纬》相同，这说明《礼纬》在当时已经形成。

《礼纬》对于商、周二代的爵位也作了论述。《含文嘉》说：

殷爵三等，周爵五等，各有宜也。

殷爵三等，殷正尚白，白者兼正中，故三等；夏尚黑，亦三等。

周爵五等，凡南面之君，五者法五行之刚日；凡北面之臣，五者法五行之柔日。

《礼纬》认为：“殷授天而王，周据地而王。”（《含文嘉》）天有三光，故殷爵三等；地有五行，故周爵五等。《春秋元命包》说：“质家爵三等者，法天之有三光也；文家爵五等者，法地之有五行也。”这种思想实际受到董仲舒的影响，如《春秋繁露》说：“周爵五等，《春秋》三等。”（《三代改制质文》）古代爵位分为公、侯、伯、子、男五等，夏、商合伯、子、男为一，故三等。

爵位有着等级高低的不同，因此，各个爵位的礼制也是不同的。《礼纬》说：

天子射熊，诸侯射麋，大夫射虎豹，士射鹿豕。

天子之旗九仞，十二旒曳地；诸侯七仞，九旒齐轸；卿大夫五仞，五旒齐较；士三仞，三旒齐首。

天子坟高三仞，树以松；诸侯半之，树以柏；大夫八尺，树以栾；士四尺，树以槐；庶人无坟，树以杨柳。（以上《含文嘉》）

天子饮以珠，含以玉；诸侯饭以珠，含以璧；卿大夫饭以珠，含以贝。

天子之元士二庙，诸侯之上士亦二庙，中下士一庙。（以上《稽命征》）

天子纯玉，尺二寸；公、侯九寸，四玉一石；伯、子、男三玉二石。

天子外屏，诸侯内屏，大夫帷，士簾。

天子外阙两观，诸侯内阙一观。（以上《礼纬》）

这些礼制不同的目的都在于明上下贵贱之分，这也就是礼的“辨异”功能。

我们最后来看一下《乐纬》对于乐的制度的论述。《乐纬》说：

> 黄帝乐曰《咸池》，帝颛顼曰《五茎》，帝喾曰《六英》，尧曰《大章》，舜曰《箫韶》，禹曰《大夏》，殷曰《大濩》，周曰《勺》，又曰《大武》。

郑玄注曰：“池者，施也，道施于民，故曰《咸池》；道在根茎，故曰《六茎》；道有英华，故曰《五英》；尧时仁义大行，法度章明，故曰《大章》；韶，绍也，舜绍尧之后，修行其道，故曰《萧韶》；禹承二帝之后，道重大平，故曰《大夏》；汤承衰而起，护先王之道，故曰《大濩》；周承衰而起，斟酌文武之道，故曰《勺》。”按照郑玄的解释，古帝王的乐都是根据他们的功德而来的。其实这种思想并非《乐纬》独创，其在《庄子》中就已经有了，如《天下》说：“黄帝有《咸池》，尧有《大章》，舜有《大韶》，禹有《大夏》，汤有《大濩》，文王有辟雍之乐，武王、周公作《武》。”

不但古帝王之乐不同，而且四夷之乐也是有差别的。《稽耀嘉》说：

> 东夷之乐，持矛舞，助时生也；南夷之乐，持羽舞，助时养也；西夷之乐，持戟舞，助时杀也；北夷之乐，持干舞，助时藏也。
>
> 东夷之乐曰株离；南夷之乐曰任，西夷之乐曰禁，北夷之乐曰昧。

郑玄注曰：“阳气始起，怀仁之，物各离于株也；南者任也，盛夏之时，物皆怀仁也；草木毕成，禁如收敛；盛阳消尽，蔽其光景昧然。”不难看出，四夷之乐的不同是与五行有关系的。东方为木，于时为春，万物复苏，故助时生也；南方为火，于时为夏，万物生长，故助时养也；西方为金，于时为秋，万物成熟，故助时杀也；北方为水，于时为冬，万物消尽，故助时藏也。

此外，《乐纬》对于八音、十二律与五音之间的配合也有论述，如

《乐纬》说："物以三成，以五立。三与五如八，故音八。八音金、石、丝、竹、土、木、匏、革，以发宫、商、角、徵、羽也。"又说："黄钟为宫，林钟为徵，太簇为商，南吕为羽，姑洗为角，应钟为变宫，蕤宾为变徵。"

从上面分析来看，《礼纬》、《乐纬》对于礼乐制度的论述大多都非自己的创造，而是对以前礼乐制度的保存。

三 《礼纬》、《乐纬》论礼乐作用

作为儒家六经的重要组成部分，《礼》、《乐》有着重要的地位和作用。一般来讲，儒家的礼以周礼为基础，而周礼又是在夏、商之礼的基础上形成的。《论语·为政》说："殷因于夏礼，所损益，可知也；周因于殷礼，所损益，可知也。"在此过程中，周公起的作用最大。《礼记·明堂位》说："武王崩，成王幼弱，周公践天子之位，以治天下。六年，朝诸侯于明堂，制礼作乐，颁度量，而天下大服。"这说明周公制礼作乐而使得天下大服。可见，礼乐的作用之大。

春秋时期，礼坏乐崩，但礼乐在当时人的心目中仍有重要的地位。"礼乐，德之则也"（《左传·僖公二十七年》），"礼，人之干也。无礼，无以立"（《昭公七年》），"礼，王之大经也"（《昭公十五年》），"夫礼，国之纪也"（《国语·晋语》）。"德之则"、"人之干"、"王之大经"、"国之纪"等说法说明礼无论对国家还是对个人都有着非常重要的作用。《左传》对礼的作用还有详细的论述，如其说：

> 礼，经国家，定社稷，序民人，利后嗣者也。（《隐公十一年》）
>
> 夫礼，所以整民也。故会以训上下之则，制财用之节；朝以正班爵之义，帅长幼之序；征伐以讨其不然。（《庄公二十三年》）
>
> 礼之可以为国也久矣，与天地并。君令、臣共，父慈、子孝，兄爱、弟敬，夫和、妻柔，姑慈、妇听，礼也。（《昭公二十六年》）

从上面我们可以看出，礼在国家政治中有着重要的作用，其是国之大经、民之大义，是一切秩序运作的依据。因此，它可以与天地相并。

孔子认为礼乐是天下有道与否的一个重要标准。他说："天下有道，则礼乐征伐自天子出；天下无道，则礼乐征伐自诸侯出。”（《论语·季氏》）礼乐是国家秩序的一个重要象征，如果这种秩序遭到破坏，则会出现“以下犯上”的情况。对于个人，礼的作用同样重要，“不学礼，无以立。”（《季氏》）

对礼乐作用作出系统论述的是《礼记》。《庄子·天下》说：“礼以道行”，郭店楚简也说：“礼，交之行述也。”（《语丛》）这说明礼是规范人的行为的。我们从上面的论述也可以看出，礼的一个基本作用是规范上下等级之间的关系。对于这种作用，《礼记》也有论述。《曲礼》说：“夫礼者，所以定亲疏，决嫌疑，别同异，明是非也。”但礼的作用远不至于此，《礼记》从国家和个人两个方面论述了礼的重要性。从国家方面来讲，礼是国治君安的保证。《礼运》说：

> 是故礼者，君之大柄也。所以别嫌，明微，傧鬼神，考制度，别仁义，所以治政安君也。故政不正则君位危，君位危则大臣倍、小臣窃。刑肃而俗敝，则法无常；法无常，而礼无列；礼无列，则士不事也。刑肃而俗敝，则民弗归也。

礼不但有别嫌疑、明微细、祀鬼神、考制度等作用，而且也决定着政治治乱、君主安危。如果政治危乱就会导致礼的败坏，从而引起人民的离弃。所以其说：“治国不以礼，犹无耜而耕也；为礼不本于义，犹耕而弗种也。”（《礼运》）

从个人方面来讲，礼是“人之大端”，其在讲信修睦、养生送死等方面都起着重要的作用。《礼运》说：

> 故礼义也者，人之大端也。所以讲信修睦，而固人之肌肤之会，筋骸之束也；所以养生送死，事鬼神之大端也；所以达天道，顺人情之大窦也。

礼是“人之大端”的说法与《左传》“人之干”的说法相似。我们可以看出，礼在人们讲信修睦、祭祀鬼神，以及“达天道、顺人情”等方面都有着重要的作用。

在《礼记》看来，礼的作用远不止此。《祭义》说：

天下之礼，致反始也，致鬼神也，致和用也，致义也，致让也。致反始，以厚其本也；致鬼神，以尊上也；致物用，以立民纪也；致义，则上下不悖逆矣；致让，以去争也。合此五者，以治天下之礼也。

上面所说的五个方面，仅是从礼的主要作用来讲的，但其范围也是相当广泛的。所以，在《礼记》看来，一切都离不开礼。不但君臣上下、父子兄弟、国家政治等离不开礼，而且道德仁义等也离不开礼。《曲礼》说：

道德仁义，非礼不成；教训正俗，非礼不备；分争辨讼，非礼不决；君臣上下，父子兄弟，非礼不定；宦学事师，非礼不亲；班朝、治军，莅官、行法，非礼威严不行；祷祠、祭祀，供给鬼神，非礼不诚不庄。是以君子恭敬撙节退让以明礼。

非但如此，《礼记》还把礼乐的作用夸大到无所不在的地步："及夫礼乐之极乎天而蟠乎地，行乎阴阳而通乎鬼神，穷高极远而测深厚。"（《乐记》）

我们再来看看《礼记》对乐的论述。在古代，广义上的礼，包括礼和乐。但具体来讲，礼和乐又有所不同。《乐记》说："乐统同，礼辨异"，"乐由中出，礼自外作"，"乐由天作，礼以地制"。这说明无论从产生上，还是从作用上讲，礼和乐都是不同的。礼是调节上下、亲疏等等级之间关系的，因此，其作用是"辨异"，是外在的；而乐则是人的感情的合理表现，因此，其作用是"统同"，是内在的。所以其说："乐者，天地之和也。礼者，天地之序也。"礼、乐虽然不同，但皆从属于礼。因此，《礼记》在论述礼、乐作用时，常常把礼、乐放在一起。《乐记》说：

是故先王之制礼乐也，非以极口腹耳目之欲也，将以教民平好恶而反人道之正也。

礼乐的作用并非仅是满足人们口腹耳目之欲的，而是使得人们知道好恶之分而"反人道之正"。因此，《乐记》又说："乐者，非谓黄钟、大吕、弦歌、干扬也，乐之末节也，故童者舞之；铺筵席，陈尊俎，列笾豆，以升降为礼者，礼之末节也，故有司掌之。”这说明黄钟、大吕、筵席、笾豆等形式只是礼乐的末节，而“反人道之正”的作用才是礼乐的根本。

《礼纬》、《乐纬》继承和发展了《礼记》的思想，也认为礼、乐是不同的。《礼纬·稽命征》说：“孔子谓子夏曰：礼以修外，乐以修内，丘已矣夫。”宋均注曰：“修外，饰容貌也；修内，荡涤心性也。”这显然受到《乐记》的影响。因此，在论述礼乐作用时，纬书也作了区分。

我们先来看《礼纬》对礼的论述。《含文嘉》说：“礼者，履也。”这是儒家对“礼”的基本看法，如《荀子·大略》说：“礼者，人之所履也。”《礼记·祭义》说：“礼者，履此者也。”但“履”的具体含义如何，《礼纬》文字有所佚失，我们无从得知。后来对“履”有两种解释：一种是人文的解释，《白虎通·性情》说：“礼者，履也，履道成文也。”一种是祭祀的解释，《说文》示部说：“礼者，履也，所以事神致福也，从示从豊。”豊部又说：“豊，行礼之器也。”段玉裁注曰：“履者，足所依也。引申之凡所依皆曰履。”二者解释虽然不同，但实际上并不矛盾，《说文》是从礼的起源角度来讲的，《白虎通》则是从礼的作用方面来讲的，后一种看法是从前一种引申出来的。《礼纬》对礼的起源也作了论述，《含文嘉》说：“礼有三起，礼理起于太一，礼事起于遂皇，礼名起于黄帝。”这里从三个方面对礼的起源作了说明，认为礼理在宇宙诞生之初就产生了，礼的活动则出现在燧人氏时代，而礼的名称在黄帝时才出现。这种说法还是有可取之处的，从礼的形成来看，礼事显然应该早于礼名。不过把礼理追溯到宇宙之初则不合乎历史事实。这种思想应该受到《礼记》的影响，《礼运》说：“是故夫礼必本于大一，分而为天地，转而为阴阳，变而为四时，列而为鬼神。”既然宇宙万物都是从太一那里来的，那么礼也不应例外。正因如此，所以礼与天地、阴阳、万物等之间有一种相互“感应”的关系。《稽命征》说：

礼之动摇也，与天地同气，四时合信，阴阳为符，日月为明，上下和恰，则物兽如其性命。

一方面，礼制合适才能使天下皆得其宜、万物协调、四时和顺；另一方面，只有礼的动摇与天地、四时、阴阳、日月等协调时，天下万物才能得其性命。

与《乐记》一样，《乐书》也认为乐并不是用来娱乐的，而是用来“观得失之效”的。《乐纬·叶图征》说：

> 夫圣人之作乐，不可以自娱也，所以观得失之效者也。故圣人不取备于一人，必从八能之士。故撞钟者当知钟，击鼓者当知鼓，吹管者当知管，吹竽者当知竽，击磬者当知磬，鼓琴者当知琴。故八士或调阴阳，或调律历，或调五音，故撞钟者以知法度，鼓琴者以知四海，击磬者以知民事。钟音调则君道得，君道得则黄钟、蕤宾之律应；君道不得则钟音不调，钟音不调则黄钟、蕤宾之律不应。鼓音调则臣道得，臣道得则大簇之律应。管音调则律历正，律历正则夷则之律应。磬音调则民道得，民道得则林钟之律应。竽音调则法度得，法度得则无射之律应。琴音调则四海合岁气，百川以合德，鬼神之道行，祭祀之道得，如此则姑洗之律应。五乐皆得则应钟之律应。天地以和气至则和气应，和气不至则天地和气不应。钟音调，下臣以法贺主；鼓音调，主以法贺臣；磬音调，主以德施于百姓；琴音调，主以德及四海。八能之士常以日冬至成天文，日夏至成地理。作阴乐以成天文，作阳乐以成地理。

圣人作乐的目的并不是用来给自己娱乐的，而是用来观得失之效的。因此，圣人在作乐的时候并不取于一人，而是取于八能之士。而且八人各有其职责，有调阴阳的、有调律历的、有调五音的。因此，撞钟的目的是知道法度得失，鼓琴的目的是知道四海是否和洽，击磬的目的则是知道民事缓急。所以，各类音乐都有其背后的象征，如钟音与君道相应，钟音调则君道得，君道得则黄钟、蕤宾之律应；反之亦然。其他鼓音、管音、磬音、竽音等亦是如此，如鼓音的变化决定着臣道的得失、管音的变化决定着律历的正否、磬音的变化决定着民道的得失，等等。因此，君主会按照音的变化来安排政事，如磬音协调，君主会以德施恩于百姓；琴音协调，君主会施德于四海。八士还会根据时节的不同安排不同的音乐，如冬至作阴乐以成天文，夏至作阳乐以成地理。

正因为乐与政治有着密切的关系，所以乐之所以重要并不在于它外在的形式，而在于它的作用。《乐纬·稽耀嘉》说：

作乐，所以防隆满、节喜盛也。

作乐的目的之一在于节制人的情感，使其得到合理的发展。这与《乐记》的说法一致，其说：“是故音乐之隆，非极音也；食飨之礼，非致味也”，又说：“是故先王之制礼乐，人为之节。”礼乐的目的皆有节制人的情感的作用。因此，乐不是无故产生的，而是人的情感需要的结果。在纬书看来，乐的形式并不是它的本质，乐之所以重要在于它的作用。《诗纬·汎历枢》说：“乐者，非谓金石之声、管弦之鸣，谓阴阳和顺也。”《孝经援神契》说：“乐贵和睦微妙，故圣人尽心以作之。”金石、管弦等发出来的声音并不能代表乐，只有阴阳和顺才是乐的本质，因此圣人作乐要贵其和睦微妙之处。这也就是《乐记》所讲的“大乐与天地同和”、“乐者，天地之和也”的意思。所以圣王能够根据“物极必反”的原则来调节礼乐。《乐纬·动声仪》说：

圣王知物，盛极则衰，暑极则寒，乐极则哀。是以日中则昃，月盈则蚀。天地盈虚，与时消息。制礼作乐者，所以改世俗、致祥风、和雨露，为万物获福于皇天者也。圣人作乐，绳以五元，度以五星，碌贞以道德，弹形以绳墨。贤者进，佞人伏。

圣王制礼作乐的目的是改变世俗、求得祥瑞，从而为万物获得幸福。所以圣人作乐的时候，要考虑“五元”、五星、道德等情况，达到进贤退佞的目的。所谓“五元”是指上元、下元、中元、时元、风元。《动声仪》说：

上元者，天气也。居中调礼乐，教化流行，总五行气为一；下元者，地气也。为万物始质也，为万物之容范。生育长养，盖藏之主也；中元者，人气也。其气以定万物，通于四时，象天心，理礼乐，通上下四时之气，和合人之情，以慎天地者也；时元气者，受气于天，布之于地，以时出入万物者也。四时之节，动静各有分职，不得相越，常以度行也；风元者，礼乐之始本。万物之首，物莫不以风成熟也。风顺则岁美，风暴则岁恶。

“五元”分别代表天气、地气、人气、时气、风气。天气的作用是调节礼乐，使教化得以实行，并把五行之气整合为一；地气则作为万物的始质和容范，有生养万物的作用；人气的作用则是沟通上下天地四时之气，调和人间的情感，从而达到顺应天地的目的；时气则指按照四时的规律来安排事情，所以宋均注说：“以时出入，月令十二月政是也。从其出入则无灾袄也”；风气则是指风对万物的重要作用。可以看出，“五元”是圣人作乐的重要根据。

受到《乐记》的影响，《乐纬》还把音乐与政治之间一一对应起来，《动声仪》说：

宫为君，君者当宽大容众，故其声弘以舒，其和清以柔，动脾也；商为臣，臣者当以发明君之号令，其声散以明，其和温以断，动肺也；角为民，民者当约俭，不奢僭差，故其声防以约，其和清以静，动肝也；徵为事，事者君子之功，既当急就之，其事当久流亡，故其声贬以疾，其和平以功，动心也；羽为物，物者不齐委聚，故其声散以虚，其和断以散，动肾也。

这里把宫、商、角、徵、羽五音分别与君、臣、民、事、物对应起来，各个音乐都有相应规定，按照其规定奏音则是太平之乐，否则则是亡国之乐。《动声仪》说：“宫唱而商和，是谓善，太平之乐；角从宫，是谓哀，衰国之乐；羽从宫，往而不反，是谓悲，亡国之乐也。音相生者和。”这是说五音按照五行相生的次序则相和，否则则相乱。因此，如果五音协调，则会出现祥瑞；反之，五音放散，则会政治荒乱。其说：

五音克谐，各得其伦，则凤皇至。(《乐纬·叶图征》)

声放散则政荒：商声敧散，邪官不理；角声忧愁，为政虐民，民怨故也；徵音哀苦，事烦民劳，君淫佚；羽声倾危，则国不安。(《乐纬》)

这种思想受到《乐记》的影响，《乐记》说：“是故治世之音安以乐，其政和；乱世之音怨以怒，其政乖；亡国之音哀以思，其民困。”而五音的调否又与季节有关，《乐纬》说：“春气和则角声调，夏气和则徵声调，季夏气和则宫声调，秋气和则商声调，冬气和则羽声调。”

《乐纬》进一步把音乐与八卦、季节等联系起来以阐发其政治思想。《叶图征》说：

> 坎主冬至，宫者君之象。人有君，然后万物成。气有黄钟之官，然后万物调。所以始正天下也。能与天地同仪、神明合德者，则七始八终，各得其宜。而天子穆穆，四方取始，故乐用管。
>
> 艮主立春，阳气始出，言雷动百里，圣人授民田，亦不过百亩。此天地之分，黄钟之度九而调八音，故圣人以九顷成八家。上农夫食九口，中者七口，下者五口，是为富者不足以奢，贫者无饥馁之忧，三年余一年之蓄，九年余三年之蓄。此黄钟所成以消息之和，故乐用埙。
>
> 震主春分，天地阴阳分均，故圣王法承天以立五均。五均者，亦律调五声之均也。音至众也，声不过五。物至蕃也，均不过五。为富者虑贫，强者不侵弱，智者不诈愚，市无二价，万物同均，四时当得，公家有余，恩及天下，与天地同德，故乐用鼓。
>
> 巽主立夏，言万物长短各有差，故圣王法承天，以法授事焉。尊卑各有等，于士则义让有礼，君臣有差，上下皆次，治道行，故乐用笙。
>
> 离主夏至，阳始下，阴又成物，故圣王法承天，以法授衣服制度。所以明礼义，显贵贱，明烛其德卒之以度，则女功有差，男行有礼，故乐用弦。
>
> 坤主立秋，阳气方入，阴气用事，昆虫首穴欲蛰。故圣王法之，授宫室度量，又章制有宜，大小有法，贵贱有差，上下有顺，故乐用磬。
>
> 兑主秋分，天地万物人功皆以定，故圣王法承天，以定爵禄。爵禄者，言臣章明君之功德。尊卑有位，位有物，物有宜，功成者爵赏，功败者刑罚，故乐用钟。
>
> 乾主立冬，阴阳终而复始，万物死而复件，故圣王法承天，以制刑法，诛一动千，杀一感万，使死者不恨，生者不怨，故（乐）用柷敔。

这里把八卦与八音联系起来，具体来说管配坎、埙配艮、鼓配震、笙配巽、弦配离、磬配坤、钟配兑、柷敔配乾。《乐纬》作者不仅把八音与八卦、五声、五事、季节等配合起来，而且还借此阐发一套治理社会的政治理想。大体言之有以下几点：一是君主要法天而治，与天地同仪、神明合德。二是授民以田，使富者不奢、贫者不饥。三是本“五均”之义，使人人平等，万物同均。四是以法治民，使上下有礼，尊卑有等，贵贱有差，刑法不忒。可以看出，《乐纬》作者一方面有着“人人平等”的心理诉求，但由于时代等各方面的原因，其始终不能突破古代宗法社会的樊篱。因此，最终还不得不回到封建等级观念上。

除了上面所说的作用之外，乐还有“吹律定姓”的作用。《乐纬》说：

> 孔子曰：丘吹律定姓，一言得土曰宫，三言得火曰徵，五言得水曰羽，七言得金曰商，九言得木曰角。

“吹律定姓”亦见于《易纬·是类谋》，其说：“圣人兴起，不知姓名，当吹律，听以别其姓。黄帝吹律定姓是也。”又说：“以吹律卜名，以纠胥，必视荧惑所在。”可见，“吹律”不仅可以“定姓”，而且可以“卜名”。对此，史书亦多有记载，如《汉书·京房传》说：“房本姓李，推律自定为京氏。”《白虎通·姓名》说：“古者圣人吹律定姓，以记其族。人含五常而生，正声有五，宫、商、角、徵、羽，转而相杂，五五二十五，转生四时异气，殊音悉备，故姓有百也。”然如何“吹律定姓”，它们皆都语焉不详，仅知其与音律有关。《乐纬》虽把其与五音与五行、生数等结合起来，然亦未细言。王符《潜夫论·卜列》对此有着较为详细的记载：“凡姓之有音也，必随其本生祖所出也。太皞木精，承岁星而王，夫其子孙咸当为角；神农火精，承荧惑而王，夫其子孙咸当为徵；黄帝土精，承填而王，夫其子孙咸当为宫；少昊金精，承太白而王，夫其子孙咸当为商；颛顼水精，承辰而王，夫其子孙咸当为羽。虽号百变，音形不易。”这认为，本姓之音与其始祖所承之五星有关，这显然受到五行说的影响。可以看出，这里的五音与五行的配法，与《乐纬》所说一致。

总之，《礼纬》、《乐纬》认为，礼乐对政治有着非常重要的作用。如果礼乐合宜，则政治昌明、祥瑞屡降；反之，则会出现灾异。如《礼纬·

稽命征》说：“礼得其宜，则虚危有德星见”，“王者得礼之制者，泽谷中有朱鸟、白玉、赤蛇、赤龙出焉”，“王者制礼作乐，改损祭器，得鬼神之助，则白玉赤文，象其威仪之状”。

分论五

《孝经纬》《论语纬》

第十二章

《孝经纬》的形成与思想

《孝经》并不在儒家的“六经”范围之内，但在汉代却有着非常重要的地位，其与《诗》、《书》、《礼》、《易》、《春秋》、《论语》等并列为七经，而且设有博士之官。因此，纬书中也有《孝经纬》。

《孝经纬》，据李贤注，有《援神契》、《钩命决》两种。《隋书·经籍志》于两种之外，又有《孝经内事》一卷。随后注内又说：“梁有《孝经杂纬》十卷，宋均注；《孝经元命包》一卷，《孝经古秘援神》二卷，《孝经古秘图》一卷，《孝经左右握》二卷，《孝经左右契图》一卷，《孝经雌雄图》三卷，《孝经异本雌雄图》二卷，《孝经分野图》一卷，《孝经内事图》二卷，《孝经内事星宿讲堂七十二弟子图》一卷，又《口授图》一卷。”此外，安居香山《纬书集成》还辑有《中黄谶》、《威嬉拒》、《孝经河图》、《孝经章句》等篇目。从《白虎通》、《后汉书》以及汉碑等文献来看，除《援神契》、《钩命决》外，其余大多为后世伪书。《孝经元命包》当为《春秋元命包》之误，《孝经古秘援神》当为《援神契》之误，《孝经河图》当为《河图》篇目窜入，《孝经古秘图》、《雌雄图》、《异本雌雄图》、《分野图》、《内事》、《内事图》、《内事星宿讲堂七十二弟子图》、《口授图》等大概是解释和阐发《孝经》或《孝经纬》的配图或著作。现存《中黄谶》仅有曹魏代汉的谶言，显为后汉末期伪作。《威嬉拒》则记有“去恶鬼”之法，应为方士之书。《孝经章句》从篇名来看显然与《孝经纬》无关。《左契》、《中契》、《右契》则应是从《援神契》分出的篇目，因为这些篇目中的内容有些也引作《援神契》。因此，我们下面以《援神契》、《钩命决》以及《左契》、《中契》、《右契》为主来分析《孝经纬》的思想。

一　西汉孝经学传承与《孝经纬》形成

对于孝经学的传承，《汉书·儒林传》没有记载。我们仅能通过《艺文志》来了解其传承的梗概，《艺文志》说：

> 《孝经》者，孔子为曾子陈孝道也。夫孝，天之经，地之义，民之行也。举大者言，故曰《孝经》。汉兴，长孙氏、博士江翁、少府后仓、谏大夫翼奉、安昌侯张禹传之，各自名家。经文皆同，唯孔氏壁中古文为异。“父母生之，续莫大焉”，“故亲生之膝下”，诸家说不安处，古文字读皆异。

《史记·仲尼弟子列传》说，孔子以曾参能通孝道，故“授之业，作《孝经》”。这说明《孝经》乃孔子所作。《艺文志》对于孝经学的传承仅列举了长孙氏等人，然未明这些人所学的来源和相互之间的传承关系。陆德明《经典释文》说：“《孝经》者，孔子为弟子曾参说孝道，因明天子、庶人五等之孝、事亲之法。亦遭焚烬，河间人颜芝为秦禁，藏之。汉氏尊学，芝子贞出之，是为今文。长孙氏、博士江翁、少府后苍、谏大夫翼奉、安昌侯张禹传之，各自名家。”[①] 未知陆氏所据何文，然《汉书》对颜芝未有丝毫记载，因此，陆氏所说颇为可疑。

在传《孝经》的诸人中，长孙氏无考，其余江翁、后苍、翼奉、张禹等人皆是当时著名的经学家。据王国维考证，江翁即瑕丘江公。[②] 不过从时间上看，此江翁应为江公之孙。我们知道，瑕丘江公大概活动于汉初，以传《穀梁春秋》和《鲁诗》而闻名。而活动于昭、宣之时的江公孙才作有《孝经说》。后苍则是当时著名的礼学家和诗学家，其礼学源于孟卿，诗学则来自夏侯始昌。我们在前面说过，孟卿同时传有礼学和春秋公羊学，而夏侯始昌则是诗学和尚书学的重要传承人物。这样看来，后苍之学融合了春秋公羊学、诗学、尚书学、礼学等诸种传统，从而集今文经学之大成。因此，其孝经学不可避免地要受到这些思想的影响。翼奉则是后苍

① 陆德明：《经典释文》，中华书局1983年版，第15页。
② 王国维：《观堂集林》，河北教育出版社2003年版，第88页。

弟子，其治齐诗，以讲四始、五际、六情等思想而著名。张禹则以传《论语》而闻名于世，我们在《论语纬》部分再来分析其思想。这是今文《孝经》的传承情况。此外，还有从孔壁发现的古文《孝经》。今文十八章，而古文有二十二章，《孝经钩命决》提到《孝经》“十八章”，因此，《孝经纬》的形成应当受到今文《孝经》的影响。

在传今文《孝经》的诸人中，江公孙的孝经学应该受其祖父江公学风影响，属于鲁学一派。而后苍、翼奉则属齐学一派。张禹的孝经学可能与其论语学一样，属于齐、鲁融合的一派。从思想内容来看，《孝经纬》的形成与后苍、翼奉一派的孝经学关系最为密切。《孝经钩命决》说：

> 孔子在庶，德无所施，功无所就，志在《春秋》，行在《孝经》。
>
> 孔子云：欲观我褒贬诸侯之志，在《春秋》；崇人伦之行，在《孝经》。

不难看出，这对《春秋》和《孝经》的评价很高，把它们分别看成孔子“志”和“行”的两个方面。因此，我们可以推断，其作者必定出于既通《春秋》又通《孝经》之人。只有如此，他才能在“七经”中把二者置于非常重要的地位。从这一点来看，后苍之学正好符合这个条件。我们知道，后苍虽然仅传礼学和诗学而未及春秋学，但别忘了其老师孟卿是传公羊学的。因此，其应该受到公羊学的影响。此外，我们在《孝经纬》中还能发现很多礼学和春秋学方面的思想，如《援神契》说：“麟中央也，轩辕大角兽也。孔子备《春秋》者，修礼以致其子，故麟来为孔子瑞”、“《春秋》三世，以九九八十一为限”、“《春秋》设三科九旨”、“《春秋》书有七缺”。《钩命决》说：“天子灵台，所以观天人之际、察阴阳之会也”、“祭地之礼，与天同”、“祭天南郊，就阳位；祭地于北郊，就阴位”等，这种在《孝经纬》中融入礼学和春秋学的思想与后苍一派学术背景相合，因此，《孝经纬》可能出于后苍后学之手。考虑《孝经纬》也提及“火德说”和“五帝说”，如《援神契》说：“帝者，谛也，象上可承五精之神。五精之神，实在太微，在辰为巳”，“郊祀后稷以配天，配灵威仰也”。《钩命决》说：“予谁行，赤刘用帝。”我们可以推断其形成大概与《春秋纬》同时或略后。

二 《孝经纬》中的孝经学思想

《孝经纬》既然是解释《孝经》的，那么其中必然有很多孝经学方面的内容。在现存《孝经纬》中，我们可以看到其对《孝经》的篇名、制作以及内容等方面都作了解释或发挥。

我们先来看《孝经纬》对《孝经》篇名的解释，《钩命决》说：

> 《孝经》者，篇题就号也，所以表指括意序中，书名出义，见道曰著，一字苞十八章，为天地喉襟，道要德本，故挺以题符篇冠就。

郑玄注曰：“就，成也。孝为一篇之目，十八章也。成号序中心之事，使孝义见于外。”这是说《孝经》的篇名本来就表明了它的意义和章节，所以孝为天地道德的根本。《春秋说题辞》也说：“《孝经》者，所以明君父之尊，人道之素。天地开辟，皆有孝。”这表明孝不仅是人间的法则，而且与天地宇宙相始终。因此，《钩命决》说：“孝者，万世之桎辖。”

《孝经纬》认为《孝经》是孔子所作，并把这一过程神秘化。《中契》说：

> 孔丘作《孝经》，文成而天道立，乃斋以白之天。玄云涌北极紫宫，开北门，角亢星北落司命天使书题，号曰《孝经》，篇目元神辰裔。孔丘知元命，使杨衢乘紫麟，下告地主要道之君。后年麟至，口吐图文，北落郎服，书鲁端门，隐形不见。子夏往观，写之得十七字，余文二十消灭，飞为赤乌，翔摩青云。

孔子作完《孝经》之后，天道就得以确立，然后斋戒于天。黑云涌向北极紫宫，北门开，角亢星北落司命天使书写题名，曰《孝经》，篇目是北极天神的后裔。孔子知道元神之命，让杨衢坐麒麟下来告诉有德的君主。后年麒麟至，口吐图文，落在北边郎服，写在鲁国的端门上，然后麒麟隐而不见。子夏去看，写得十七字，其余二十字不见，化为赤乌，飞至青云。这段带有神话性质的论述，记述了《孝经》的神秘形成。在《孝经纬》看来，《孝经》是孔子知道北极天神之命而作的，所以孔子作完《孝经》要向天斋戒。《援神契》说：

> 孔子制作《孝经》，使七十二子向北辰磬折，使曾子抱河洛事北向，孔子簪缥笔，衣绛单衣，向北辰而拜。

上面说《孝经》篇目是元神辰裔，因此，孔子作完《孝经》，要拜北辰。

《孝经纬》认为，《孝经》是孔子以“素王”的身份来明王道的。《钩命决》说：

> 曾子撰斯问曰：“孝乎文，驳不同何？”子曰：“吾作《孝经》，以素王无爵禄之赏，斧钺之诛，故称明王之道。”曾子避席，复坐。子曰：“居，吾语汝，顺逊以避灾祸，与先王以讬权，目至德要道以题行。首‘仲尼’以立情性，言‘子曰’以开号，列‘曾子’示撰辅，书《诗》以合谋。”

郑玄注曰：“撰，撰经异同也。讬，先以为己权势力。题行，题天子德行致群瑞，己行所及也。情性犹天地，已不正为天地子，故行冠子以立之也。若夫子所以自开于受命也。使若得录图之故，行冠子以立之也，佐与共治天下也矣。二人同心，其利断金，同心之言，其臭如兰也。”郑玄注文亦有些难读，不过大致意思可以明白。曾子问孔子《孝经》与其他经有何不同？孔子说他作《孝经》的目的是以素王的身份来明王道。谦逊顺从以避灾祸，赞同先王以获得自己的权力，看准至德要道，题天子德行以致祥瑞。以“仲尼”开始是为了立情性，言“子曰”是说孔夫子“开于受命”也，列“曾子”的目的是表示撰写的辅助，引《诗》是为了论述自己的想法。按：《孝经·开宗明义》说：“仲尼居，曾子侍。子曰：‘先王有至德要道，以顺天下，民用和睦，上下无怨。汝知之乎？’……《大雅》云：‘无念尔祖，聿修厥德。’”可见，《钩命决》中“仲尼”、“子曰”、“曾子”等都是针对《孝经》而言的。

从上面的分析可以看出，在纬书看来，《孝经》有着极其重要的地位，这显然与汉代推崇“孝”德有关。其实“孝”一直是儒家道德的重要内容。在《论语》中，“孝”就占有非常重要的地位。如《学而》说：“有子曰：其为人也孝弟而好犯上者，鲜矣。不好犯上而好作乱者，未之有也。君子务本，本立而道生。孝弟也者，其为仁之本与!”此虽是孔子弟子有若所说，但有若所说必有所本。此把孝悌作为仁的根本，可以看出“孝”的重要性。孔子也说：“弟子入则孝，出则弟，谨而信，泛爱众，而亲仁。行有余力，则以学文。”不难看出，有若所说与孔子的思想一致，孔子也强调只有有了孝悌，才能实现仁。孔子还把“孝”作为为政的基础，孔子说：“《书》云：‘孝乎惟孝，友于兄弟，施于有政。’是亦为政，奚其为为政?”(《为政》) 孟子也认为，孝是儒家道德的核心，“尧舜之道，孝弟而已矣”(《告子下》)。

孟子之后，儒家都很重视“孝”德。如《大戴礼记》说：“夫孝者，天下之大经也。夫孝，置之而塞于天地，衡之而衡于四海，施诸后世而无朝夕，推而放诸东海而准，推而放诸西海而准，推而放诸南海而准，推而放诸北海而准。”(《曾子大孝》)《孝经》说：“夫孝，德之本也，教之所由生也”(《开宗明义》)，“夫孝，天之经也，地之义也，民之行也”(《三才》)。到了汉代，“孝”的地位更为突出。董仲舒用五行思想对《孝经》的“夫孝，天之经，地之义”作了解释。他说：

> 天有五行，木、火、土、金、水是也。木生火，火生土，土生金、金生水。……是故父之所生，其子长之；父之所长，其子养之；父之所养，其子成之。诸父所为，其子皆奉承而续行之，不敢不致如父之意，尽为人之道也。故五行者，五行也。由此观之，父授之，子受之，乃天之道也。故曰：“夫孝者，天之经也。”此之谓也。……忠臣之义，孝子之行，取之土。土者，五行最贵者也，其义不可以加矣。五声莫贵于宫，五味莫美于甘，五色莫盛于黄，此谓“孝者，地之义”也。(《春秋繁露·五行对》)

五行中木生火，火生土，土生金，金生水。前者为父，后者为子，如木为父，火为子；火为父，土为子。其余依此类推。董仲舒认为五行相生即是人的五常的依据，所以他说“故五行者，五行也”。从五行相生的思想中，他得出“父授子受”是天之常道，所以他由此推出“孝者，天之经也”。而在五行之中，土为最贵。孝子之行取法于土，所以说孝是“地之义”也。《孝经》的“夫孝，天之经也，地之义也，民之行也”本来是对子产所说“夫礼，天之经也，地之义也，民之行也”（《左传·昭公二十五年》）的改动，董仲舒用五行思想对其进行论证，从而使其有了形而上的根据。

《孝经纬》进一步把“孝”与“元气”结合起来，认为元气开始的时候，孝就已经存在于其中了。《左契》说：

元气混沌，孝在其中。

此语亦见于《援神契》。宋均注曰：“和气通于天地，则妖灾不兴，瑞气并臻。”这是说孝在宇宙开始形成的时候就已经存在了，因此，人禀元气而生的同时也就有了孝性。人的孝性是源于天的，因此，《孝经纬》认为，“能事亲，则能事神”。这样孝悌便最终与神明相通了，《左契》说：

孝悌之至，通于神明，病则致其忧，顾额消形，求医翼全。
孝悌之至，通神明，则凤皇巢。

这种思想显然受到《孝经》的影响，《感应章》说：“孝悌之至，通于神明，光于四海，无所不通。”在《孝经纬》看来，孝悌之性本来就源于天，因此，人的孝性可以与天相通。“人有孝性，天出孝星。孝心感天地，天与之孝行。”（《钩命决》）这样孝便与天之间有一种感应关系。如果人孝，则会出现祥瑞；否则就会有灾异降临。《援神契》说：

天子行孝，四夷和平。
天子孝，天龙负图，地龟出书，夭孽消灭，景云出游。
庶人孝，则木泽茂，浮珍舒，恪草秀，水出神鱼。
王者德泽洽，则神龟来；孝道行，则地龟出。
王者孝及于天，甘露降；泽及地，醴泉涌。

天子和庶人行孝都会出现祥瑞，而且孝及于何处，则何处就会有相应的祥瑞，如孝至于天，则降甘露；及于地，则出醴泉，等等。如果不孝，则会出现灾异，如《钩命决》说：“圣主不孝，四方仰怨；仁政不施，苛刑布遍，则四时聚彗，八节投蜺。”君主如果不孝，就会出现“豕生鹿”、

“日背珥”等灾异，同时也会引起天下不满。在《孝经纬》看来，灾异可以通过孝来消除，“日蚀修孝，山崩理惑”（《钩命决》）。

从上面可以看出，孝与不孝所带来的后果是截然不同的。孝则可以通神明，致祥瑞；不孝则致灾异。《左契》说：

> 孝之弥身也，犹春云之淡淡也。不孝之弥身也，如夏日之炎炎也。能尽孝者，若秋月之清清也。不能尽孝者，方冬风之厉厉也。故孙之孝属于子，子之孝属于身，身之孝属于父，父之孝属于祖矣。且五世之孝也，天人共钦之。

与四时相比，孝犹春秋，不孝则比夏冬。如果有五世之孝，则天、人都会钦佩。所以其说：“天序日月星辰以自光，人序孝弟忠信以自彰，务于德也”，“霜以挫物，露以润草。孝之于身，如露之于草也”（《左契》）。宋均注曰：“孝皆人心所自然有者。行之善，则如露之于草，其身自泽；行之不善，则若霜之挫物，其自损也。”孝为人所固有，行之则有福泽，不行则会自损。因此，只有孝者才能通于神明。《右契》说：“内深藏不足为神，外博观不足为明。惟孝者，为能法天之神，丽日之明。”

在《孝经纬》看来，天上有专门主管之神根据人的孝行来增加或减损人的寿命。《左契》说：“孝顺二亲，得算二千。天司录所表事，赐算中功，祉福永来。”一算为一日，孝顺二亲，寿命则会增加二千日。反之，个人如果不孝，则会减损寿命，招来疾病，“不孝敬，痹在喉，寿命凶”（《左契》）。这种思想后来为道教所吸收，如《老子想尔注》说：“人非道言恶，天辄夺算。”①《抱朴子·微旨》说：“天地有司过之神，随人所犯轻重，以夺其算。算减则人贫耗疾病，屡逢忧患；算尽则人死。诸应夺算者有数百事情，不可具论。”

《孝经纬》还对“孝”作了解释，《援神契》说：“孝者，畜也，养也。”这是说“孝”就是善养父母的意思。后来许慎《说文解字》亦说：“孝者，善事父母者也。”段玉裁注曰：“《礼记》：孝者，畜也。顺于道，不逆于伦，是之谓畜。”这是从总的方面来讲的。分开来说，孝对于天子、诸侯、卿大夫、士、庶人等又有着不同的名称和含义。《援神契》说：

---

① 饶宗颐：《老子想尔注校证》，上海古籍出版社1991年版，第34页。

> 天子孝曰就，就之为言成也。天子德被天下，泽及万物，始终成就，则其亲获安，故曰就也；诸侯孝曰度，度者法也。诸侯居国，能奉天子法度，得不危溢，则其亲获安，故曰度也；卿大夫孝曰誉，誉之为言名也。卿大夫言行布满，能无恶，称誉达遐迩，则其亲获安，故曰誉也；士孝曰究，究者以明审为义。士始升朝，辞亲入仕，能审资父事君之礼，则其亲获安，故曰究也。庶人孝曰畜，畜者含畜为义。庶人含情受朴，躬耕力作，以畜其德，则其亲获安，故曰畜也。

天子之孝曰就，意思是天子成就万物，使天下皆被其德，其亲才能获安；诸侯之孝曰度，意思是诸侯要尊奉天子的法度，其亲才能获安；卿大夫之孝曰誉，意思是卿大夫天下闻名，声誉遐迩，其亲才能获安；士之孝曰究，士人居于朝廷，能明君臣父子之礼，则其亲获安；庶人之孝曰畜，意为庶人努力劳作，积畜其德，则其亲获安。五种孝虽然不同，但目的都是让“其亲获安”。把孝分为不同的种类，并非纬书所创，而是《孝经》的思想。在《孝经》中，天子、诸侯、卿大夫、士、庶人的孝就有着不同的要求。《天子章》说：“子曰：爱亲者，不敢恶于人；敬亲者，不敢慢于人。爱敬尽于事亲，而德教加于百姓，刑于四海，盖天子之孝也。”这是对天子之孝的要求。天子要敬养其亲，然后推于天下，泽及百姓；诸侯之孝表现在居上不骄，保其社稷，和睦人民等方面。《诸侯章》说：“在上不骄，高而不危；制节谨度，满而不溢。高而不危，所以长守贵也。满而不溢，所以长守富也。富贵不离其身，然后能保其社稷，而和其民人。盖诸侯之孝也。”卿大夫之孝则要服先王之法服，守先王之言，行先王之德行，然后以守其宗庙。《卿大夫章》说：“非先王之法服不敢服，非先王之法言不敢道，非先王之德行不敢行。是故非法不言，非道不行；口无择言，身无择行；言满天下无口过，行满天下无怨恶。三者备矣，然后能守其宗庙。盖卿大夫之孝也。”士之孝则要以忠顺事上，保其禄位，守其祭祀。《士章》说：“资于事父以事母，而爱同；资于事父以事君，而敬同。故母取其爱，而君取其敬，兼之者父也。故以孝事君则忠，以敬事长则顺。忠顺不失，以事其上，然后能保其禄位，而守其祭祀。盖士之孝也。”庶人之孝则要勤于劳作，以养父母。《庶人章》说：“用天之道，分地之利，谨身节用，以养父母，此庶人之孝也。"这说明不同的等级有着不同的孝，等级越高，责任越大，对孝的要求相应地也就越高。不难看出，《孝经纬》将孝分为天子、诸侯等不同类型的思想显然受到《孝经》的影响。

第 十 三 章

《论语纬》的形成与思想

与其他诸纬不同，《论语纬》不在李贤注的七纬三十五种之内。《隋书·经籍志》载的《七录》中有“《论语谶》八卷，宋均注”，并与《孔老谶》、《老子河洛谶》等谶书列在一起。后来《旧唐书·经籍志》、《新唐书·艺文志》皆列有《论语纬》宋均注十卷。《论语谶》最早见于《白虎通》，其《辟雍》篇说：“《论语谶》曰：五帝立师，三王制之。”这说明《论语谶》当时已经形成。安居香山《纬书集成》辑有《比考谶》、《撰考谶》、《摘辅象》、《摘衰圣》、《素王受命谶》、《崇爵谶》、《纠滑谶》、《阴嬉谶》等八种。此或许即《七录》中所说的《论语谶》八卷。可以看出，《论语谶》的篇目多以“谶”为题，这可能是其称为《论语谶》的原因。不过从现存材料来看，其中也有很多解释《论语》的内容。因此，其也具“纬”的性质，这或许是新、旧《唐书》改称《论语纬》的原因。

一　西汉论语学传承与《论语纬》形成

与《孝经》一样，《汉书·儒林传》对于论语学的传承也未记载。西汉论语学的传承情况仅在《艺文志》中有些反映，其说：

> 《论语》者，孔子应答弟子、时人及弟子相与言而接闻于夫子之语也。当时弟子各有所记。夫子既卒，门人相与辑而论纂，故谓之《论语》。汉兴，有齐、鲁之说。传《齐论》者，昌邑中尉王吉、少府宋畸、御史大夫贡禹、尚书令五鹿充宗、胶东庸生，唯王阳名家。传《鲁论语》者，常山都尉龚奋、长信少府夏侯胜、丞相韦贤、鲁扶卿、前将军萧望之、安昌侯张禹，皆名家。张氏最后而行于世。

汉代论语学传承有齐、鲁两派，传《齐论》者，有王吉、宋畸、贡禹等人，传《鲁论》者，则有夏侯胜、韦贤、萧望之等人。其中令人疑惑的是传《鲁论》的人，大多为齐学学者，如夏侯胜、萧望之等人。《艺文志》对于西汉论语学的来源及这些传承人间的关系并没有说明，因此，我们对于他们之间的关系无从得知。在《齐论》中，只有王吉独自名家。从《汉书》中，我们可以知道，王吉通五经，传《邹氏春秋》，于《易》则好梁丘氏之学，而且其思想有兼通儒、道的倾向。而《鲁论》龚奋、夏侯胜、韦贤、萧望之等皆各自名家，其中夏侯胜与萧望之有师承关系。《汉书·萧望之传》说：“至望之好学，治齐诗，事同县后仓。……又从夏侯胜问《论语》礼服。”

齐、鲁二《论》最后都归于张禹。《张禹传》说：

> 始，鲁扶卿及夏侯胜、王阳、萧望之、韦玄成皆说《论语》，篇第或异。禹先事王阳，后从庸生，采获所安，最后出而尊贵。诸儒为之语曰：“欲为《论》，念张文。”由是学者多从张氏，余家寖微。

这里有一个问题，就是王阳、庸生皆传《齐论》，而《艺文志》却把张禹放在《鲁论》之下，沈钦韩说这是“《志》、《传》不相蒙”。吴承仕说：“王吉为《齐论》，而其子骏受之，则为《鲁》说，是《齐》、《鲁》参也。”① 然《王吉传》中并未说明王骏所传为《鲁》说，未知吴氏所据为何？皇侃《论语义疏自序》说：“《鲁论》为太子大傅夏侯胜及前将军萧望之、少傅夏侯建等所学，以此教授于侯王也。晚有安昌侯张禹，就建学《鲁论》，兼讲《齐》说，择善而从，号曰《张侯论》，为世所贵。”② 史书对于夏侯建传《鲁论》并没有记载，未知皇氏所据。不过从此可以知道张禹所学《鲁论》亦是源于夏侯胜。

从上面分析来看，西汉中后期的《论语》传承实际上以夏侯胜为宗，萧望之、张禹都是他的弟子。我们知道，夏侯胜以传《尚书》而闻名，其尚书学源自夏侯始昌的阴阳灾异学。这样看来，《鲁论》实际上应该属于

① 吴承仕：《经典释文序录疏证》，中华书局 1984 年版，第 140 页。

② 皇侃：《论语义疏》，《儒藏》（精华编·四书类论语属），北京大学出版社 2005 年版，第 11—12 页。

齐学。后来张禹集《鲁》、《齐》二家大成而独行于世，因此，我们可以推断《论语纬》的形成应该与张禹之学有关。

从思想内容来看，《论语纬》中的有些内容与《尚书中候》相似，如《论语比考谶》说：

> 乃以禅舜。又尧在位七十年，将以天下禅舜，乃洁齐，修坛场于河洛，率舜等升首山，遵河渚。有五老游焉，盖五星之精，相谓：河图将浮于是，龙衔玉苞，刻木版，题命可卷，金泥玉检封书，威知我者重瞳黄姚。视五老飞为流星，上入昴。

这段话亦见于《尚书中候》，《运衡》说："归功于舜，将以天下禅之，乃洁齐，修坛于河洛之间，择良日，率舜等升首山，遵河渚，有五老游焉，盖五星之精也。相谓曰：河图将来，告帝以期，知我者重瞳黄姚。五老因飞为流星，上入昴。"两相比较，二者虽然详略不同，但大意完全一致。在现存纬书中，唯有《尚书中候》与《论语纬》有"五老"的思想，我想这不是偶然的巧合，这应该与夏侯胜既传《尚书》又传《论语》是分不开的。因此，我们可以推断《论语纬》出于夏侯胜后学。因为后来张禹的《论语》一支独行，而且张禹是夏侯胜的学生，所以我们说《论语纬》与张禹之学有密切关系。从时间上看，其形成大概与《尚书中候》同时或略后。具体来说，其上限应在刘歆之后，下限则当在白虎观会议之前。

最后我们顺便谈一下"终、张之徒"的问题。所谓"终、张之徒"是指荀爽对纬书形成的一个论断。荀悦说：

> 世称纬书，仲尼之作也。臣悦叔父故司空爽辨之，盖发其伪也，有起于中兴之前，终、张之徒之作乎。(《申鉴·俗嫌》)

荀爽认为纬书起于光武中兴之前，是终、张之徒所作，然对"终、张之徒"究竟指的何人并未说明。范文澜说："终张疑当作终术，即助王莽造符命之田终术，与李寻同称。"① 日本学者安居香山则认为终、张指终军

① 范文澜：《文心雕龙注》，人民文学出版社1958年版，第40页。

和张良。[1] 范文澜以改字解释“终、张”显然不确。安居香山推断“终、张”乃二人姓氏，是很合理的。不过荀爽所说的“终、张之徒”乃在光武中兴之前，也就是西汉中后期。如果把“张”解释成张良，在时间上显得未免不当。“终”指终军是毫无疑问的，因为《汉书》列传中姓终的只此一人。而姓“张”的在当时就比较多了，如张汤、张骞、张敞、张山拊、张禹等人。考虑到纬书的形成与经学有关，因此，其中有些人可以排除在外，这样下来便只有张禹和张山拊二人了。张山拊所传为《尚书》，其学来自夏侯建。我们在前面说过，小夏侯学以章句为主，不讲阴阳灾异。这样看来，“终、张之徒”的“张”可能指的就是张禹。如果这个推断正确的话，那么就更加证明《论语纬》与张禹之学的密切关系。

二 论《论语纬》的思想特点

《论语纬》很多内容已经佚失，我们无从知道其全部思想，只能从现有资料来略窥一斑。从现存《论语纬》来看，其思想主要有古帝王传说、孔子及其弟子的传说以及对《论语》的零散解释等内容。

对于古帝王的记载，主要有燧人、伏羲、黄帝等帝王的传说，这些传说与其他纬书并没有太大的区别，如《论语摘辅象》说：“燧人出天，四佐出洛，明由晓升级，必育受税役，成博受古诸，陨蓋受延嬉”，“伏羲六佐出世，金提主化俗，鸟明出建福，视默主灾恶，纪通为中职，仲起为海陆，阳侯为江海”。《论语纬》的重点还在于对孔子及其弟子的鼓吹和神化。在《论语纬》看来，孔子是其父母感黑龙而生，因此，有着独特的相貌和作用。如《撰考谶》说：“叔梁纥与徵在祷尼丘山，感黑龙之精，以生仲尼”、“孔子胸应矩，是谓仪古”。与孔子一样，他的弟子在出生、相貌等方面都是与众不同的。如《论语谶》说：“子路感雷精而生，尚刚好勇，亲涉卫难，结缨而死亡。”《摘辅象》说：“颜回山庭日角，曾子珠衡犀角”、“子贡山庭，斗绕口”、“子夏日角大目”等。在手纹上，这些人也与众不同。《摘辅象》说：

> 仲弓钩文在手，是谓知始；宰我手握户，是谓守道；子游手握文

---

[1] 安居香山：《纬书の成立とその展开》，东京图书刊行社1979年版，第7—9页。

雅，是谓敏士；公冶长手握辅，是谓习道；子贡手握五，是谓受相；公伯周手握直期，是谓疾恶；澹台灭明岐掌，是谓正直。

这是说仲弓手纹像钩，表示知道本始；宰我手纹如户，表示能够守道；子游手纹似“文”字，表示聪明机敏；公冶长手纹似“辅”字，表示善于习道；子贡手纹如“五”字，表示其有受相之命；公伯周手有直纹，是嫉恶如仇的表现；澹台灭明掌形歧出，是正直的表现。这些都说明他们天生异表，与众不同。《论语纬》还以孔子为中心编造了一个朝廷班子，如《摘辅象》说：“仲尼为素王，颜渊为司徒”、“子路为司空”、“左丘明为素臣”。从道德方面来讲，孔子应该成为帝王，但实际上他并没有当上真正的帝王，因此，他只能是个“素王”。他的弟子也就相应地成为“素臣”。所谓“素”就是“空”的意思。这实际上是为了解决儒家“有德无位”的矛盾。

除了对孔子及其弟子进行神化以外，《论语纬》中还有一些阐发《论语》大义的内容，如《比考谶》说：“仁义在身，行之可强”、“正朔所加，莫不归义”、“从善，绎绎襁负如归市”。这些都体现了儒家德性优先的原则。

此外，《论语纬》还对《论语》作了一些零散的解释。《论语纬》说：“下学上达，知我者其天乎，通精曜也”（《撰考谶》）、“君子上达，与天合符”（《比考谶》）。这是对《论语·宪问》“子曰：君子上达，小人下达”的解释。按照一般的解释，“上达”是指仁义、道或天理，“下达”则指财货、器或人欲。[①]《论语纬》则从宗教的角度把其解释为与天精相通。

《子罕》说：“子欲居九夷。或曰：‘陋，如之何?’子曰：‘君子居之，何陋之有?’”《摘衰圣》解释说：

凤有六像九苞。一曰头像天，二曰目像日，三曰背像月，四曰翼像风，五曰足像地，六曰尾像纬。九苞者，一曰头符命，二曰眼合度，三曰耳聪达，四曰舌绌伸，五曰色彩光，六曰冠矩周，七曰距锐钩，八曰音激扬，九曰腹文户。行鸣曰归嬉，上鸣曰提扶，夜鸣曰贺世，飞鸣曰即都。知我者唯黄，持竹实来，故子欲居九夷从凤嬉。

---

① 程树德：《论语集释》，中华书局1990年版，第1003页。

按照一般的解释，“子欲居九夷”的意思是说“夫子不见用中夏，乃欲行道于外域，则以其国有仁贤之化也”[①]。《论语纬》则认为孔子居九夷是由于凤凰的缘故。这或许受到《子罕》篇“凤鸟不至”思想的影响。

我们再来看一下其对《尧曰》“咨！尔舜，天之历数在尔躬，允执其中。四海困穷，天禄永终”的解释。《比考谶》说：

> 仲尼曰：吾闻帝尧率舜等游首山，观河渚。有五老游河渚，一曰：河图将来告帝期；二曰：河图将来告帝谋；三曰：河图将来告帝书；四曰：河图将来告帝图；五曰：河图将来告帝符。有顷，赤龙衔玉苞，舒图刻版，题命可卷，金泥玉检，封盛书。威曰：知我者重瞳也。五老乃为流星，上入昴。黄姚视之，龙没图在。尧等共发曰：帝当枢百，则禅于虞。尧喟然曰：咨汝舜，天之历数在汝躬，允执其中，四海困穷，天禄永终。

按照传统的解释，“天之历数”是指天道运行的规律。这段话的意思是说，尧劝舜要按照天道运行的规律来治理国家，执其中则能穷极四海，长久不衰。《论语纬》则认为“天之历数”指河图的符命。在它看来，帝王的兴衰都要由河图来决定。受到纬书影响，郑玄亦持这种看法：“历数在汝身，谓有图录之名。”（《尚书·大禹谟》正义）

除了上面的神秘主义解释外，《论语纬》中还有一些对《论语》随文解释的内容。如《论语谶》说：“学者，织也。”这是对“学而时习之”的解释。《撰考谶》说：“古者七十二家为里。”这是对“里仁为美”中“里”的解释。《撰考谶》又说：“子罕言利，利伤行也。”这是对“子罕言利”的解释。《崇爵谶》说：“百世可知，言喻道也。”这是对《为政》“殷因于夏礼，所损益，可知也；周因于殷礼，所损益，可知也。其或继周者，虽百世，可知也”的解释。《论语谶》说：“贫而无怨，循性动也。”这是对《宪问》“贫而无怨”的解释。可以看出，这些内容基本上是根据经文而作的解释，并没有过多的神秘主义发挥。这说明《论语纬》在解释《论语》的时候还要照顾原文的意思，并非一切都脱离文本而随意发挥。

---

① 刘宝楠：《论语正义》，中华书局1990年版，第344页。

附论

《河图》《洛书》

《河图》、《洛书》，李贤未注，据《后汉书·张衡传》和《隋书·经籍志》有四十五篇，其中《河图》九篇、《洛书》六篇是黄帝到周文王的受命本文，这种说法也见于《春秋说题辞》，可以推断其形成应该较早。汪师韩认为，《文选》李善注“《尚书中候》之外，《河图》九篇皆有之，曰《括地象》，曰《帝览嬉》，曰《帝通纪》，曰《著命》，曰《闿苞受》，曰《会昌符》，曰《龙文》，曰《玉版》，曰《考钩》，其数正合。惟《洛书》仅有二篇，曰《摘亡辟》，曰《天准听》，不及六篇之数”（《文选理学权舆》卷八）。蒋清翊说：“汪氏只据《选》注，故《洛书》篇名仅得其二，今《洛书》之名可考者，亦适合六篇之数，曰《洛书甄曜度》、曰《洛书灵准听》、曰《洛书宝号命》、曰《洛书录运期》、曰《洛书稽命曜》、曰《洛书摘六辟》。”① 这些是否即是上面所说《河图》九篇、《洛书》六篇，尚难断定。

除此之外，安居香山、中村璋八《纬书集成》辑有《河图》、《洛书》的篇目还有四十余种。他认为这些多为六朝之后的伪作，或篇名的误写。② 王利器则认为安居香山《纬书集成》的《河图》、《洛书》五十八篇可以去掉十三篇，正好合四十五篇之数。其说：

> 窃疑《河图录运法》、《洛书录运法》、《洛书录运期》三者当为一种，《河图合古篇》、《河图令占篇》二者当为一种，《河图龙文》、《河图龙文表》二者当为一种，《河图秘微》、《河图说微详》、《河图说微示》三者当为一种，《河图绛象》、《图纬绛象》二者当为一种，《洛书说禾》、《洛书说微示》二者当为一种，其他如《河图》、《河图表》、《洛书纪》、《洛书》、《孔子河洛谶》之类，当为概举《河图》、《洛书》而言，不必别立名目。如此，则可省减十三种，以五十八减去十三，则得四十五，正合《衡集上事》所言“《河》、《洛》五九”之数。其然欤？其不然欤？冀它日有以定之耳。③

王氏所说是否正确，其自己尚不能断定。不过即便王氏所说不一定是张衡说的“《河》、《洛》五九”的四十五篇，但他的推断还是有一定道理的。

① 蒋清翊：《纬学原流兴废考》，上海书店出版社 2005 年版，第 404 页。
② 安居香山、中村璋八：《纬书集成》，河北人民出版社 1994 年版，第 66—67 页。
③ 王利器：《谶纬五论》，见张岱年等《国学今论》，辽宁教育出版社 1992 年版，第 117 页。

不排除安居香山所辑《纬书集成》的篇目中有因字似而混淆者，如王氏所说《河图·合古篇》和《河图·令占篇》。也可能安居香山把一些《隋志》中“八十一篇”之外的《尚书中候》、《五行传》、《杂谶》等收入《河图》、《洛书》之内，如《孔子河洛谶》等。另外一种可能就是后人在“四十五篇”以外的添加。

由于《河图》、《洛书》形成比较复杂，因此，我们首先对“河图”、“洛书”这一名词的演变作一考察，以明其与作为谶纬的《河图》、《洛书》的关系。然后在此基础上分析《河图》、《洛书》的形成和思想。此外，需要说明的是，我们考察“河图”、“洛书”名词演变的目的是说明其与谶纬的关系，因此，没有涉及汉代以后“河图”、“洛书”的演变。

第一章

“河图”、“洛书”源流考

一 先秦古书中的“河图”、“洛书”

就现有文献来看，“河图”一词最早出现在《尚书》中。《顾命》说：

> 越玉五重，陈宝、赤刀、大训、弘璧、琬琰，在西序。大玉、夷玉、天球、河图，在东序。

这里仅仅列出“河图”之名，对其具体所指则未说明。郑玄解释说：“大玉，华山之球也。夷玉，东北之珣玗琪也。天球，雍州所贡之玉，色如天者。皆璞，未见琢治，故不以礼器名之。”“河图，图出于河，帝王圣者之所受。”[①] 这里的“球”指可以制磬的玉。《说文·玉部》说：“球，玉磬也。”因此，“华山之球”就是华山所产的可以制磬的玉石，称为大玉。“夷玉”是指东北的珣、玗、琪，其产地为医无闾山。“天球”则是雍州所贡的玉。这些都是未制成各种礼器的玉。可以看出，大玉、夷玉、天球在这里都是指玉一类的东西。[②] 但唯独对于“河图”，郑玄却受汉人影响，把它解释为河中所出的帝王受命之图。这显然不太符合文义。从前后文义来看，“河图”可能有两种意思：一是与“大玉”等一样，指一种玉石。清代学者胡渭说：“《顾命》东西序之所陈，类皆玩好，唯大训、河图为载道之器。……据曹魏时张掖出石图，有八卦之状，高堂隆以比东序之世宝，则‘河图’当

---

① 孙星衍：《尚书今古文注疏》，中华书局1986年版，第492页。

② 顾颉刚、刘起釪：《尚书校释译论》，中华书局2005年版，第1759—1761页。

为石类。俞玉吾琰云：‘天球，玉也。河图而与天球并列，盖玉之有文者。’”[①] 刘起釪也说：“河图与天球并列，是同类宝器。伪孔释‘球，雍州所贡’。雍州正在大玉文化领域内，可知天球、河图都属大玉宝器。”[②] 二是与“大训”对应，指一种典册。清代毛奇龄说：“天球、河图，与赤刀、大训相对，则大训、河图并典籍之类。”“大抵图为规画，书为简册，无非皆典籍之类。”（《河图、洛书原舛编》）

孔子对于“河图”也有提及，《论语·子罕》说：

> 子曰：凤鸟不至，河不出图，吾已矣夫！

虽然孔子未指明“河图”是什么，但把它和凤鸟放在一起，可以推断它也是一种祥瑞。何晏《论语集解》引孔安国注说：“圣人受命，则凤鸟至，河出图，今天无此瑞。吾已矣夫者，伤不得见也。河图，八卦是也。”伪孔注认为河图与凤鸟一样是一种祥瑞是正确的，但把河图当成八卦则受到刘歆的影响。刘宝楠也认为“河图”与“凤鸟”一样，是一种圣瑞。其说：“《淮南子·缪称训》：‘昔二皇凤凰至于庭，三代至乎门，周室至乎泽。德弥粗，所至弥远；德弥精，所至弥近。’是凤鸟至为圣瑞也。《易稽览图》：‘孔子曰：天之将降嘉瑞，应河水青三日。青四日，青变为赤，赤变为黑，黑变为黄，各各三日，河中水安，井天乃清明，图乃见。’又云：‘夜不可见，水中赤，煌煌如火，英图书蚍皆然也。’又《坤灵图》：‘圣人受命，瑞应先见于河。’是河出图为圣瑞也。”[③]

在《墨子》中，我们也能看到“河图”的记载。《非攻下》说：

> 天命周文王，伐殷有国。泰颠来宾，河出绿图，地出乘黄。

这里“绿图”即“箓图”，“绿”是从图的颜色来讲的。“乘黄”指一种马。孙诒让引《周书·王会》篇说：“白民乘黄。乘黄者，似狐，其背有两角。”引《宋书·符瑞志》说：“帝舜即位，地出乘黄之马。”又引刘

① 胡渭：《易图明辨》，中华书局 2008 年版，第 26 页。
② 顾颉刚、刘起釪：《尚书校释译论》，中华书局 2005 年版，第 1761 页
③ 刘宝楠：《论语正义》，中华书局 1990 年版，第 334 页。

赓《稽瑞》说：“王者德御四方，舆服有度，秣马不过所业，则地出乘黄。”①可以看出，“乘黄”是指一种祥瑞，只有太平盛世的时候才会出现。既然“乘黄”是一种祥瑞，那么“河图”在这里也应指一种祥瑞。

《管子》也提到“河图”和“乘黄”，《小匡》说：

> 昔人之受命者，龙、龟假，河出图，洛出书，地出乘黄。今三祥未见有者，虽曰受命，无乃失诸乎？

可以看出，这里“河图”和“乘黄”与《墨子》中的含义相同。我们还可以看到，这里不仅提到“河图”，而且提到“洛书”。这里说到“三祥”，但却列出“龙、龟假，河出图，洛出书，地出乘黄”四项，房玄龄注曰：“三祥，谓龟龙、图书、乘黄也。”从文义来看，这种解释应该符合《管子》的本意。后来人们可能在这种思想启发下才把“河图”、“洛书”分别与龙、龟对应起来。

《礼记》、《文子》等对于“河图”也主要是从祥瑞的角度论述的，如《礼记·礼运》说：“故天不爱其道，地不爱其宝，人不爱其情。故天降膏露，地出醴泉，山出器、车，河出马图，凤凰、麒麟皆在郊椒，龟、龙在宫沼，其余鸟兽之卵胎，皆可俯而窥也。”《文子·道德》说：“至德之世，贾便其市，农乐其野，大夫安其职，处士修其道，人民乐其业。是以风雨不毁折，草木不夭死，河出图，洛出书。”

对于“洛书”，《庄子》还有一种说法，《天运》说：“天有六极五常，帝王顺之则治，逆之则凶。九洛之事，治成德备，监照下土，天下戴之，此谓上皇。”前人多把“九洛”解释为“洛书”，如成玄英说：“九洛之事，即禹所受之九畴也。”杨慎说：“九洛，九畴洛书。”“九洛”在这里是否就是指“九畴洛书”尚需探讨，不过这种说法可能对后来的刘歆产生了重大影响。

对于“河图”、“洛书”最著名的记载莫过于《易传》。《系辞上》说：

> 是故天生神物，圣人则之。天地变化，圣人效之。天垂象，见吉凶，圣人象之。河出图，洛出书，圣人则之。

① 孙诒让：《墨子间诂》，中华书局2001年版，第152页。

这里的“河图”、“洛书”究竟指什么，后人有不同的解释，如郑玄引《春秋纬》说：“河以通乾出天苞，洛以流坤吐地符。”孔安国认为，河图指八卦，洛书指九畴。候果则说：“‘天数五，地数五，五位相得而各有合’者，河图也。变之而纵横皆十五，所谓‘参伍以变’，即‘太乙下行九宫法’者，洛书也。”① 这些解释各持一说，未必符合《系辞》本义。从上下文来看，这段话主要论述圣人根据天地万物之象作八卦的过程。“天垂象”是自然界显示的纹理，由此可以推断，“河图”、“洛书”似乎指河水、洛水所成的图像。

最后我们来看一下《吕氏春秋》对于“河图”的论述。《观表》说：

> 人亦有征，事与国皆有征。圣人上知千岁，下知千岁，非意之也，盖有自云也。绿图幡薄，从此生也。

与上面所说不同，这里明确把“河图”解释成一种预测吉凶祸福的书，后来燕人卢生所奏“亡秦者胡也”的“录图书”即此类也。此外，《应同》还提到“丹书”，其说：“凡帝王者之将兴也，天必先见祥乎下民。……及文王之时，天先见赤乌衔丹书集于周社。”这里的“丹书”后来被解释成“洛书”，如《淮南子·俶真训》说：“古者至德之世……当此之时，风雨不毁折，草木不夭，九鼎重味，珠玉润泽，洛出丹书，河出绿图。”

从上面分析可以看出，“河图”在先秦有着不同的含义，其最先应该是一种玉石或典册，后来演化成太平盛世的一种祥瑞，再后来成为一种预测吉凶祸福的预言书。“洛书”的形成则应晚于“河图”，其一开始就被当成一种祥瑞。

二 汉代文献中的“河图”、“洛书”

到了汉代，人们对于“河图”、“洛书”也有很多看法。我们先来看一下贾谊的说法，《新书》说：

---

① 李道平：《周易集解纂疏》，中华书局1994年版，第606—607页。

> 故黄帝职道义，经天地，纪人伦，序万物，以信与仁为天下先。然后济东海，入江内取绿图，西济积石，涉流沙，登于昆仑，以是还以中国，以平天下。(《修政语上》)

按照一般的解释，“河图”是指黄河所出之图，贾谊却认为“河图”是从东海中取出的。不难看出，这里的“河图”应该指一种图。

陆贾对于“河图”也有论述，其说：“若汤、武之君，伊、吕之臣，因天时而行罚，顺阴阳而运动，上瞻天文，下察人心……讨逆乱之君，绝清浊之原，天下和平，家给人足，疋夫行仁，商贾行信，齐天地，致鬼神，河出图，洛出书。”（《新语・慎微》）这里的“河图”、“洛书”应该指一种祥瑞。陆贾还提到“录图”，其说：“按纪图录，以知性命；表定六艺，以重儒术。”（《本行》）这里的“图录”当即“录图”，其与六艺相对，显然是一种图书。

“河图”、“洛书”当时在多数情况下都是祥瑞的意思，除了前面《淮南子》、《新语》所说之外，晁错也说：“臣闻五帝神圣，其臣莫能及，故自亲事。……然后阴阳调，四时节，日月光，风雨时，膏露降，五谷熟，祅孽灭，贼气息，民不疾疫，河出图，洛出书，神龙至，凤鸟翔，德泽满天下，灵光施四海，此谓配天地，治国大体之功也。”（《汉书・晁错传》）汉武帝也有这种看法，《汉书・公孙弘传》说：

> 盖闻上古至治，画衣冠，异章服而民不犯。阴阳和，五谷登，六畜蕃，甘露降，风雨时，嘉禾兴，朱草生，山不童，泽不涸；麟凤在郊薮，龟龙游于沼，河洛出图书……

公孙弘对策说：“德配天地，明并日月，则麟凤至，龟龙在郊，河出图，洛出书，远方之君莫不说义，奉币而来朝，此和之极也。”可以看出，“河图”、“洛书”在这里都是指一种祥瑞。当时持这种看法的还有董仲舒、韩婴等人，《汉书・董仲舒传》说：“诸福之物，可致之祥，莫不毕至，而王道终矣。孔子曰：‘凤鸟不至，河不出图，吾已矣夫！’自悲可致此物，而身卑贱不得致也。”《韩诗外传》说：“大哉《关雎》之道也，万物之所系，群生之所悬命也，河洛出书图，麟凤翔乎郊。”①

可以看出，汉代前期人们对于“河图”、“洛书”的看法基本上延续了先秦的思想，并没有什么新的内容。这种看法在刘歆那里发生了变化，《汉书·五行志》说：

> 《易》曰：“天垂象，见吉凶，圣人象之；河出图，洛出书，圣人则之。”刘歆以为虑羲氏继天而王，受“河图”，则而画之，八卦是也；禹治洪水，赐“洛书”，法而陈之，《洪范》是也。

刘歆之前，从未有人把“河图”、“洛书”同八卦、《洪范》联系起来。刘歆孤明先发，首先把它们对应起来。他认为《洪范》中上天赐给大禹的“九畴”就是“洛书”。而《洪范》所说的“初一曰五行，次二曰羞用五事，次三曰农用八政，次四曰叶用五纪，次五曰建用皇极，次六曰艾用三德，次七曰明用稽疑，次八曰念用庶征，次九曰向用五福、畏用六极”六十五字就是“洛书”本文。刘歆的说法，一方面受到《易传》的影响，另一方面可能受到《庄子》的启发，把“九洛”生解为“九畴洛书”。刘歆的这种思想对后世影响甚大，为后来多数学者所采纳，直到宋代对“河图”、“洛书”才有新的解释。

不过刘歆并没有统一当时人们对于“河图”、“洛书”的看法，二者在大多情况下仍被当成一种祥瑞来看待。如王莽说：“太皇太后临政，有龟龙麟凤之应，五德嘉符，相因而备。‘河图’、‘洛书’远自昆仑，出于重野。古谶著言，肆今享实。”（《汉书·翟方进传》）这里的“河图”、“洛书”与龟、麟等同为祥瑞。其又说“古谶著言”，可见这些是谶纬中的记载。

我们顺便看一下东汉人对于“河图”、“洛书”的看法。由于作为谶纬的《河图》、《洛书》当时已经形成，所以“河图”、“洛书”一方面指谶纬，如光武帝封禅时所引用的《河图·赤伏符》、《河图·会昌符》、《洛书·甄曜度》等，张衡所说的“《河》、《洛》六艺，篇录已定”。另一方面“河图”、“洛书”还指祥瑞，如《白虎通·封禅》说：“德至渊泉，则黄龙见，醴泉涌，河出龙图，洛出龟书，江出大贝，海出明珠。”王充说：

① 许维遹：《韩诗外传集释》，中华书局1980年版，第164页。

“夫河出图，洛出书，圣帝明王之瑞应也。”（《论衡·感虚篇》）“孔子曰：‘凤鸟不至，河不出图，吾已矣夫！’夫子自伤不王也。已王致太平，太平则凤鸟至，河出图矣。今不得王，故瑞应不至，悲心自伤，故曰：吾已矣夫。”（《问孔篇》）

由上可以知道，在汉代人那里，“河图”、“洛书”主要是指祥瑞。到了刘歆才把二者与八卦、九畴对应起来。而作为谶纬的《河图》、《洛书》也开始逐渐形成。

三 现存纬书中的“河图”、“洛书”

我们在这一节先来看一下纬书对于“河图”、“洛书”的看法，至于作为书籍的《河图》、《洛书》的形成我们在下一章再来探讨。

从现有资料来看，纬书对于“河图”、“洛书”有很多说法，我们现在分述如下：

第一种说法是龙图龟书，即河图为龙所负，洛书为龟所衔。如：

> 尧游河渚，赤龙负图以出。图赤如绨状，龙没图在。（《春秋元命包》）
>
> 舜以太尉受号，即位为天子。五年二月东巡狩，至于中月，与三公、诸侯临观，黄龙五采负图出，置舜前。图以黄玉为匣如柜，长三尺，广八寸，厚一寸，四合而连，有户、白玉检、黄金绳，芝为泥封两端。（《春秋运斗枢》）
>
> 河龙图发，洛龟书感。（《春秋说题辞》）
>
> 河龙图出，洛龟书威，赤文象字，以授轩辕。（《尚书帝命验》）
>
> 尧时，龙马衔甲，赤文绿色，临坛上。甲似龟背，广袤九尺，圆理平上，五色文，有列星之分，斗正之度，帝王录纪，兴亡之数。（《尚书中候》）

这些说法虽有不同，但基本上都认为河图是龙负而出，洛书是龟衔而现。我们前面说过，最早把河图、洛书与龙、龟联系在一起的是《管子》，这些思想应该是在《管子》的基础上加工而成的。我们还可以看出，对于河图、洛书的说法，已经受到五德终始说的影响，因而尧、舜的负图之龙颜色是不同的，尧为火德，故龙为赤色，舜为土德，故龙为黄色。

第二种说法是凤图凤书，即认为河图、洛书乃凤凰所衔而出。《春秋元命包》说：

凤凰衔图置帝前，黄帝再拜受。

火离为凤凰，衔书，游文王之都，故武王受凤书之纪。

这里把河图、洛书与凤凰联系起来，可能受到《论语·子罕》“凤鸟不至，河不出图”说法的影响，既然河出为图，那么凤鸟所衔则应是洛书。

第三种说法是天图地书。如：

河以通乾出天苞，洛以流坤吐地符。（《春秋说题辞》）

天子孝，天龙负图，地龟出书，妖孽消灭，景云出游。（《孝经援神契》）

一般认为，河图、洛书皆是水中所出。但这里却把河图、洛书分别与天、地对应起来。

第四种说法是卦图畴书，即以八卦为河图，九畴为洛书。如：

伏羲氏有天下，龙马负图出于河，遂法之画八卦。又龟书，洛出之也。（《尚书中候》）

神龙负图出河，虑牺受之，以其文画八卦。（《尚书中候·握河纪》）

乃受舜禅，即天子之位。天乃悉禹《洪范》九畴，洛出龟书五十六字（按：当为六十五字），此谓洛出书也。（《尚书中候·考河命》）

这种说法显然受到刘歆的影响。不过这与龙图龟书的说法是可以并存的。

此外，对于“洛书”还有一种说法，即认为赤雀所衔丹书就是洛书，如《尚书中候》说：“周文王为西伯，季秋之月甲子，赤雀衔丹书入丰都，止于昌户。”我们前面说过，最早提出此说的是《吕氏春秋》，后来《淮南子》把其当作“洛书”。周为火德，故雀为赤色。秦为金德，则雀为白色。《中候》说：“秦穆公出狩，至于咸阳，日稷庚午，天震大雷。有火下，化为白雀，衔箓丹书，集于公车。”

以上是纬书对“河图”、“洛书”的主要说法，可以看出其五光十色，品类繁多。其中既有沿袭前人之说，又有自己的新创。

我们下面来看一下纬书对于“河图”、“洛书”内容的描述。纬书认为“河图”记载着帝王的存亡替代之期、江川山河州界之分野等内容，如《尚书璇玑钤》说：“河图，命纪也。图天地帝王终始存亡之期，录代之矩。”《春秋命历序》说：“河图，帝王之阶，图载江河山川州界之分野。”《洛书·灵准听》说：“《顾命》曰：天球、河图在东序。天球，宝器也。《河图本纪》，图帝王终始存亡之期。”

在纬书看来，虞、夏、商、周、秦、汉等受命的事情在河图上都有记载。《春秋命历序》说：

> 河图，帝王之阶，图载江河山川州界之分野。后尧坛于河，受龙图，作《握河纪》。逮虞舜、夏、商，咸亦受焉。

《尚书中候·握河纪》说：

> 尧即政十七年，仲月甲日，至于稷，沈璧于河。青云起，回风摇落，龙马衔甲，赤文绿色，自河而出，临坛而止，吐甲迴遰。甲似龟，广九尺，有文言虞、夏、商、周、秦、汉之事。帝乃写其文，藏之东序。

这说明河图是帝王的受命之符，犹如三代之九鼎、后世之玉玺。帝王得之方能受命，否则，则不能受命。因此，帝王之兴，皆有河图之符应。

我们先来看伏羲、黄帝、仓颉等受河图的情况，《龙鱼河图》说：

> 伏羲氏王天下，有神龙负图出于黄河。法而效之，始画八卦。推阴阳之道，知吉凶所在，谓之河图。

此为伏羲之河图，伏羲效法而画八卦。仓颉则仿河图而作文字，《春秋元命包》说：

仓帝史皇氏，名颉，姓侯刚。……生而能书，及受河图绿字，于是穷天地之变化，仰观奎星圆曲之势，俯察龟文、鸟羽、山川、指掌，而创文字。

纬书还对黄帝受河图的情况作了详细的描述，《河图·录运法》说：

黄帝曰：余梦见两龙挺白图，即帝以授余于河之都。天老曰：天其授帝图乎？试斋以往视之。黄帝乃斋河洛之间，求相见者。至于翠妫泉，大鲈鱼折流而至。天老曰：见河中□溜者乎？见之。与天老跪而授之，鱼泛白图，兰采朱文，以授黄帝。帝舒视之，名曰箓图。

纬书对尧、舜、禹、周、秦等受河图的情况也作了论述：

尧时，龙马衔甲，赤文绿色，临坛上。甲似龟背，广袤九尺，圆理平上，五色文，有列星之分，斗正之度，帝王录纪，兴亡之数。（《尚书中候》）

舜曰：朕维不仁，蓂荚浮著，百兽凤晨。若稽古帝舜曰重华，钦翼皇象。帝舜至于下稷，荣光休至。黄龙负卷舒图，出水坛畔，赤文绿错。（《尚书中候·考河命》）

尧使禹治水，禹辞，天地重功，帝钦择人。帝曰：出尔命，图乃天。禹临河观，有白面长人鱼身，出曰：吾河精也。表曰：文命治滛水，臣河图去入渊。（《尚书中候》）

昌以西伯受命，入戊午部二十九年，伐崇侯，作灵台，改正，布王号于天下，受录应河图。（《易纬·乾凿度》）

武王观于河，沈璧，礼毕，且退，至于日昧，荣光并塞。……赤龙临坛，衔玄甲之图，吐之而去。（《尚书中候·合符后》）

赵王政以白璧沈河，有黑头公从河出，谓政曰：祖龙来，授天宝。开，中有尺二玉牍。（《河图·考灵曜》）

河图乃帝王受命之符应，故王朝之兴起必受河图，“孔子曰：三万一千九百二十岁，录图受命，易姓三十二纪”（《易纬·乾凿度》）。《论语比考谶》还说：

> 仲尼曰：吾闻帝尧率舜等游首山，观河渚。有五老游河渚，一曰河图将来告帝期，二曰河图将来告帝谋，三曰河图将来告帝书，四曰河图将来告帝图，五曰河图将来告帝符。有顷，赤龙衔玉苞，舒图刻版，题命可卷，金泥玉检，封盛书。咸曰：知我者重童也。五老乃为流星，上入昴。黄姚视之，龙没图在。尧等共发曰：帝当枢百，则禅于虞。尧喟然曰：咨汝舜，天之历数在汝躬，允执其中，四海困穷，天禄永终。

从《尚书中候·握河纪》中，我们可以知道，河图是尧首先发现的，上面记着虞至汉的事情。这里又借着孔子对尧受河图的情况作了详细的论述。五老即是五星之精，帝王乃天之五帝下凡，所以这里有五老授尧河图的描述。

从上面的分析可以看出，河图是帝王受命必不可少的符应，因此，刘汉也应有河图出现。

《河图》说：

> 期之兴，天授图，地出道，于张兵矜，刘季起。
>
> 汉高祖观汶水，见一黄釜，惊却反，化为一翁，责言曰：刘季何不受河图。

刘邦受有河图，故其取得天下亦是天命所在。

在纬书看来，汉代之所以能受天命而王，乃是孔子根据河图为汉制法的结果。《尚书中候·日角》说：

> 夫子素案图录，知庶姓刘季当代周，见薪采者获麟，知为其出。何者？麟者，木精。薪采者，庶人燃火之意，此赤帝将代周。

《春秋汉含孳》说：

经十有四年春，西狩获麟。赤受命，苍失权，周灭火起，薪来得麟。孔子曰：丘览史记，援引古图，推集天变，为汉帝制法，陈叙图录。

这是说孔子根据河图的记载，知道刘邦将要代替周朝而为正统。周为木德，木生火，故继周者应为火德。麟代表木德，薪代表火德，所以西狩获麟，表示周灭汉兴。因此，孔子为汉制法，陈述受命之图。可以看出，这里已经把秦朝排除在五德之外。因为西汉中后期，相生说逐渐占有主导地位，且汉为火德说得以确立，所以秦失其五行之次，只得列为"闰统"。①

可以看出，在纬书中，"河图"、"洛书"的形式虽然有多种说法，但其内容主要是指帝王的受命之图，其目的在于说明帝王取得政权的合法性，尤其证明汉代政权的合法性。

① 顾颉刚：《汉代学术史略》，东方出版社 1996 年版，第 92 页。

第二章

《河图》、《洛书》的形成与思想

一 《河图》、《洛书》的形成

我们在上一章主要考察了“河图”、“洛书”的演变过程，现在我们来看一下作为书籍的《河图》、《洛书》的形成。

对于《河图》、《洛书》的形成，《隋书·经籍志》说：

> 《易》曰：“河出图，洛出书。”然则圣人之受命也，必因积德累业，丰功厚利，诚著天地，泽被生人，万物之所归往，神明之所福飨，则有天命之应。盖龟龙衔负，出于河、洛，以纪易代之征，其理幽昧，究极神道。先王恐其惑人，秘而不传。说者又云，孔子既叙六经，以明天人之道，知后世不能稽同其意，故别立纬及谶，以遗来世。其书出于前汉，有《河图》九篇，《洛书》六篇，云自黄帝至周文王所受本文。又别有三十篇，云自初起至于孔子，九圣之所增演，以广其意。又有《七经纬》三十六篇，并云孔子所作，并前合为八十一篇。

这里对《河图》、《洛书》的形成列出两种看法：一是认为二者是表明朝代更替的受命之书，其是龟、龙从河水、洛水中所负而出；一是认为《河图》、《洛书》出于前汉，乃孔子所作。其具体又包括两个部分：一是从黄帝到周文王的受命本文，共有《河图》九篇、《洛书》六篇；一是从黄帝到孔子“九圣”所增演的文字。不难看出，《经籍志》的前后叙述是有矛盾的，其前面说“纬与谶”皆是孔子所作，则《河图》、《洛书》以及《七经纬》都应包括在内。但下面又把它们的形成分成三个阶段，《河图》九篇、《洛书》六篇似乎产生于黄帝之前，另外的三十篇由黄帝到孔子的“九圣”逐渐增衍而成，《七经纬》则完全是孔子所作。二说虽然不同，但都不能作为《河图》、《洛书》形成的历史事实。

通过上一章的考察，我们可以知道最早把《河图》、《洛书》当成书籍来论述的是《吕氏春秋》。《观表》说：

> 人亦有征，事与国皆有征。圣人上知千岁，下知千岁，非意之也，盖有自云也。绿图幡薄，从此生也。

“绿图”即是“河图”。可以看出，这里明确把“河图”解释成一种预测吉凶祸福的书。陈槃说：“吕氏以为‘绿图幡薄，从此生矣’，谓方士《河图》之讬，从此纷然出矣。然则吕氏固曾见方士所讬之《河图》矣。”① 这说明在当时《河图》已经产生了。

秦始皇时又有卢生所奏的《录图书》。《史记·秦始皇本纪》曰：

> 三十二年……始皇巡北边，从上郡入。燕人卢生使入海还，以鬼神事，因奏《录图书》曰“亡秦者胡也”。始皇乃使将军蒙恬发兵三十万人北击胡，略取河南地。

卢生所说也见于现存纬书，不过在《洛书》中，《易纬·通卦验》曰：“孔子表《洛书·摘亡辟》曰：亡秦者胡也。”（卷上）这里的《录图书》是否就是《洛书·摘亡辟》，尚难断定。不过我们至少可以推断，当时已经有部分的《河图》、《洛书》。

到了汉代，陆贾对于“河图”也有论述，《新语》说：“按纪图录，以知性命；表定六艺，以重儒术。”（《本行》）这里的“图录”当即“录图”，其与六艺相对，显然是一种图书。

汉武帝时，亦明确提到《图书》。《史记·大宛列传》说：

① 陈槃：《古谶纬书录解题（五）》，《中央研究院历史语言研究所集刊》1973 年第 44 本第 2 分。

天子案古《图书》，名河所出山曰昆仑云。

陈槃认为，这里的“《图书》”，即《录图书》之类，亦即《河图》之类。他还从纬书中举例说明，如《河图·降象》说：“河导昆仑山，名地首”、“黄河出昆仑东北”，《河图·括地象》说：“昆仑之墟，河水出焉。”司马迁说：“《禹本纪》言‘河出昆仑。昆仑其高二千五百余里，日月所相避隐为光明也。其上有醴泉、瑶池。’今自张骞使大夏之后也，穷河源，恶睹《本纪》所谓昆仑者乎？故言九州山川，《尚书》近之矣。至《禹本纪》、《山海经》所有怪物，余不敢言之也。”（《史记·大宛列传》）这里的《禹本纪》，即上面所说的《图书》，亦即《洛书》中的《河图本纪》，《灵准听》说：“《顾命》曰：天球、河图在东序。天球，宝器也。《河图本纪》，图帝王终始存亡之期。”陈槃认为《禹本纪》大概是《河图本纪》中的一篇。①

王莽也提到此事，其说：“太皇太后临政，有龟龙麟凤之应，五德嘉符，相因而备。‘河图’、‘洛书’远自昆仑，出于重野。古谶著言，肆今享实。”（《汉书·翟方进传》）此明确把“河图”、“洛书”远自昆仑等当作谶纬中的内容。《王莽传》还说：“天凤三年，群臣上寿，以为《河图》所谓‘以土填水，匈奴灭亡之祥也’。”这些说明《河图》、《洛书》在当时已经形成。

从上面的分析可以看出，《河图》、《洛书》的形成确实比《七经纬》要早，其至少在战国末期已经开始逐渐形成。前人对此早有论述，如桓谭说：“谶出河图洛书，但有兆朕而不可知。后人妄复加增依托，称是孔丘，误之甚也。”（《新论·启寤》）刘勰也说：“荣河温洛，是孕图纬。”（《文心雕龙·正纬》）后来陈槃对此作了系统的论述，他说：“诸谶纬之属，《河图》、《洛书》之出在先，已如前论。由《河图》、《洛书》更滋生《易》、《书》、《诗》、《礼》、《春秋》之等谶纬，显有端绪可寻。此类谶纬，其名，《易》有《河图数》、《坤灵图》、《含灵孕》；《书》有《中候握河纪》、《中候洛予命》、《中候洛罪级》、《中候洛师谋》……诸如此类，或明系以《河图》，或省称《图》，或从其为龙马所负图而命之曰‘灵’，或本诸《洛书》而省称《洛》，明其与《河图》、《洛书》关系密切。盖

① 陈槃：《古谶纬书录解题（五）》，《中央研究院历史语言集刊》1973 年第 44 本第 2 分。

《河》、《洛》之篇在先，此等经谶纬后出。后出之谶纬，本以《河图》、《洛书》为典要，故名虽附经，而数典犹不可忘《河》、《洛》之称也。”① 这种说法颇有说服力，因为《七纬》不但在篇名中含有“河图”、“洛书”，而且在内容上也引用“河图”、“洛书”，如《易纬·乾凿度》说：“《洛书·摘六辟》曰：建纪者，岁也。成姬仓有命在河，圣。孔表雄德，庶人受命，握麟征。”《易纬·辨终备》说：“孔子表《河图·皇参持》曰：天以斗视，日发明皇，以戏招始，挂八卦谈。”不过《七经纬》形成以后，《河图》、《洛书》也从中吸取了很多内容，如《洛书·摘六辟》说：“人皇兄弟九人，别长九州”、“次是民没，六皇出，天地命易，以第绝”。《洛书》说：“三皇号九头纪，次五帝，号五龙纪，次摄提纪，次连逋纪，次叙命纪，次因提纪，次禅通纪，次为合洛、循蜚。”这种“十纪”的思想，应该受到《春秋命历序》的影响。《洛书·灵准听》说：“璿玑玉衡，以齐七政，历象日月星辰。”这显然与《尚书纬》有关。《河图·括地象》说：“易有太极，是生两仪，两仪未分，其气混沌。清浊既分，伏者为天，偃者为地。”这显然受到《易纬》思想的影响。

此外，我们在《河图》、《洛书》中还能看到“五帝说”和汉代受命的思想，如《河图》说：“东方苍帝，神名灵威仰，精为青龙。南方赤帝，神名赤火怒，精为朱鸟……”又说：“刘受纪，昌光出轸，五星聚井”、“汉高祖观汶水，见一黄釜，惊却反。化为一翁，责言曰：刘季何不受河图?”此外还有汉光武帝封禅的事情，如《河图·会昌符》说：“帝刘之九，会命岱宗，不慎克用，何益于承，诚善用之，奸伪不萌”、“汉大兴之，道在九世之主。封于泰山，刻石著纪，禅于梁父，退省考五”。这些说明《河图》、《洛书》的最终定型与《七经纬》的形成时间大致相同。

二 《河图》、《洛书》的思想

我们在前面说过《河图》、《洛书》的内容主要是“帝王之阶图，载江河山川州界之分野”、“图天地帝王终始存亡之期，录代之矩”。从现存的资料来看，这种说法是基本正确的。在现存《河图》、《洛书》中，其

① 陈槃：《秦汉间之所谓“符应”论略》，《中央研究院历史语言研究所集刊》1948 年第 16 本。

主要有占星、受命、分野、地理、异闻等方面的内容。我们下面简单对这些作一介绍。

在《河图》、《洛书》中，有一大半的内容都是占星术。如《河图·稽耀钩》说：

日月两重晕者，饥之祥也。

月犯房，天子有忧，四足之虫多死。月犯心后星，乱臣在旁。

彗星出贯奎，库兵悉出，祸在强侯、外夷，胡应逆首谋也。

镇星散为虹蜺，虹霓主内淫。又霓者，气也，起在日侧，其色青、赤、白、黄。

《帝览嬉》说：

日月不光，有亡国死王，期不出五年。

日晕，中赤外青，群臣亲；外赤中青，如臣内其身，外其心。

月行阳里，治骄恣，多暴狱，及惊骇内乱。

月与辰星合宿，其国亡地，君王出。

《洛书·甄曜度》说：

岁星入昴，胡兵入国，有土功，若有赦令。

荧惑守毕，将相有忧，白衣之会。

太白守北斗，人主御守兵罢，国乱。一曰：执政令吏忧，以五色占之。

流星出天苑，有兵起，马尽行，若多死。一曰：禽兽多死。

这些思想显然受到当时占星术的影响。天占的种类虽然繁多，但目的只有一个，即天象的变化最终都要和人间政治的治乱关联在一起。

受命思想也是《河图》、《洛书》的主要内容之一，如《河图·始开图》说：

黄帝休德立义，天下大治，乃召天老而问焉，余梦见两龙，挺白图，即帝以授余于河之都。

尧时与群臣贤智到翠女之川，大龟负图来投尧。尧敕臣下写取，告瑞应。写毕，归还水中。

《河图》说：

舜以太尉即位，与三公临观。黄龙五采负图，出置舜前，以黄玉为押，白玉检，黄金绳，黄芝为泥，章曰：黄帝符玺。

天与禹洛出书，谓神龟负文，列背而出。

我们再来看一下《河图》、《洛书》地理方面的内容。《河图·括地象》说：

天有九部八纪，地有九州八柱。东南神州曰晨土，正南卯州曰深土，西南戎州曰滔土，正西弇州曰并土，正中冀州曰白土，西北柱州曰肥土，北方玄州曰成土，东北咸州曰隐土，正东扬州曰信土。

这即邹衍所说的“大九州”，“凡天下有九区，别有九州。中国九州，名赤县，即禹之九州也。上云‘九州八柱’者，即大九州也，非《禹贡》小九州也”（《括地象》）。对于九州以外的世界，其也有论述，如“夫九州之外，是为八夤”、“夫八夤之外，是为八纮”、“夫八纮之外，是为八极”等，这种思想至少在《淮南子》中就已经存在了，《地形训》说：“九州之外，乃有八殥”，“八殥之外，而有八纮”，“八纮之外，乃有八极”。

我们再来看其对黄河九曲的叙述，《河图·绛象》说：

黄河出昆仑，东北流千里，折西而行，至于蒲山。南流千里，至于华山之阴。东流千里，至于桓雍。北流千里，至于下津。河水九曲，长九千里，入于渤海。

可以看出，这种看法至今仍有其科学合理的一面。

《河图》、《洛书》还记载了很多奇闻异事，如《河图·括地象》说：

无咸民食土，死即埋之，其心不朽，百年复生，去玉关四万六千里。

大人国，其民孕三十六年而生儿。生儿长大，能乘云，盖龙类，去会稽四万六千里。天毒国，最大暑热，夏草木皆干死。民善没水，以避日入时暑，常入寒泉之下。

丁零之民，地寒穴居，食土及禽兽之肉，神丘月火穴，光照千里，去琅玡三万里。

文中所述颇类《山海经》。略记于此，以广异闻也。

从上面分析来看，现存《河图》、《洛书》中与经学相关的内容较少，其仅有的部分也可能受到七纬的影响。虽然《河图》、《洛书》在形成上要早于七纬，但其对七纬的影响可能仅在于占星、受命等方面，至于七纬中的经学思想则受其影响较小。

参考文献

《纬书集成》，上海古籍出版社 1994 年版。

安居香山、中村璋八：《重修纬书集成》（六卷八册），日本明德出版社 1971—1992 年版。

安居香山、中村璋八：《纬书集成》，河北人民出版社 1994 年版。

阮元校刻：《十三经注疏（清嘉庆刊本）》，中华书局 2009 年版。

李学勤主编：《十三经注疏》（整理本），北京大学出版社 2000 年版。

司马迁：《史记》，中华书局 1959 年版。

班固：《汉书》，中华书局 1962 年版。

王先谦：《汉书补注》，中华书局 1983 年版。

范晔：《后汉书》，中华书局 1965 年版。

魏征主编：《隋书》，中华书局 1973 年版。

王树民：《廿二史札记校证》，中华书局 1984 年版。

唐晏：《两汉三国学案》，中华书局 1986 年版。

冯友兰：《中国哲学史》，华东师范大学出版社 2000 年版。

冯友兰：《中国哲学史新编》，人民出版社 1998 年版。

顾颉刚：《中国上古史研究讲义》，中华书局 2002 年版。

顾颉刚：《汉代学术史略》，东方出版社 1996 年版。

顾颉刚：《顾颉刚古史论文集》（第三册），中华书局 1996 年版。

任继愈：《中国哲学发展史》（秦汉卷），人民出版社 1985 年版。

陈遵妫：《中国天文学史》，上海人民出版社 1980 年版。

胡应麟：《四部正讹》，商务印书馆 1935 年版。

崔适：《史记探源》，中华书局 1986 年版。

杨伯峻：《春秋左传注》，中华书局 1990 年版。

《儒藏》（精华编·四书类论语属），北京大学出版社 2005 年版。

刘宝楠：《论语正义》，中华书局1990年版。
程树德：《论语集释》，中华书局1990年版。
孙诒让：《墨子间诂》，中华书局2001年版。
黎翔凤：《管子校注》，中华书局2004年版。
许维遹：《吕氏春秋集释》，中华书局2009年版。
苏舆：《春秋繁露义证》，中华书局1992年版。
刘文典：《淮南鸿烈集解》，中华书局1989年版。
许维遹：《韩诗外传集释》，中华书局1980年版。
黄晖：《论衡校释》，中华书局1990年版。
陈立：《白虎通疏证》，中华书局1994年版。
陈松长：《马王堆帛书〈刑德〉研究论稿》，台湾古籍出版社2001年版。
饶宗颐：《老子想尔注校证》，上海古籍出版社1991年版。
王明：《抱朴子内篇校释》，中华书局1980年版。
崔述：《崔东壁遗书》，上海古籍出版社1983年版。
杨维德：《景祐六壬定神经》，商务印书馆1939年版。
李零：《中国方术正考》，中华书局2006年版。
杨权：《新五德理论与两汉政治》，中华书局2006年版。
《中国现代学术经典·蒙文通卷》，河北教育出版社1996年版。
《刘师培史学论著选集》，上海古籍出版社2006年版。
章炳麟：《国学讲演录》，江苏文艺出版社2007年版。
孔广森：《经学卮言》，《续修四库全书》本。
杨树达：《积微居小学金石论丛》，科学出版社1955年版。
《武威汉简》，中华书局2005年版。
陆德明：《经典释文》，中华书局1983年版。
王国维：《观堂集林》，河北教育出版社2003年版。
范文澜：《文心雕龙注》，人民文学出版社1958年版。
张岱年等：《国学今论》，辽宁教育出版社1992年版。
皮锡瑞：《经学通论》，中华书局1954年版。
皮锡瑞：《经学历史》，中华书局2004年版。
康有为：《新学伪经考》，中华书局1956年版。
吴承仕：《经典释文序录疏证》，中华书局1984年版。

钱穆:《两汉经学今古文平议》,商务印书馆 2001 年版。
徐复观:《徐复观论经学史二种》,上海书店出版社 2005 年版。
王葆玹:《今古文经学新论》,中国社会科学出版社 1997 年版。
郜积意:《两汉经学的历术背景》,北京大学出版社 2013 年版。
蒋清翊:《纬学原流兴废考》,上海书店出版社 2005 年版。
姜忠奎:《纬史论微》,上海书店出版社 2005 年版。
陈槃:《古谶纬研讨及其书录解题》,台湾编译馆 1991 年版。
安居香山:《纬书の基础的研究》,东京图书刊行社 1966 年版。
安居香山:《纬书の成立とその展开》,东京图书刊行社 1979 年版。
安居香山:《谶纬思想の综合的研究》,东京图书刊行社 1984 年版。
钟肇鹏:《谶纬论略》,辽宁教育出版社 1991 年版。
李中华:《纬书与汉代文化》,新华出版社 1993 年版。
徐兴无:《谶纬文献与汉代文化建构》,中华书局 2003 年版。
吕凯:《郑玄之谶纬学》,台湾商务印书馆 1982 年版。
任蜜林:《汉代内学:纬书思想通论》,巴蜀书社 2011 年版。
张惠言:《易纬略义》,《续修四库全书》本。
庄忠棫:《易纬通义》,《续修四库全书》本。
黄道周:《三易洞玑》,《四库全书》本。
黄宗羲:《易学象数论》,《四库全书》本。
吴翊寅:《易汉学考》,《续修四库全书》本。
惠栋:《周易述》,中华书局 2007 年版。
李道平:《周易集解纂疏》,中华书局 1994 年版。
胡渭:《易图明辨》,中华书局 2008 年版。
朱伯崑:《易学哲学史》(第一卷),昆仑出版社 2005 年版。
李镜池:《周易探源》,中华书局 1978 年版。
李学勤:《周易溯源》,巴蜀书社 2006 年版。
刘大钧:《周易概论》,齐鲁书社 1986 年版。
刘大钧:《今、帛、竹书〈周易〉综考》,上海古籍出版社 2005 年版。
林忠军:《象数易学发展史》(第一卷),齐鲁书社 1994 年版。
刘玉建:《两汉象数易学研究》,广西教育出版社 1996 年版。
高怀民:《两汉易学史》,广西师范大学出版社 2007 年版。
尚秉和:《焦氏易林注》,中国大百科全书出版社 2005 年版。

尚秉和:《焦氏易诂》,中国大百科全书出版社 2005 年版。
林忠军:《〈易纬〉导读》,齐鲁书社 2002 年版。
郭彧:《〈京氏易传〉导读》,齐鲁书社 2002 年版。
林忠军:《周易郑氏学阐微》,上海古籍出版社 2005 年版。
邓球柏:《帛书周易校释》,湖南人民出版社 2002 年版。
邢文:《帛书周易研究》,人民出版社 1997 年版。
梁韦弦:《汉易卦气学研究》,齐鲁书社 2007 年版。
康有为:《春秋董氏学》,中华书局 1990 年版。
孙星衍:《尚书今古文注疏》,中华书局 1986 年版。
皮锡瑞:《今文尚书考证》,中华书局 1989 年版。
顾颉刚、刘起釪:《尚书校释译论》,中华书局 2005 年版。
张西堂:《尚书引论》,陕西人民出版社 1958 年版。
陈梦家:《尚书通论》,中华书局 2005 年版。
刘起釪:《尚书学史》,中华书局 1989 年版。
刘起釪:《尚书源流及传本考》,辽宁大学出版社 1997 年版。
蒋善国:《尚书综述》,上海古籍出版社 1994 年版。
黄复山:《汉代尚书谶纬学述》,台湾花木兰文化出版社 2007 年版。
孔广森:《尚书中候郑注》,《丛书集成新编》本。
皮锡瑞:《尚书中候疏证》,《续修四库全书》本。
陈寿祺:《尚书大传》,中华书局 1985 年版。
王先谦:《诗三家义集疏》,中华书局 1987 年版。
魏源:《诗古微》,《续修四库全书》本。
陈乔枞:《三家诗遗说考》,《清经解续编》本。
陈乔枞:《齐诗翼氏学疏证》,《续修四库全书》本。
陈乔枞:《诗纬集证》,《纬书集成》本,上海古籍出版社 1994 年版。
迮鹤寿:《齐诗翼氏学》,《清经解续编》本。
廖平:《诗纬新解》,四川存古书局 1923 年刻本。
胡薇元:《诗纬训纂》,《玉津阁丛书甲集》本。
朱自清:《诗言志辨》,开明书店 1947 年版。
李申:《易图考》,北京大学出版社 2001 年版。
毛奇龄:《河图、洛书原舛编》,《续修四库全书》本。

后　　记

本书乃余之纬书研究第二本专著也，亦可视作《汉代内学：纬书思想通论》之姊妹篇也。本书与《通论》最大不同者，在于本书侧重诸纬之异，而《通论》重乎诸纬之同也。纬书之同固应重视，而其异亦不该忽视也。盖知其同而不知其异，易流于大而不细也；知其异不知其同，遂陷乎碎而无统也。此本书所由作也。然本书所重之异，是于经学视野下探讨诸纬之不同也。此复与流连于其局部琐碎无谓之异者，又有霄壤之别也。此乃本书最先所应说明者。从此点言之，本书与《通论》皆属宏观研究之作也。

研究纬书，有一必先解决之问题，即纬与谶之关系也。历来对此有两种截然不同之观点：一曰纬与谶异名同实，一曰谶自谶，纬自纬。二者之中，前者持论颇多。然细观纬书，其说颇难成立。纬固与谶有着某种渊源之关系，然并不能目二者而一之。盖纬之名立，对经而言。皮之不存，毛将焉附？经若不立，纬亦不必有。以现有资料观之，诸纬相异之处多与其所对之经有关，如《易纬》之于《周易》，《春秋纬》之于《春秋公羊传》。此说明前人"纬者，经之支流"之观点颇有道理。故欲究纬书之形成，必察当时经学发展之脉络；欲明纬书之思想，必知当时经学思想之特点。此本书立论之前提也。名之曰"秘经"者，固源乎汉人对于纬书之别称，"孔丘秘经，为汉赤制"（《后汉书·苏竟传》），亦因于其与经学不可分割之关系也。

现存诸纬，保存完整且篇幅最大者，莫过于《易纬》。职是之故，历来研究者对其倍加重视，成果也最夥。然目前研究多从整体上着眼，而鲜有重视其各篇之异者。此乃当前《易纬》研究最为不足者。《易纬》各篇非出一人，亦非成一时，其思想倾向也多有不同，故此种研究能明其同而不能观其异。本书另辟蹊径，以篇为中心，对其各篇作一分别之研究，以显示其易学思想之独特性及其在易学史上之地位，故列《易纬》第一；春秋学在西汉董仲舒“独尊儒术，罢黜百家”之后便成为当时之“显学”，经学之大宗，从上到下无不趋之若鹜。《春秋纬》便于此种大环境下而产生，其形成与思想皆与当时春秋公羊学有着密切之关系，故列《春秋纬》第二；《尚书纬》、《诗纬》中皆提及“火德说”和“五帝说”，二说在《春秋纬》形成中已予以详论，亦是推测《尚书纬》、《诗纬》形成之基础，故列《尚书纬》、《诗纬》第三；《礼纬》、《乐纬》与《礼经》、《乐经》相配，然《乐经》已佚，而“五经”之名遂立，且古人礼乐多合而论之，故合《礼纬》、《乐纬》为第四；《孝经》、《论语》本非六经之内，然汉人认为此二者为教育之基础，五经之阶梯，遂合“五经”而为“七”，故列《孝经纬》、《论语纬》第五。《河图》、《洛书》自成立之初便与七经纬分立，然不究《河》、《洛》无以知其与七经纬之差异，故附二者而论之，以明其与七经纬之分畛也。

又因现存诸纬篇幅保存不一，数量亦异，故对于诸纬之处理方式亦不尽相同。《易纬》保存相对完整，故对其以篇为中心进行研究。其余诸纬，如《春秋纬》、《尚书纬》等皆片言只语，饾饤零碎，难以窥见其各篇异同，故以其相应经学问题为主而处理之。《河图》、《洛书》虽资料较多，然内容大多与星占禨祥、地理异闻等相关，而与经学关联者颇少，故处理方式与前述诸纬又不同。总之，本书对诸纬之研究一切视其具体情况而定，不求整齐划一，故内容篇幅颇有差异。然差异虽存，义则一贯，即皆从经学视野下探求诸纬之不同也。此乃本书所需加以说明者也。

本书于2008年夏开始着手写作，大约于年底完成初稿。2010年又以此申报国家社科基金项目获得立项，2012年初顺利通过结项。之后又对书稿作了数次修改和增删。在写作过程中，李存山师对于本书之篇章结构与文字内容指正颇多，李中华、王葆玹、陈静等诸先生也多有赐教，在此向他们一并致以谢忱。稿成之后，书中很多内容发表于《中国哲学史》、《哲学动态》、《周易研究》、《中国社会科学院研究生院学报》、《儒教文化研究》、《儒家典籍与思想研究》、《西北师大学报》等国内外刊物上，在此也对它们表示谢意。

任蜜林

2013年7月26日初稿

2014年8月14日修订